Peter Tepe
Ideologie

Grundthemen Philosophie

Herausgegeben von
Dieter Birnbacher
Pirmin Stekeler-Weithofer
Holm Tetens

Peter Tepe

Ideologie

DE GRUYTER

ISBN 978-3-11-019051-9
e-ISBN 978-3-11-022727-7

Library of Congress Cataloging-in-Publication Data
A CIP catalog record for this book has been applied for at the Library of Congress.

Bibliografische Information der Deutschen Nationalbibliothek
Die Deutsche Nationalbibliothek verzeichnet diese Publikation in der Deutschen
Nationalbibliografie; detaillierte bibliografische Daten sind im Internet
über http://dnb.d-nb.de abrufbar.

© 2012 Walter de Gruyter GmbH & Co. KG, Berlin/Boston
Satz: fidus Publikations-Service GmbH, Nördlingen
Druck und Bindung: Hubert & Co. GmbH & Co. KG, Göttingen
Printed on acid-free paper
Printed in Germany

www.degruyter.com

Inhalt

Vorwort

„Ideologie ist out. Und zwar schon eine ganze Weile. Das Thema scheint kaum noch zu interessieren" (Bay/Hamann 1995a: 9). Dieses Buch will zeigen, dass die verbreitete Geringschätzung der wissenschaftlichen Beschäftigung mit dem Thema „Ideologie" in der Hauptsache unberechtigt ist, mögen etliche theoretische Ansätze auch verfehlt und veraltet sein. Angestrebt wird eine *Erneuerung der philosophischen Ideologietheorie unter veränderten Vorzeichen* – die theoretischen Karten werden neu gemischt.

Vielfach ist konstatiert worden, dass Wörter wie „Ideologie", „ideologisch", „Ideologiekritik" in der Wissenschaft, aber auch in politischen und weltanschaulichen Auseinandersetzungen auf sehr unterschiedliche Weise verwendet werden. Hier wird dieser Befund jedoch auf spezifische Weise ausgewertet. Es wird gefragt, ob der jeweilige Sprachgebrauch auf Gegenstände bzw. Phänomene verweist, die wissenschaftlich zu untersuchen sich lohnt. Ist das der Fall, so wird dieser Gegenstandsbereich als ein *Arbeitsfeld der Ideologieforschung* eingeordnet. Daraus ergibt sich ein neues Organisationsmodell: Diese Disziplin besteht demnach aus *mehreren* Arbeitsfeldern, in denen man sich im Licht spezifischer Fragestellungen mit unterschiedlichen, aber genau abgrenzbaren Phänomenen beschäftigt. Zu jedem Arbeitsfeld gehört ein bestimmtes Verständnis von Ideologie. Es gibt somit nicht den einen ‚wahren' Begriff der Ideologie, sondern *mehrere* Begriffe, die auf die jeweils untersuchten Phänomene verweisen. Dieses abstrakte Modell ist nun zu konkretisieren.

In Kapitel 1 werden häufiger auftretende Verwendungen von „Ideologie" genutzt, um drei Arbeitsfelder zu unterscheiden und zugehörige Fragestellungen zu formulieren; weitere Bereiche, die sich aus anderen Verständnissen von „Ideologie" ableiten lassen, können hinzukommen:

1. Das Wort „Ideologie" wird gebraucht, um eine bestimmte Art von Irrtümern zu bezeichnen, nämlich solche, die auf bestimmte Störfaktoren der Erkenntnis zurückzuführen sind – auf Wünsche oder Bedürfnisse des Urteilenden, auf seine Interessen (etwa politischer oder wirtschaftlicher Art). Die defizitäre Erkenntnis kann mit den folgenden Fragen konfrontiert werden: Auf welchen Denkfehlern beruhen die fraglichen Überzeugungen? Welche Wünsche, Bedürfnisse, Interessen liegen den fehlerhaften Annahmen zugrunde? Die Untersuchung der Störfaktoren wissenschaftlicher wie auch vorwissenschaftlicher Erkenntnisprozesse lässt sich als *erkenntniskritische Ideologieforschung* einordnen.

2. Das Wort „Ideologie" wird im Sinne von „Ideen- und Wertsystem" bzw. „Weltanschauung" gebraucht. Ideen- und Wertsysteme lassen sich unter den folgenden Gesichtspunkten analysieren: Auf welchen Überzeugungen beruht eine bestimmte Weltanschauung, und wie ist sie aufgebaut? Hängt sie mit der Lebens-

situation einer bestimmten Gruppe zusammen? Welche Funktionen erfüllt sie? Die Untersuchung der Ideen- und Wertsysteme kann als *weltanschauungsanalytische Ideologieforschung* eingeordnet werden.

3. Das Wort „Ideologie" wird im Sinne von „soziales und politisches Programm" verwendet. Als Ideologien werden dann etwa der Liberalismus, der Konservatismus, der Sozialismus bezeichnet. Auch bei soziopolitischen Programmen ist nach den Grundüberzeugungen und dem Aufbau, dem Zusammenhang mit gruppenspezifischen Lebenssituationen, den Funktionen zu fragen. Die Untersuchung der soziopolitischen Programme kann als *programmanalytische Ideologieforschung* begriffen werden.

Das vorgeschlagene Organisationsmodell hat eine Reihe von Vorteilen. Die Arbeitsfelddifferenzierung ermöglicht es, die vorliegenden Ideologietheorien sowie deren einzelne Argumentationsschritte *systematisch einzuordnen*, was zu einem genaueren Verständnis führt, das wiederum die kritische Prüfung erleichtert. Auch die *Kooperationsmöglichkeiten* zwischen den Bereichen können nun präziser bestimmt werden. Auf den ersten Blick scheinen die Theorien a, b, c usw. miteinander unvereinbar zu sein; analysiert man sie jedoch genauer, so erkennt man, dass sie unterschiedlichen *Bereichen* zuzuordnen sind. Sie können also nebeneinander bestehen: Ansatz a ist der erkenntniskritischen Ideologieforschung zuzuordnen, Ansatz b hingegen der weltanschauungsanalytischen usw. *Innerhalb* eines bestimmten Bereichs befinden sich die Theorien allerdings in einem Konkurrenzverhältnis. Hier gilt es, sich für einen bestimmten Ansatz zu entscheiden und diesen weiterzuentwickeln; dazu gehört das Bestreben, die konkurrierenden Theorien zu kritisieren und zu entkräften.

Die vorliegenden Ideologietheorien haben es somit nicht, wie vielfach angenommen wird, alle mit denselben Gegenständen zu tun, und sie behandeln nicht dieselben Fragen. Die nach dem Organisationsmodell begriffene Ideologieforschung stellt kein einheitliches Ganzes dar. *Das* Ideologieproblem gibt es nicht, und daher sollte nicht alles in den großen Topf „Ideologie" geworfen werden. Allen Ideologietheoretikern wird empfohlen, die Arbeitsfelddifferenzierung zu berücksichtigen und mehrere bereichsspezifische Ideologiebegriffe zu verwenden.

Die *kognitive Ideologietheorie* setzt innerhalb des Organisationsmodells dann inhaltliche Akzente. Der Ausdruck „kognitiv" bedeutet hier „die Erkenntnis betreffend" und zeigt an, dass es sich um eine Ideologietheorie handelt, die primär auf die *Lösung von Erkenntnisproblemen nach allgemeinen erfahrungswissenschaftlichen Kriterien* ausgerichtet ist. Dabei wird eine auf die *condition humaine* bezogene Stoßrichtung verfolgt – der Aufbau einer Ideologietheorie ist mit dem einer philosophischen Anthropologie verbunden. Das ist im Hinblick auf die drei Arbeitsfelder kurz zu erläutern:

1. Menschen sind nicht nur für Irrtümer aller Art anfällig, sie sind insbesondere für durch Wünsche, Bedürfnisse, Interessen gesteuerte Fehleinschätzungen empfängliche Lebewesen – für das, wie es vereinfachend genannt werden soll, *bedürfniskonforme Denken*.

2. Menschen bewegen sich stets innerhalb eines bestimmten Überzeugungssystems – sie sind weltanschauungsgebundene Lebewesen, mögen ihnen die Prämissen des jeweiligen Ideen- und Wertsystems auch nicht klar bewusst sein.

Im letzten Jahrzehnt habe ich als Literaturwissenschaftler und Philosoph vorrangig im Bereich Literaturtheorien/Methoden der Textarbeit gearbeitet und dort die nach erfahrungswissenschaftlichen Prinzipien vorgehende *kognitive Hermeneutik* entwickelt, die auch von Axel Bühler vertreten wird.[1] Mein ideologietheoretisches Konzept unterscheidet sich von anderen nicht zuletzt dadurch, dass es mit der kognitiven Hermeneutik verbunden ist; auch das wird durch die Bezeichnung *kognitive Ideologietheorie* angezeigt. Die kognitive Hermeneutik geht von der Annahme aus, dass menschliches Leben in allen seinen Formen an weltanschauliche Überzeugungen gebunden ist, die zusammen jeweils ein *Überzeugungssystem* bilden. In den beiden angeführten Publikationen wird nachgewiesen, dass es trotz der unaufhebbaren Gebundenheit an einen solchen Rahmen möglich ist, die Textarbeit und insbesondere die Textinterpretation nach allgemeinen *erfahrungswissenschaftlichen* Prinzipien zu gestalten und so den verlässlichen Weg einer allerdings immer fehlbar bleibenden Wissenschaft einzuschlagen. Eine empirisch-rationale Textarbeit lässt sich installieren, weil es möglich ist, zu einer Haltung zu gelangen, die das eigene Überzeugungssystem nicht *unmittelbar* zur Geltung bringt, sondern sich darum bemüht, das dem jeweiligen Text zugrundeliegende und ihn prägende, möglicherweise ganz fremde Überzeugungssystem des Autors zu erschließen und die Texteigenschaften darauf zurückzuführen.

3. Die Bindung an einen weltanschaulichen Rahmen bringt die an ein soziopolitisches Programm mit sich. So wird insbesondere jede politische Tätigkeit von einem bestimmten soziopolitischen Programm getragen, das aber auch implizit bleiben kann.

4. Als viertes Element der condition humaine kommt hinzu, dass menschliches Leben in all seinen soziokulturellen Varianten auf verlässliches Erfahrungswissen über Wirklichkeitszusammenhänge angewiesen ist. Die Bindung an ein Ideen- und Wertsystem ist also mit der an die Prinzipien des Erwerbs von Erfahrungswissen *verbunden*.

Eine Weltanschauung kann sowohl auf *dogmatische* als auch auf *undogmatische* Weise vertreten werden: Im ersten Fall glaubt man, über die definitiv wahre, absolut gültige Weltsicht zu verfügen, während man im zweiten Fall annimmt, dass eine Weltanschauung – die aus einem Weltbild und einem Wertsystem besteht – wie eine wissenschaftliche Theorie eine hypothetische Konstruktion darstellt, die sich zwar besser oder schlechter bewähren, aber nie den Status endgültiger Wahrheit bzw. Richtigkeit erlangen kann. Die kognitive Ideologietheorie befürwortet *generell* die undogmatische Position und plädiert somit auch dafür, Ideen- und Wertsysteme auf diese Weise zu vertreten. Entsprechendes gilt für soziopolitische Programme.

Damit hängt eine weitere These über die condition humaine zusammen: Menschen sind Lebewesen, denen einerseits absolute Erkenntnis verwehrt ist, die sich aber andererseits vielfach nach Gewissheit *sehnen*, und dieser Wunsch verführt dazu zu glauben, man verfüge tatsächlich über die definitiv wahre Weltanschauung oder das definitiv richtige soziopolitische Programm. Die dogmatische Haltung stellt demnach eine *Ausformung des bedürfniskonformen Denkens* dar, das in diesem Fall speziell dem Gewissheitsverlangen folgt.

Soll das Nachdenken über Ideologie, das seine frühere zentrale Position in den letzten Jahrzehnten eingebüßt hat, erneuert werden, so muss seine grundsätzliche und insbesondere aktuelle Relevanz nachgewiesen werden. Die kognitive Ideologietheorie stützt sich dabei auf die Arbeitsfelddifferenzierung.

Erkenntniskritisch gilt: Zu einer Anthropologie, die Menschen als für bedürfniskonformes Denken anfällige Lebewesen begreift, gehört das Ziel, durch den Aufbau einer umfassend angelegten erkenntniskritischen Ideologietheorie zur Zurückdrängung dieser Grundtendenz beizutragen. Wird die – dieser Begriff wird als Synonym benutzt – menschliche *Illusionsanfälligkeit* nicht systematisch untersucht, sondern verdrängt, so begünstigt dies das Weiterleben alter Formen des bedürfniskonformen Denkens und das Entstehen neuer. Die erkenntniskritische Ideologietheorie ist daher für die *Weiterentwicklung* menschlicher Lebensformen im Sinne ihrer sukzessiven Befreiung von Illusionen von erheblicher Bedeutung. Insbesondere ist zu klären, welche Formen bedürfniskonformen Denkens in der Gegenwart wirksam sind: in der Alltagspraxis, in den Weltanschauungen und den soziopolitischen Programmen, in den Wissenschaften.

Menschen stehen grundsätzlich in der Gefahr, etwas aus empirischer Sicht Unzutreffendes für wahr zu halten, *weil die fragliche Annahme ihren Bedürfnissen entspricht*. Darüber hinaus neigen Menschen in der weltanschaulichen Dimension – wo sich eine Überzeugung mithilfe der Erfahrungserkenntnis häufig gar nicht als verfehlt erweisen lässt – dazu, bestimmte Auffassungen zu akzeptieren, *weil durch sie bestimmte Wünsche befriedigt werden*, nicht aber, weil sachbezogene Gründe für sie sprechen. Die erkenntniskritische Ideologietheorie erweitert die menschliche Selbsterkenntnis und ermöglicht die Befreiung von undurchschauten Abhängigkeiten des Denkens. Zu beantworten sind die folgenden Fragen: Welche Formen bedürfniskonformer Fehleinschätzung gibt es? Wie kommen sie zustande? Welche Denkmechanismen sind hier wirksam? Lässt sich diese Art des Denkens ganz oder teilweise überwinden, und wenn ja, wie?

Die erkenntniskritische Ideologietheorie steht in der Tradition kritischer Aufklärung: Die *Information* über das bedürfniskonforme Denken – die Aufklärung über seine Ausformungen, seine Ursachen, seine Mechanismen – ist mit dessen *Kritik* verbunden und soll dazu beitragen, diese defizitäre Art des Denkens so weit wie möglich zurückzudrängen. Dass es jemals zu einer völligen Überwindung kommen wird, ist jedoch unwahrscheinlich. Da diese gedanklichen Konstruktionen starke menschliche Wünsche, Bedürfnisse, Interessen bedienen, ist damit zu rechnen, dass sie immer wieder und in sich ständig verändernden theoretischen Kleidern auftreten. Man kann aber versuchen, ihre Macht *einzuschränken*. Zur erkenntniskritischen Ideologietheorie gehört somit eine werthaft-normative Orientierung, die sich so fassen lässt:

Normatives Prinzip 1: Versuche, bedürfniskonforme Fehleinschätzungen aufzudecken, um sie dann so weit wie möglich zu überwinden!

Die Forscher setzen dabei unterschiedliche Akzente; die einen konzentrieren sich auf Störungen wissenschaftlicher Erkenntnisprozesse, die anderen befassen sich mit der Rolle, die das bedürfniskonforme Denken im Alltagsleben spielt, wieder andere beschäftigen sich mit seinen Auswirkungen in der weltanschaulichen Dimension. Die *theoretische* Einsicht in seine Funktionsweise genügt jedoch nicht, um es tatsächlich zu überwinden; sie muss durch *praktische* Anstrengungen, die mühevoll und langwierig sein können, ergänzt werden. Wie in anderen Bereichen menschlichen Lebens, so gilt auch hier: Man weiß oft genau, was zu tun ist, um ein bestimmtes Problem zu lösen, bringt aber die dafür nötigen Energien nicht auf.

Folgt man als Wissenschaftler in *einem* Bereich dem Interesse an der Überwindung bedürfniskonformer Fehleinschätzungen, so erscheint es sinnvoll, ihm auch in *allen anderen* Bereichen zu folgen, d.h. das die eigene Forschung leitende Prinzip zu *verallgemeinern*. Man wird dann auch weltanschauliche Überzeugungen, nicht zuletzt die eigenen, einer kritischen Prüfung unter diesem Gesichtspunkt unterziehen. Das Interesse an der Befreiung von bedürfniskonformen Fehleinschätzungen, das deren Erkenntnis leitet, lässt sich somit als allgemeine Handlungsorientierung begreifen, als eine auf alle Dimensionen menschlichen Lebens anwendbare *Ethik*. Ein erkenntniskritischer Ideologieforscher, der z.B. aufzeigt, dass wissenschaftliche Erkenntnisprozesse durch das bedürfniskonforme Denken gestört werden, *muss* zwar nicht auch diese Ethik akzeptieren, aber es erscheint *vernünftig*, sie zu übernehmen und *alle* Formen bedürfniskonformen Denkens zu bekämpfen. Diese allgemeine Handlungsorientierung bildet den Kern der *undogmatischen Aufklärungsphilosophie*.

Weltanschauungsanalytisch gilt: Zu einer Anthropologie, die Menschen als an Überzeugungssysteme gebundene Lebewesen begreift, gehört das Ziel, diese Bindung im Ganzen und im Einzelnen bewusst zu machen – z.B. durch Explikation der Grundannahmen, auf denen bestimmte Überzeugungssysteme beruhen. Die weltanschauungsanalytische Ideologietheorie ist für die *theoretische Durchdringung* menschlicher Lebensformen und soziokultureller Phänomene von zentraler Bedeutung. Insbesondere ist zu klären, welche Ideen- und Wertsysteme in der Gegenwart in expliziter oder impliziter Form wirksam sind, z.B. in der Jugendkultur, der Medizin, der Esoterik. Auf welchen Überzeugungen beruhen sie, und wie sind sie aufgebaut?

Während die erkenntniskritische Ideologietheorie direkt einer bestimmten Art des emanzipatorischen Interesses folgt, geht es in der weltanschauungsanalytischen Ideologieforschung zunächst einmal um eine Aufklärung anderer Art. Die weltanschaulichen Hintergrundannahmen, die man mit sich herumschleppt, werden ins Bewusstsein gehoben, die einzelnen Ideen- und Wertsysteme systematisch erforscht, nicht zuletzt im Hinblick auf ihre gesellschaftliche Funktion. Menschen können ihre im Sozialisationsprozess erworbenen Überzeugungssysteme *verändern* – bis hin zu einem Weltanschauungswechsel. An diesem Punkt kommt nun auch innerhalb der weltanschauungsanalytischen Ideologieforschung das Interesse an Befreiung von bedürfniskonformen Fehleinschätzungen ins Spiel:

Normatives Prinzip 2: Versuche, das erworbene Überzeugungssystem so zu verändern, dass das bedürfniskonforme Denken so weit wie möglich zurückgedrängt wird!

Welchen *Lebensstil* ein Individuum pflegt, hängt maßgeblich von seinen weltanschaulichen Hintergrundannahmen ab. Daher lässt sich die angesprochene Orientierung auch auf die individuelle Lebensgestaltung beziehen: Versuche, so zu leben, dass bedürfniskonforme Fehleinschätzungen in allen Dimensionen vermieden werden! Das über Ideen- und Wertsysteme Ausgeführte gilt im Prinzip auch für die soziopolitische Dimension, sodass es keiner Wiederholung bedarf.

Dogmatismuskritisch gilt: Zu einer Anthropologie, die Menschen als Lebewesen begreift, die zwar kein endgültiges Wissen über Wirklichkeitszusammenhänge und Werte zu erlangen vermögen, sich aber häufig nach einer derartigen Gewissheit sehnen, gehört das Ziel, die dogmatische Haltung generell zu überwinden:

Normatives Prinzip 3: Weltbilder, Wertsysteme, soziopolitische Programme, wissenschaftliche und andere Theorien sollten in undogmatischer Form vertreten werden!

Die dogmatischen Varianten werden als Ausgestaltungen des bedürfniskonformen Denkens eingeschätzt, das speziell dem Gewissheitsverlangen nachgibt und eine vermeintliche definitive Wahrheit *erfindet*. Der dogmatismuskritische Teil der erkenntniskritischen Ideologietheorie ist für die bereits angesprochene *Weiterentwicklung* menschlicher Lebensformen von herausgehobener Bedeutung. Insbesondere ist zu klären, welche Varianten der dogmatischen Haltung in der Gegenwart wirksam sind und wie sie funktionieren.

Durch die kognitive Ideologietheorie, die das anfangs vorgestellte Organisationsmodell auf spezifische Weise mit Inhalt füllt, werden somit substanzielle, mit der condition humaine zusammenhängende Fragen aufgeworfen, denen andere Theorien häufig ausweichen. Daher steht sie im Gegensatz zu Denkströmungen der so genannten Postmoderne, die einen uneingeschränkten Pluralismus verkünden. Folgt man z.B. der Theorie des bedürfniskonformen Denkens, so ist diesen Ansätzen vorzuhalten, dass sie bestimmten grundsätzlichen und heiklen Fragen *ausweichen*. So vermeidet man das Nachdenken darüber, ob es in den Wissenschaften Aktivitäten gibt, die zu Unrecht mit einem wissenschaftlichen Anspruch auftreten, die somit als pseudowissenschaftlich anzusehen sind. In weltanschaulicher Hinsicht tendiert man vielfach dazu, alle denkbaren Sichtweisen gelten zu lassen, ohne ernsthaft darüber zu reflektieren, ob es möglich ist, religiöse und areligiöse Weltauffassungen einer rationalen Kritik zu unterziehen.

Die Ideologieforschung hatte lange Zeit Hochkonjunktur, insbesondere in den Jahrzehnten nach dem Zweiten Weltkrieg; es liegt eine kaum überschaubare Menge von Beiträgen aus den unterschiedlichsten Disziplinen vor. Seit rund 20 Jahren hat das Interesse hingegen stark nachgelassen. Woran liegt das? Drei häufiger vorgebrachte Gründe für den Konjunktureinbruch werden kurz dargelegt und aus der Sicht der kognitiven Ideologietheorie kommentiert:

Argument 1: Der Begriff der Ideologie ist hauptsächlich auf Phänomene wie die nach Prinzipien des Nationalsozialismus und des Marxismus-Leninismus gestalteten Gesellschaften sowie die ihnen zugrundeliegenden theoretischen Konstruktionen zu beziehen. Nach dem Zusammenbruch dieser – oft als *totalitär* bezeichneten – Gesellschaftssysteme spielt die Ideologie keine nennenswerte Rolle mehr, ihre Zeit ist vorbei. Die Ideologieforschung ist daher nur noch von historischem Interesse. Was in den 50er, 60er, 70er Jahren aktuell war, ist es heute nicht mehr.

Kommentar: Die theoretischen Konstruktionen des Nationalsozialismus und des Marxismus-Leninismus sind zweifellos besonders wichtige Gegenstände der drei Arbeitsfelder, doch es ist unnötig und irreführend, den Begriff der Ideologie so eng zu definieren, dass nur diese Phänomene darunter fallen. Die so genannten *totalitären* soziopolitischen Programme und Weltanschauungen stellen einen bestimmten Typ dieser Größen dar; wer sich von ihnen distanziert, lebt deshalb nicht ideologiefrei im Sinne von *programmfrei* und *weltanschauungsfrei* – er vertritt nur andere Konzepte dieser Art. Daher sind die programm- und die weltanschauungsanalytische Ideologieforschung nicht nur in einer bestimmten Phase, sondern *immer* wichtig.

Hinzu kommt, dass das bedürfniskonforme Denken sich in totalitären soziopolitischen Programmen und Weltanschauungen zwar in besonders hohem Maß auswirkt, aber auch in anderen Konstellationen auftritt. Die erkenntniskritische Ideologieforschung ist daher ebenfalls *immer* wichtig.

Argument 2: Der Ideologiebegriff ist an die *marxistische* Denktradition gebunden, die spätestens mit dem Ende des ‚realen Sozialismus‘ erledigt ist. Der Übergang zu anderen Leittheorien führt daher zwangsläufig auch zur Abwendung von der Ideologieforschung.

Kommentar: Der Ideologiebegriff spielt zwar in der marxistischen Denktradition eine wichtige Rolle, aber er wird auch von anderen Ansätzen gebraucht, z.B. vom Kritischen Rationalismus. Ideologietheorie darf also nicht vorschnell mit *marxistischer* Ideologietheorie gleichgesetzt werden, und ein *nichtmarxistischer* Ansatz muss sich nicht zwangsläufig von der Ideologieforschung abwenden. Die kognitive Ideologietheorie ist eine Konzeption dieser Art.

Gewiss sind poststrukturalistische Ansätze wie die Diskursanalyse und die Dekonstruktion, in denen das Thema Ideologie keine Rolle spielt, in vielen Fällen als Leittheorien an die Stelle des Marxismus getreten; daraus folgt jedoch nicht, dass die Ideologieforschung generell am Ende ist. Erkenntniskritische, weltanschauungs- und programmanalytische Ideologieforschung werden vielmehr dringend gebraucht – ihre Ausschaltung stellt eine *Fehlentwicklung* dar.

Auf der anderen Seite bestreiten Marxisten, dass ihre Denktradition mit dem Zusammenbruch des ‚realen Sozialismus‘ irrelevant geworden sei. Einige Marxisten sind selbst Kritiker des Marxismus-Leninismus als Denk- und Gesellschaftssystem; sie fordern z.B. zum eigentlichen marxschen Denken zurückzukehren. Auch nach dem Ende des ‚realen Sozialismus‘ ist also *marxistische* Ideologieforschung möglich.

Argument 3: Ideologie*kritik* setzt die Überzeugung voraus, über die definitiv wahre Position zu verfügen. Mit der Verabschiedung dieses Absolutheitsanspruchs wird die Ideologiekritik funktionslos.

Kommentar: Es trifft zu, dass Ideologiekritik häufig auf *dogmatische* Weise praktiziert worden ist, d.h. in dem Bewusstsein, über die definitiv wahre Theorie zu verfügen. Ein solcher Absolutheitsanspruch ist in der Tat fragwürdig geworden. Ideologiekritik kann aber, wie an einem konstruierten Beispiel gezeigt werden soll, auch in undogmatischer Form betrieben werden.

X behauptet „Die bestehende Gesellschaftsordnung ist unveränderlich“. Als Kritiker dieser These kann man erstens zeigen, dass sie sachlich falsch ist. Ist die Behauptung entkräftet, so kann man darüber hinaus zweitens das Zustandekommen des Irrtums zu erklären versuchen. Eine *ideologiekritische* Argumentation im Sinne der erkenntniskritischen Ideologietheorie liegt vor, wenn eine Fehleinschätzung auf Wünsche, Bedürfnisse, Interessen von X – und gegebenenfalls seiner Bezugsgruppe – zurückgeführt wird. Es wird also der folgende Zusammenhang behauptet: Die bestehende Gesellschaftsordnung ist sehr wohl veränderlich; X hält seine These aber für wahr, weil er[2] nicht *möchte*, dass dieses System verändert wird. Das kann damit zusammenhängen, dass X in diesem System eine privilegierte Stellung einnimmt, die er beizubehalten wünscht. Der Ideologiekritiker der beschriebenen Art behauptet, dass es sich bei der Sichtweise von X nicht einfach nur um einen Irrtum, sondern speziell um einen *bedürfniskonformen Irrtum* handelt.

Um plausibel zu machen, dass ein solcher Irrtum vorliegt, der dazu dient, eine bestimmte Gesellschafts- und Herrschaftsordnung vor Kritik zu schützen, muss man aber gar nicht beanspruchen, im Besitz der definitiven Wahrheit zu sein. Der Nachweis kann nämlich auf der Grundlage der *Erfahrungserkenntnis* vorwissenschaftlicher und wissenschaftlicher Art geführt werden. Erfahrungswissen ist zwar häufig sehr verlässliches, aufgrund seines Vermutungscharakters, seiner hypothetischen Struktur aber nie absolutes, endgültiges Wissen. Dass die Behauptung, die bestehende Gesellschaftsordnung sei unveränderlich, nicht zutrifft, wird z.B. erkennbar, wenn man die Entwicklung von Gesellschaftsordnungen studiert: Alle Gesellschaftssysteme erfahren mit der Zeit kleinere und größere Modifikationen. Dass X' Irrtum mit seinen Wünschen, Bedürfnissen, Interessen zusammenhängt, lässt sich ebenfalls empirisch ermitteln. Man kann zeigen, dass X im bestehenden Gesellschaftssystem eine privilegierte Position einnimmt, und aus seinen mündlichen und schriftlichen Äußerungen ist erschließbar, dass er diese Position zu erhalten und sogar weiter auszubauen wünscht. Aufgrund dieser Befunde kann die Vermutung, dass X aufgrund seiner Bedürfnislage zu seinem Irrtum gelangt ist, dass es sich also um eine *bedürfniskonforme Fehleinschätzung* handelt, als hinlänglich gestützt gelten.

Bei dieser Gelegenheit ist ein erster sprachkritischer Hinweis angebracht. Wird das Wort „Ideologiekritik" auf unterschiedliche Weise verwendet, so sollte es, um etwas mehr Klarheit zu schaffen, *nie* für die sachbezogene Auseinandersetzung mit einer bestimmten Theorie oder einer speziellen These, sondern nur für *zusätzliche* Erkenntnisaktivitäten benutzt werden, z.B. eben für eine spezielle Art der Erklärung des Zustandekommens von Fehleinschätzungen. Ob der dabei vorausgesetzte Nachweis des Irrtums auf überzeugende Weise erfolgt ist, muss gesondert geprüft werden; liegt gar kein Irrtum vor, wie man zunächst dachte, so entfällt auch die Anwendung einer Methode, deren Ziel es ist, die Entstehung von *Irrtümern* auf Wünsche, Bedürfnisse, Interessen des Urteilenden zurückzuführen.

Die drei vorgestellten Argumente machen zwar den Konjunktureinbruch, den die Ideologieforschung erfahren hat, *verständlich*, aber sie müssen allesamt als *unbegründet* gelten. Die weit verbreiteten Reserven beruhen somit auf korrigierbaren Vor- oder besser Fehlurteilen: Diese Disziplin ist kein bloßes Relikt einer Vergangenheit, in der die totalitären soziopolitischen Programme und Weltanschauungen eine unmittelbare Bedrohung darstellten, der Marxismus in den intellektuellen Kreisen dominierte und theoretische Absolutheitsansprüche als unproblematisch galten.

Diejenigen, die weiterhin oder wieder Ideologieforschung betreiben wollen, können ihr allerdings einen unterschiedlichen Stellenwert zubilligen. Dabei geht es vor allem um die Frage, ob sie als Kerndisziplin von zentraler Bedeutung einzuschätzen ist oder nicht. Die hier vertretene Position ist klar: Die kognitive Ideologietheorie ist mit einer philosophischen Anthropologie verbunden, welche Elemente der condition humaine herausarbeitet und damit auf die Wurzeln der soziokulturell variablen menschlichen Lebensform zurückgeht. Daher kommt ihr eine *zentrale* Bedeutung zu. Man schüttet z.B. das Kind mit dem Bade aus, wenn die berechtigte Abkehr von wissenschaftlich fragwürdigen Formen der Ideologiekritik dazu führt, dass die erkenntniskritische Ideologieforschung generell verabschiedet wird. Dann gerät die sich in *allen* Lebensbereichen auswirkende Anfälligkeit für bedürfniskonforme Fehleinschätzungen aus dem Blick, und damit wird auch das Ziel, das illusionäre Denken so weit wie möglich zurückzudrängen, aufgegeben.

Zum Aufbau des Buchs: Kapitel 1 legt das bereits vorgestellte Organisationsmodell genauer dar, und Kapitel 2 wendet sich dann den ersten Etappen der Geschichte des Worts und Begriffs „Ideologie" zu. Die nachfolgenden Kapitel führen in die kognitive Ideologietheorie ein – Kapitel 3 in den weltanschauungsanalytischen, Kapitel 4 in den erkenntniskritischen und Kapitel 5 in den programmanalytischen Teil. In Kapitel 6 wird die kognitive Ideologietheorie weiter ausgebaut und exemplarisch auf die Kontroverse zwischen dem Kritischen Rationalismus und der Kritischen Theorie angewandt. Ergänzend kommen wenige historische Kapitel über ausgewählte Ideologietheorien hinzu.

Zu unterscheiden ist zwischen Ideologietheorien im *engeren* und im *weiteren* Sinn. Unter einer Ideologietheorie im engeren Sinn bzw. einer *expliziten* Ideologietheorie ist eine Konzeption zu verstehen, die das Wort „Ideologie" an zentraler Stelle verwendet und als Theorie der so bezeichneten Phänomene auftritt. Zu diesen Konzeptionen gehören unter anderem der historisch-materialistische Ansatz von Karl Marx und Friedrich Engels, der wissenssoziologische Ansatz Karl Mannheims und der kritisch-rationalistische Ansatz Ernst Topitschs. Eine Ideologietheorie im weiteren Sinn verwendet hingegen das Wort „Ideologie" *nicht* oder nur am Rand, ist aber mit einigen Ideologietheorien im engeren Sinn, die häufig später entstanden sind, in thematischer oder struktureller Hinsicht verwandt. Dazu zählen Francis Bacons Idolenlehre, die Priestertrugtheorie der französischen Aufklärung, Ludwig Feuerbachs kritische Religionstheorie und die Philosophien Arthur Schopenhauers und Friedrich Nietzsches. Ansätze dieser Art werden von später entwickelten expliziten Ideologietheorien als Vorläufer, manchmal auch als Gegner der eigenen Auffassungen eingeordnet.

Hinsichtlich der Entwicklung der kognitiven Ideologietheorie ist zwischen *zwei Phasen* zu unterscheiden: In der ersten Phase wird ein solides Fundament gelegt, während es in der zweiten darum geht, die erkenntniskritische, die weltanschauungs- und die programmanalytische Ideologietheorie weiter auszubauen und praktisch anzuwenden. Das vorliegende Buch konzentriert sich auf die erste Phase. Bei der Grundlegungsarbeit steht die Auseinandersetzung mit ausgewählten *Klassikern der deutschsprachigen Ideologieforschung, die das gesamte Feld in den Blick genommen haben*, im Zentrum. Zurückgegriffen wird vor allem auf die folgenden Texte:

Hans Barth: *Wahrheit und Ideologie* (Barth 1974).

Kurt Lenk: „Problemgeschichtliche Einleitung", in: Ders. (Hrsg.): *Ideologie. Ideologiekritik und Wissenssoziologie* (Lenk 1984).

Hans-Joachim Lieber: *Ideologie. Eine historisch-systematische Einführung* (Lieber 1985).

Ernst Topitsch/Kurt Salamun: *Ideologie. Herrschaft des Vor-Urteils* (Topitsch/ Salamun 1972).

Ernst Topitsch: *Erkenntnis und Illusion. Grundstrukturen unserer Weltauffassung* (Topitsch 1988).

Dieses Vorgehen ermöglicht es, einerseits die weiterhin tragfähigen Ergebnisse dieser Arbeiten gebührend zu würdigen und sie in die kognitive Ideologietheorie zu integrieren sowie andererseits auf typische Defizite aufmerksam zu machen und eine Weiterentwicklung vorzuschlagen. Auf historisch-systematische Weise wird so eine Basis geschaffen für die Anwendung der erkenntniskritischen, der weltanschauungs- und der programmanalytischen Ideologieforschung auf *aktuell relevante Phänomene*, die in der ersten Phase nur ansatzweise zur Sprache kommen können.

Speziell lässt sich etwa Liebers Buchkapitel über die Totalitarismusforschung nutzen, um die Theorie der totalitären Weltanschauungen und soziopolitischen Programme in den Grundzügen zu entfalten – ohne ausführliche Auseinandersetzungen mit der vielfältigen Fachliteratur führen zu müssen, die den vorgegebenen Umfang sprengen würden und der zweiten Phase vorbehalten bleiben. Entsprechend werden Barths Ausführungen über die Ideologietheorien (im weiten Sinn) von Schopenhauer und Nietzsche verwendet, um den erkenntniskritischen Teil der kognitiven Ideologietheorie von anderen Theorietypen abzugrenzen – ohne aufwändige Studien der Primär- und Sekundärtexte betreiben zu müssen, die ebenfalls der zweiten Phase vorbehalten bleiben. Auf der Grundlage der Einführung von Topitsch und Salamun kann – um ein letztes Beispiel zu geben – pointiert gezeigt werden, welche Elemente des kritisch-rationalistischen Ansatzes von der kognitiven Ideologietheorie übernommen werden und welche vor dem Hintergrund der weltanschauungsanalytischen Ideologietheorie als verbesserungsbedürftig erscheinen.

Durch die erläuterte Vorgehensweise erhält das Buch einen gewissen *Retrolook*: Obwohl es einige Hinweise auf neuere Fachliteratur und aktuelle Phänomene gibt, werden doch vorrangig ältere Arbeiten behandelt, die sich auf Debatten der Vergangenheit beziehen. Das ist aus den erwähnten Gründen für die erste Phase *vorteilhaft*, während in der zweiten deutlich andere Akzente gesetzt werden. Hier sind ausführliche Auseinandersetzungen gerade mit den neueren und neuesten ideologietheoretischen Ansätzen zu führen, hier sind Forschungsergebnisse aus anderen Wissenschaften zu diskutieren, um z.B. zu klären, in welchem Verhältnis neuere sozialpsychologische Konzepte zur Theorie des bedürfniskonformen Denkens stehen; vgl. z.B. Nickerson 1998, Bless/Fiedler/Strack 2004. Das alles kann – nicht zuletzt aus Platzgründen – im vorliegenden Buch, das sich ganz der ersten Phase widmet, nicht geleistet werden. Der transformierende Rückgriff auf ältere Ideologietheorien und -debatten verfolgt vorrangig das Ziel, die Grundstrukturen menschlichen Lebens und die mit ihnen verbundenen Gefährdungen in den Blick zu bekommen.

Das Buch wendet sich an Philosophen und Wissenschaftler aller Disziplinen, die sich mit Ideologieproblemen beschäftigen, und darüber hinaus an alle am Thema Interessierten. Als Zielgruppe sind auch Studierende anvisiert, die sich bislang noch nicht mit dieser Materie befasst haben. Das Buch ist geeignet, den Zugang zur Ideologieproblematik zu *eröffnen*; seine Machart weicht jedoch von den vorliegenden Einführungen deutlich ab.

Um den vorgegebenen Umfang nicht zu überschreiten, musste auf mehrere bereits ausgearbeitete Kapitel verzichtet werden. Diese werden jedoch im Rahmen der Online-Zeitschrift *Mythos-Magazin* interessierten Lesern in mehreren Lieferungen zugänglich gemacht; die erste erscheint Ende 2012.[3] Damit verbunden erfolgt dort auch die Gründung des *Forums für Ideologieforschung*.[4]

Für die kritische Durchsicht des Textes und konstruktive Verbesserungsvorschläge danke ich Dieter Birnbacher und Axel Bühler. Katharina Bückig hat in Zusammenarbeit mit Tanja Semlow die technischen Arbeiten übernommen und war auch für die Überprüfung der Zitate[5] zuständig; außerdem hat sie die Internettexte mit Ideologiebezug recherchiert. Die Register hat Tanja Semlow erstellt.

1 Was heißt „Ideologie"?

Viele Fachtexte weisen darauf hin, dass die Wörter „Ideologie", „ideologisch", „Ideologiekritik" sowie die damit verwandten Ausdrücke in der Wissenschaft, aber auch bereits im Alltag und in den Medien auf sehr unterschiedliche Weise verwendet werden. Der am Thema Interessierte wird so auf verwirrende Weise mit vielfältigen Ideologiebegriffen konfrontiert, die einander zum Teil widersprechen. Z.B. listet Terry Eagleton in seiner Einführung 16 Definitionen auf (Eagleton 1993: 7 f.).

> Man spricht von Ideologien der Parteien, Klassen oder Stände und von ideologischen Kriegen. Der geistige Zusammenhang, der jeweils den verschiedenen Staatsformen als Begründung dient, heißt Ideologie, und dasselbe Wort wird verwendet für ein philosophisches System oder die in einem Zeitalter vorherrschende Deutung der Welt und des Menschen. (Barth 1974: 9)

Wie soll man sich angesichts einer solchen Bedeutungsvielfalt, wie sie auch in anderen Disziplinen zu verzeichnen ist,[6] verhalten? Die Beantwortung dieser Frage führt direkt zum Konzept der komplexen Ideologieforschung.

1.1 Essenzialistischer und nichtessenzialistischer Ideologiebegriff

Grundsätzlich kann zwischen einem *essenzialistischen* und einem *nichtessenzialistischen* Zugang zur Begriffs- und Definitionsproblematik unterschieden werden. Die essenzialistische Sichtweise nimmt – bezogen auf das Thema Ideologie – an, dass es so etwas wie das *Wesen der Ideologie* gibt. Ziel ist es dann, den Begriff der Ideologie so zu definieren, dass dieses Wesen auch tatsächlich erfasst wird. Es gilt, den *einen* sachlich angemessenen Ideologiebegriff zu bilden, die anderen Begriffsbestimmungen hingegen als dem Wesen der Ideologie unangemessen aufzuweisen und auszuschalten. Auf diese Weise soll auch die begriffliche Verwirrung beseitigt werden.

Die hier vertretene nichtessenzialistische Sichtweise nimmt demgegenüber die unterschiedlichen Bedeutungen und Verwendungsweisen von „Ideologie" zunächst einmal genauer zur Kenntnis. In Kapitel 1.2 geht es dabei um Formen des Wortgebrauchs, die damit zusammenhängen, dass explizit oder implizit *Erkenntnisziele* verfolgt werden; in Kapitel 1.3 werden dann auch Verwendungen berücksichtigt, die auftreten, wenn man *Gestaltungsziele* anstrebt, vor allem solche politischer Art.

Zunächst wird gefragt, ob sich einige Bedeutungen von „Ideologie" auf *Fragestellungen* beziehen lassen, die als sinnvoll und wissenschaftlich legitim gelten können. Sind solche Fragestellungen identifizierbar, so bedeutet das eben, dass es *mehrere Arbeitsfelder* gibt, zu denen jeweils ein bestimmter *Ideologiebegriff* gehört. Ideologieforschung des Typs a wird dann genauso benötigt wie die vom Typ b oder c. Die essenzialistische Herangehensweise erscheint von hier aus als verfehlt: Sie nimmt die Verwendungsweisen des Ausdrucks „Ideologie" nicht wirklich ernst und erkennt nicht, dass sich dahinter mehrere legitime Fragestellungen verbergen, sondern schaltet – von dem Fehlurteil geleitet, es gelte, *den einen* Ideologiebegriff zu bilden, welcher dem Wesen der Ideologie entspricht – alle anderen Fragestellungen und die zugehörigen Arbeitsfelder auf letztlich willkürliche Weise aus.

Der Gebrauch von „Ideologie" wird hier – auch aus Platzgründen – nicht *umfassend* untersucht; es erfolgt vielmehr eine Konzentration auf besonders wichtige Bedeutungen, die dann auch für den Aufbau der kognitiven Ideologietheorie relevant sind.

1.2 Verwendungen des Ideologiebegriffs, Arbeitsfelder und Sprachempfehlungen

Grundsätzlich kann zwischen *negativen* bzw. *kritischen* und *positiven* oder zumindest *neutralen* Verwendungen von „Ideologie" unterschieden werden. Der negative, kritische Gebrauch versteht unter Ideologie etwas, dessen Vorkommen zu *bemängeln* ist, d.h. etwas Defizitäres. In der Regel geht es dabei um Defizite der *Erkenntnis*. Hier wird das ideologische Denken als eine Art des Denkens bestimmt, die bestimmte Mängel aufweist, welche mit erkenntniskritischen Mitteln freizulegen sind und künftig *vermieden* werden sollten.

Unter einem ideologischen Denken im erkenntniskritischen Sinn wird meistens nicht einfach nur ein Denken verstanden, das zu unzutreffenden Ergebnissen führt, sondern ein *verzerrtes* bzw. *illusionäres* Denken. Die Verzerrung des Denkens wird dabei vielfach auf die Interessenlage des Denkenden zurückgeführt: „Weil sein Denken durch bestimmte Interessen gesteuert wird, ist X dazu gelangt, bestimmte Zusammenhänge falsch darzustellen". Der hier beschriebene erkenntniskritische Gebrauch des Worts „Ideologie" versteht darunter also ein durch bestimmte Interessen (und eventuell durch weitere Faktoren) verzerrtes Denken, das zu Fehleinschätzungen führt.

Dass es überhaupt verzerrtes bzw. illusionäres Denken gibt, lässt sich nicht sinnvoll bestreiten. Es begegnet bereits im Alltag, z.B. als *Wunschdenken*: X legt sich die Dinge so zurecht, wie es seinen Wünschen entspricht; die tatsächlichen

Zusammenhänge, wie sie durch das empirische Alltagswissen erschließbar sind, werden missachtet. In diese Richtung weisen Redeweisen wie „X sieht nur, was er sehen will", „X macht sich etwas vor". Auch das Prinzip „Es kann nicht sein, was nicht sein darf" zeigt ein verzerrtes, durch Wünsche, Bedürfnisse, Interessen verfälschtes Denken an: Diese Instanzen legen dann fest, was *sein darf*, und von dem, was nicht damit übereinstimmt, wird angenommen, es existiere gar nicht. Verzerrtes Denken verschafft bestimmten Wünschen auf empirisch ungestützte Weise eine scheinhafte Erfüllung. Auch die *Lebenslüge* ist in diesem Kontext zu erwähnen.

Illusionäres Denken tritt in vielen, wenn nicht sogar in allen Dimensionen menschlichen Lebens auf. So halten diejenigen, die von einer bestimmten sozialen Organisation profitieren, diese häufig für *natürlich*, obwohl es aus empirischer Sicht keinen Grund für diese Annahme gibt; sie kann daher als *bedürfniskonforme* und damit in bestimmter Hinsicht *lebensdienliche Fehleinschätzung* angesehen werden. Kurzum, es ist sinnvoll, die unterschiedlichen Formen verfehlten und verzerrten Denkens wissenschaftlich zu erforschen – die *erkenntniskritische Ideologieforschung* stellt ein legitimes Arbeitsfeld dar.

Der positive oder neutrale Gebrauch von „Ideologie" versteht unter Ideologie etwas, dessen Vorkommen *nicht* grundsätzlich zu bemängeln ist, also etwas *Benötigtes*. Hier lassen sich zwei Hauptformen unterscheiden:

1. Man bestimmt eine Ideologie allgemein als ein Ideen- und Wertsystem bzw. eine Weltanschauung. Wenn es zutrifft, dass Menschen immer in irgendeinem Ideen- und Wertsystem stecken, dann ist es sinnvoll, diesen Zusammenhang intensiver zu untersuchen. Dagegen, dass Menschen überhaupt Ideen- und Wertsysteme haben, ist prinzipiell nichts einzuwenden – es ist positiv zu sehen oder neutral zu konstatieren. Menschen sind offenbar erstens an Systeme dieser Art *gebunden*, und zweitens scheinen sie diese auch für ihren Lebensvollzug zu *brauchen*. Das schließt natürlich nicht aus, dass man bestimmte Systeme dieser Art kritisiert. Die *weltanschauungsanalytische Ideologieforschung* bildet somit ein zweites legitimes Arbeitsfeld. In Kapitel 3.3 wird im Rahmen der kognitiven Ideologietheorie auch eine *Theorie* der Weltanschauungen entworfen und zwischen verschiedenen Weltanschauungstypen unterschieden.

2. Man versteht unter einer Ideologie ein soziales und politisches Programm, wie es insbesondere in modernen Gesellschaften vertreten wird; häufig wird von *politischen Ideologien* gesprochen, etwa von der liberalen, der konservativen, der sozialistischen, der ökologischen, der faschistischen. Als Abkürzung soll der Ausdruck „soziopolitische Programme" dienen. Bezogen auf sie kann ähnlich argumentiert werden wie bei den Ideen- und Wertsystemen. Unabhängig von der Frage, welche soziopolitische Auffassung man selbst vertritt, ist festzuhalten, dass sie generell als Steuerungsinstanzen *benötigt* werden. Auch dagegen, dass

Menschen an soziopolitische Programme gebunden sind, ist grundsätzlich nichts einzuwenden. Das schließt nicht aus, dass man bestimmte Programme dieser Art kritisiert. Die *programmanalytische Ideologieforschung* bildet ein drittes legitimes Arbeitsfeld.

Sowohl in der weltanschauungs- als auch in der programmanalytischen Ideologieforschung lassen sich mehrere Unterformen unterscheiden. So kann man fragen,

– auf welchen Grundlagen ein Ideen- und Wertsystem oder ein soziopolitisches Programm beruht und wie es aufgebaut ist. Diese Teildisziplin kann als *Strukturanalyse* der Weltanschauungen und der soziopolitischen Programme bezeichnet werden.

– in welcher Gruppe das jeweilige Ideen- und Wertsystem oder soziopolitische Programm besonders häufig vertreten wird und wie dies mit der Lebenssituation dieser Gruppe zusammenhängt. Darum geht es in der *Soziologie* der Weltanschauungen und der soziopolitischen Programme.

– welche Funktionen das jeweilige Ideen- und Wertsystem oder soziopolitische Programm für die es akzeptierenden Individuen und Gruppen oder auch für die gesamte Gesellschaft hat. So können bestimmte Überzeugungen eine Gruppe zusammenschweißen und starke Motivationen erzeugen, die sich in Auseinandersetzungen mit anderen Gruppen als nützlich erweisen. Durch Weltanschauungen und soziopolitische Programme können ferner Gesellschaften stabilisiert werden, sie können den sozialen Zusammenhalt stärken. Das alles ist Gegenstand der *Funktionsanalyse* der Weltanschauungen und der soziopolitischen Programme.

– wie ein Ideen- und Wertsystem oder ein soziopolitisches Programm praktisch umgesetzt wird, z.B. durch Veränderung der sozialen Institutionen. Danach fragt die *Verwirklichungsanalyse* der Weltanschauungen und der soziopolitischen Programme.

– wie Menschen dazu gelangen und dazu gebracht werden, ein bestimmtes Ideen- und Wertsystem, ein soziopolitisches Programm wie auch eine bestimmte Gesellschaftsordnung zu akzeptieren. Darum geht es in der *Akzeptanzanalyse* der Weltanschauungen und der soziopolitischen Programme.

Möglicherweise kommen noch weitere Unterformen der weltanschauungs- und der programmanalytischen Ideologieforschung hinzu. Diese lassen sich sowohl isoliert betreiben als auch miteinander kombinieren.

Entsprechend können auch innerhalb der erkenntniskritischen Ideologieforschung mehrere Unterformen unterschieden werden. Man kann z.B. fragen, welche Leitvorstellungen bestimmte Formen des verzerrten Denkens benutzen, welche Ursachen es hat und welche Wünsche, Bedürfnisse oder Wertüberzeugungen dadurch in scheinhafter Form befriedigt werden.

Zunächst einmal ist also zwischen drei Arbeitsfeldern zu unterscheiden; weitere können hinzugenommen werden: Die erkenntniskritische Ideologieforschung befasst sich mit den Formen verzerrten Denkens mit dem Ziel, diese so weit wie möglich zu überwinden; die weltanschauungsanalytische Ideologieforschung untersucht Ideen- und Wertsysteme, während die programmanalytische Ideologieforschung soziopolitische Programme thematisiert. Sind aber mehrere Arbeitsfelder zu unterscheiden, so ist es erforderlich, für jedes einen *speziellen* Ideologiebegriff zu bilden. Das Streben nach der *einen* allgemein verbindlichen Ideologiedefinition ist somit verfehlt. Aus den bisherigen Überlegungen ergeben sich drei Ideologiebegriffe, die den drei Bereichen zugeordnet sind:

Ideologie$_1$ = durch bestimmte Wünsche, Bedürfnisse, Interessen verzerrtes, illusionäres Denken

Ideologie$_2$ = Ideen- und Wertsystem bzw. Weltanschauung

Ideologie$_3$ = soziopolitisches Programm

Ein Vorteil dieser Arbeitsfelddifferenzierung – die noch weiter ausgebaut und verfeinert werden kann – besteht darin, dass sie es ermöglicht, die vorliegenden Ideologietheorien im engeren und im weiteren Sinn sowie deren einzelne Argumentationsschritte *systematisch einzuordnen*, z.B. so: „X nimmt in diesem Kapitel eine Strukturanalyse eines bestimmten Ideen- und Wertsystems vor; im nächsten Kapitel geht er dann dazu über, die Funktionen dieser Weltsicht für eine bestimmte Gruppe zu analysieren". Die systematische Einordnung führt zu einem genaueren Verständnis der vorliegenden Theorien und bei eigenen Texten zu präziseren Aussagen. Dadurch wird auch ersichtlich, welche Möglichkeiten noch nicht oder zumindest nicht in ausgereifter Form verwirklicht worden sind, was für die *Weiterentwicklung* dieser Disziplin von Bedeutung ist.

Mittels der Arbeitsfelddifferenzierung kann auch klarer als bisher gesehen werden, welche *Kooperationsmöglichkeiten* es zwischen den Bereichen gibt. Wer weltanschauungs- oder programmanalytische Ideologieforschung praktiziert, kann mit der erkenntniskritischen zusammenarbeiten. So kann man z.B. von der neutralen Strukturanalyse einer Weltanschauung oder eines soziopolitischen Programms immer zur erkenntniskritischen Frage übergehen, ob diese Sichtweise ganz oder teilweise durch bestimmte Wünsche oder Interessen verzerrt wird. Entsprechendes gilt für die anderen Unterformen.

Nach Auffassung speziell der *kognitiven* Ideologietheorie ist es erforderlich, dass die Erforschung der soziopolitischen Programme mit der weltanschauungsanalytischen Ideologie$_2$forschung kooperiert, da die jeweilige soziopolitische Zielsetzung immer auf bestimmten *Hintergrundannahmen* weltanschaulicher Art beruht: Jede Ideologie$_3$ setzt Prämissen voraus, die der Ebene der Ideologie$_2$ zuzuordnen sind.

In vielen Fachtexten wird nicht hinlänglich geklärt, in welcher Bedeutung das Wort „Ideologie" sowie die damit verwandten Ausdrücke benutzt werden. Häufig geht der Theoretiker sogar, ohne dies zu bemerken, von der einen zur anderen Bedeutung über. Das führt zu Verwirrungen in der Argumentation und bei den Lesern, die sich vermeiden lassen. Die folgenden Sprachempfehlungen sind daher für *alle* Ideologietheoretiker nützlich:[7]

Sprachempfehlung 1: Da das Wort „Ideologie" – und die damit verwandten Ausdrücke wie „ideologisch", „Ideologe", „Ideologiekritik" usw. – de facto mit unterschiedlichen Bedeutungen ausgestattet werden, sollte man sie nie ungeklärt verwenden. Es ist stets so genau wie möglich anzugeben, was sie im jeweiligen Zusammenhang bedeuten. Geht es – um nur die bislang aufgeführten Bedeutungen zu nennen – um die Ideologie$_{1/2/3}$?

Sprachempfehlung 2: Es ist sinnvoll, den Ausdruck „Ideologie" zunächst einmal durch andere zu ersetzen, die genauer und weniger vieldeutig sind.

Der Satz „Ich erforsche soziopolitische Programme der Moderne" ist z.B. genauer als die vage Auskunft „Ich erforsche Ideologien". In bestimmten Kontexten kann es sinnvoll sein, klärungsbedürftige Ausdrücke wie „Ideologie" ganz zu vermeiden: „Weltanschauungsanalytische Ideologieforschung" etwa ist ersetzbar durch „Weltanschauungsforschung", „programmanalytische Ideologieforschung" durch „Erforschung soziopolitischer Programme". Hier wird jedoch nicht angestrebt, die Verwendung des Ausdrucks „Ideologie" völlig zu unterbinden; die Einordnung der Arbeitsfelder als *Teilbereiche der komplexen Ideologieforschung* erleichtert es vielmehr, die Zusammenhänge zwischen ihnen zu erkennen und die Kooperationsmöglichkeiten zu nutzen.

Mit den Sprachempfehlungen für Ideologietheoretiker korrespondieren Lektüreempfehlungen für Leser ideologietheoretischer Texte:

Lektüreempfehlung 1: Im Text ist nach möglichst klaren Bedeutungsfestlegungen zu suchen. Werden keine gefunden, so muss aus dem jeweiligen Kontext *erschlossen* werden, was genau unter „Ideologie", „Ideologiekritik" usw. verstanden wird.

Lektüreempfehlung 2: Liegt im Text keine hinlänglich geklärte Ideologieterminologie vor, so sollte, um ein besseres Verständnis zu erreichen, versucht werden, den Ausdruck „Ideologie" durch andere zu ersetzen, die genauer und weniger vieldeutig sind.

Die folgenden Empfehlungen ergeben sich speziell aus dem Konzept der komplexen Ideologieforschung:

Sprachempfehlung 3: Es sollte stets geklärt werden, welchem Arbeitsfeld eine bestimmte Ideologietheorie oder ein bestimmter Argumentationsschritt zuzuordnen ist.

Lektüreempfehlung 3: Liegt im ideologietheoretischen Text keine hinlänglich klare Arbeitsfeldzuordnung vor, so sollte diese vom Leser vorgenommen
werden – sowohl für den gesamten Text als auch für die einzelnen Teile.

Viele ideologietheoretische Arbeiten weisen hinsichtlich der Terminologie,
der Arbeitsfeldzuordnung, der Formulierung der Erkenntnisziele und Methoden
deutliche Schwächen auf, sodass sich Möglichkeiten zur Optimierung dieser
Theorien ergeben.

Auf den ersten Blick scheinen die Theorien a, b, c usw. miteinander unvereinbar zu sein; analysiert man sie jedoch genauer, so erkennt man, dass sie
unterschiedlichen *Bereichen* zuzuordnen sind. Sie können also nebeneinander
bestehen: Ansatz a ist der erkenntniskritischen Ideologie₁forschung zuzuordnen,
Ansatz b hingegen der weltanschauungsanalytischen usw. Die Wissenschaftler
sollten somit für ihre Konzepte nicht mehr einen *uneingeschränkten* ideologietheoretischen Geltungsanspruch erheben, sondern nur noch einen *eingeschränkten*,
der sich explizit auf die *Lösung bereichsspezifischer Erkenntnisprobleme* bezieht.
Hat X erkannt, dass es neben dem von ihm beackerten noch weitere Felder der
Ideologieforschung gibt, so kann er den zugehörigen Ideologietheorien grundsätzlich eine Berechtigung zuerkennen.

Die herkömmliche Ideologieforschung ist demgegenüber nicht *pluralistisch*,
sondern *monistisch* angelegt, und das hängt mit dem essenzialistischen Begriffsverständnis zusammen. So, wie man die anderen Verwendungen des Ideologiebegriffs explizit oder implizit als dem Wesen der Ideologie unangemessen
abweist, werden auch die anderen Formen der Ideologieforschung als grundsätzlich unzulänglich betrachtet. Dadurch grenzt man legitime Forschungsbereiche
aus und verhindert so auch die *Kooperation* zwischen den Arbeitsfeldern.

Innerhalb eines bestimmten Bereichs befinden sich die Theorien allerdings in
einem Konkurrenzverhältnis. Es gibt z.B. in der Soziologie der Weltanschauungen
mehrere Möglichkeiten, den Zusammenhang zwischen der Lebenssituation einer
Gruppe und der in ihr dominierenden Weltsicht theoretisch zu modellieren. Hier
gilt es, sich für einen bestimmten Ansatz zu entscheiden und diesen weiterzuentwickeln; dazu gehört das Bestreben, die konkurrierenden Theorien zu kritisieren
und zu entkräften. Ziel ist es, die in kognitiver Hinsicht leistungsfähigste Theorie
vorzulegen. Eine bereichsspezifische Ideologietheorie kann einer anderen nach
bestimmten Kriterien *überlegen* sein; sie erklärt z.B. bestimmte Phänomene
umfassender und zwangloser als die andere.

Viele gehen stillschweigend von der folgenden Auffassung aus: „Alle Ideologietheorien haben es mit denselben Gegenständen zu tun und behandeln im
Kern dieselben Fragen; sie unterscheiden sich nur dadurch, dass sie diese auf
unterschiedliche Weise beantworten". Die Ideologietheorien im engeren und weiteren Sinn haben es jedoch, wie mittlerweile deutlich geworden ist, *keineswegs*

alle mit denselben Gegenständen zu tun, und sie behandeln *nicht* alle im Kern dieselben Fragen. Nur innerhalb eines bestimmten Bereichs, z.B. der programmanalytischen Ideologie$_3$forschung, beziehen sich die konkurrierenden theoretischen Ansätze auf dieselben Phänomene, und sie behandeln im Kern dieselben Fragen, welche sie dann auf unterschiedliche Weise beantworten. Hier sind deshalb *Erkenntnisfortschritte* möglich: Theorie b kann ein bestimmtes Problem überzeugender lösen als Theorie a. Die Problemstellung einer Theorie des verzerrten Denkens ist aber etwa von derjenigen der Strukturanalyse soziopolitischer Programme *grundsätzlich* zu unterscheiden – wenngleich sie mit ihr *verbunden* werden kann. Eine Theorie aus dem letzteren kann daher nicht als Weiterentwicklung einer Theorie aus dem ersteren Bereich begriffen werden. Kurzum, die Ideologieforschung ist kein einheitliches Ganzes, sondern besteht aus mehreren Arbeitsfeldern, die zum Teil wenig miteinander zu tun haben. Das wird oft nicht hinlänglich erkannt. Wer sich in sie einarbeiten und dann vielleicht auch in ihr mitwirken will, sollte ein Bewusstsein für die Vielfältigkeit der Arbeitsfelder, d.h. ein Diskursbewusstsein erlangen und die unterschiedlichen Ansätze, vor allem den eigenen, richtig einordnen können. Es gibt nicht *das* Ideologieproblem, und daher sollte nicht alles in den großen Topf „Ideologie" geworfen und dann zum Einheitsbrei verrührt werden.

Durch die Arbeitsfelddifferenzierung lässt sich erstens die *Vermengung* unterschiedlicher Problemstellungen verhindern, was es zweitens ermöglicht, die *Bezüge* zwischen den einzelnen Bereichen genauer zu bestimmen; es wird ausdrücklich kein rigides, sozusagen bürokratisches Arbeitsteilungssystem angestrebt, in dem ein Wissenschaftler nicht über den Tellerrand hinausschauen darf, weil er damit in die Kompetenz einer anderen Abteilung eingreifen würde. Die Frage nach dem *Zusammenhang* zwischen den einzelnen Arbeitsfeldern und den dort untersuchten Phänomenen wird gerade nicht abgewürgt, sie kann im Rahmen der komplexen Ideologieforschung vielmehr präziser als zuvor gestellt und beantwortet werden. Allen Ideologietheoretikern wird also empfohlen, die Arbeitsfelddifferenzierung zu berücksichtigen und mehrere bereichsspezifische Ideologiebegriffe zu verwenden.

Wird gefordert „Wir sollten uns von der Ideologie befreien", so fragt der reflektierte Ideologieforscher zurück: „Was verstehst du hier unter ‚Ideologie'? Wenn du dich auf die Ideologie$_1$ beziehst, so ist deine Aufforderung grundsätzlich sinnvoll. In diesem Arbeitsfeld müsste dann allerdings genauer untersucht werden, ob es tatsächlich möglich ist, sich von *allen* Formen der Ideologie$_1$ zu befreien oder ob dies realistischerweise nur in *einigen* Fällen leistbar ist. Beziehst du dich hingegen auf die Ideologie$_{2/3}$, so ist deine These verfehlt, denn es gibt keine Möglichkeit, aus Ideen- und Wertsystemen und soziopolitischen Vorstellungen ganz auszusteigen."

Bei der Theoriebildung in Sachen Ideologie sind zwei *Verabsolutierungen* zu vermeiden:

1. Die erkenntniskritische Ideologie$_1$forschung verfolgt das Ziel, das bedürfniskonforme Denken zurückzudrängen. Ihre *Verabsolutierung* läuft nun darauf hinaus, dass nicht erkannt wird, dass es neben ihr noch andere legitime Bereiche der Ideologieforschung gibt. Vom Begriff der Ideologie$_1$ wird vorschnell angenommen, dass er das *Wesen* der Ideologie erfasse. Da die Ideologie$_{2/3}$ auf die Ideologie$_1$ reduziert wird, geht die *Unentbehrlichkeit* der ersteren nicht in die theoretische Rechnung ein – die Ideologie$_{2/3}$ erscheint fälschlich als etwas, das es ebenfalls generell zu *überwinden* gilt. Das wiederum hat zur Folge, dass das Bestreben, eine gut begründete Ideologie$_{2/3}$ zu entwickeln, geschwächt wird. Wer nicht mehr konstruktiv über die Ideologie$_{2/3}$ nachdenkt, gelangt leicht zu dem Irrglauben, von weltanschaulichen und soziopolitischen Hintergrundannahmen frei zu sein, während er in Wahrheit in diejenige Ideologie$_{2/3}$ verstrickt ist, die in seinem soziokulturellen Umfeld dominiert – in die jeweils *vorherrschende* Ideologie$_{2/3}$, die häufig nicht das vernünftigste Angebot darstellt.

2. Die weltanschauungsanalytische Ideologie$_2$forschung (und Entsprechendes gilt für die programmanalytische) verfolgt unter anderem das Ziel zu zeigen, dass Wertsysteme und Weltbildkonstruktionen für menschliches Leben unentbehrlich sind. Ihre *Verabsolutierung* läuft ebenfalls darauf hinaus, dass nicht erkannt wird, dass es neben ihr noch andere legitime Bereiche der Ideologieforschung gibt. Vom Begriff der Ideologie$_{2/3}$ wird vorschnell angenommen, dass er das *Wesen* der Ideologie erfasse. Da die Ideologie$_1$ auf die Ideologie$_{2/3}$ reduziert wird, geht die *Überwindbarkeit* der ersteren nicht in die theoretische Rechnung ein. Durch Vernachlässigung des erkenntniskritischen Diskurses bleibt die nach dem Muster der Ideologie$_{2/3}$ gedachte Ideologie$_1$ der Kritik entzogen, sodass sich immer neue Formen verzerrten Denkens herausbilden können, die mit den jeweiligen Zeittrends im Einklang stehen.

1.3 Der Ideologiebegriff im weltanschaulichen und soziopolitischen Diskurs

Es ist eine Sache, Weltanschauungen (Ideologien$_2$) und soziopolitische Programme (Ideologien$_3$) im Licht bestimmter Fragestellungen, von denen oben einige aufgelistet worden sind, *wissenschaftlich zu erforschen*; etwas anderes ist es, ein soziopolitisches Konzept *verwirklichen* und eine Weltanschauung *verbreiten* sowie *praktisch umsetzen* zu wollen. Erkenntnisziele sind von Gestaltungszielen zu unterscheiden. Auch im Kontext von Gestaltungsunternehmen dieser oder jener Art werden Wörter wie „Ideologie" benutzt. Anhänger einer bestimmten politischen Richtung etwa bezeichnen konkurrierende Auffassungen manchmal mit negativer Bewertung als *Ideologien* und deren Vertreter als *Ideologen*.

Dabei sind zwei Bedeutungskomponenten zu unterscheiden, die bereits in Kapitel 1.2 begegnet sind:

Komponente 1: Unter einer Ideologie wird eine sachlich verfehlte politische Auffassung verstanden. Dem Kontrahenten wird z.B. vorgeworfen, dass er die tatsächlichen politischen Machtverhältnisse nicht hinlänglich berücksichtigt. X sieht sich als politischen Realisten und betrachtet den politischen Gegner als weltfremden Spinner, der auf die Verwirklichung utopischer Ziele fixiert ist. Eine entsprechende Bedeutung kann auch im weltanschaulichen Diskurs auftreten: Dem Gegner wird vorgeworfen, eine grundsätzlich verfehlte Weltanschauung z.B. idealistischer Art zu vertreten.

Komponente 2: „Wer von Ideologie spricht, versucht eine gegnerische geistige oder politische Position zu entwerten, indem er sie als standort- und interessenbedingte Perspektive nachzuweisen trachtet." (Barth 1974: 9)

Im gegenwärtigen Zusammenhang kann das so verstanden werden, dass dem Gegner vorgehalten wird, eine sachlich verfehlte politische Auffassung zu vertreten, welche auf die Interessen zurückzuführen ist, die sich aus dem sozialen Standort des Kontrahenten ergeben; das entspricht dem Begriff der Ideologie$_1$.

Sprachempfehlung 4: Um begriffliche Vermengungen zu vermeiden, sollte der Ausdruck „Ideologie" nicht verwendet werden, um sachlich verfehlte Annahmen über Wirklichkeitszusammenhänge zu bezeichnen. Hierfür reicht der Begriff des Irrtums völlig aus. Die Aufdeckung von Irrtümern ist von der Ideologieforschung im Allgemeinen und der Ideologie$_1$kritik im Besonderen abzugrenzen.[8]

Im soziopolitischen wie im weltanschaulichen Kontext wird öfter der Ausdruck „falsches Bewusstsein" benutzt. Darunter kann einerseits ein einfacher Irrtum, andererseits eine interessenbedingte Fehleinschätzung (Ideologie$_1$) verstanden werden. Ein neuer Aspekt kommt hinzu, wenn man bedenkt, dass eine Weltanschauung oder ein soziopolitisches Programm sowohl in *dogmatischer* als auch in *undogmatischer* Form vertreten werden kann. Im ersten Fall wird explizit oder implizit der Anspruch erhoben, über die definitiv wahre Position zu verfügen, im zweiten Fall hingegen nicht. Daraus kann ein vierter Ideologiebegriff gewonnen werden:

Ideologie$_4$ = *definitiv* falsches Bewusstsein weltanschaulicher oder soziopolitischer Art

Das Verhältnis der Ideologie$_4$ zur Ideologie$_{1/2/3}$ bedarf genauerer Bestimmung:

Verhältnis zur Ideologie$_2$: In der weltanschauungsanalytischen Ideologie$_2$forschung werden Überzeugungssysteme unter bestimmten Gesichtspunkten untersucht. Dabei werden diese nicht als wahr oder falsch bzw. als der Konkurrenz über- oder unterlegen behauptet; die Strukturanalyse der Weltanschauungen etwa ist eine Disziplin, in der die Grundlagen der unterschiedlichen Ideen- und Wertsysteme sowie ihr systematischer Aufbau *herausgearbeitet* werden, ohne sie zu *bewerten*. Der Ideologiebegriff$_2$ zeigt einfach den *Gegenstand* der weltanschauungsanalytischen Ideologie$_2$forschung an.

Im weltanschaulichen Diskurs, dem der Ideologiebegriff$_4$ häufig zugeordnet ist, werden demgegenüber Ideen- und Wertsysteme *vertreten*. Ein bestimmtes Überzeugungssystem zu akzeptieren, schließt in der Regel ein, dass man es für *wahr* bzw. *richtig* und den konkurrierenden Auffassungen *überlegen* hält. Wird nun beansprucht, über die *definitiv* wahre Sichtweise zu verfügen, so erscheint die gegnerische Auffassung als *definitiv* falsches Bewusstsein (Ideologie$_4$).

Verhältnis zur Ideologie$_3$: Die vorstehenden Ausführungen über Weltanschauungen gelten mit den entsprechenden Ersetzungen auch für soziopolitische Programme (Ideologien$_3$), sodass es keiner erneuten Ausführung bedarf.

Verhältnis zur Ideologie$_1$: Die Ideologie$_4$ ist mit der Ideologie$_1$ verwandt, es kommt nur der Absolutheitsanspruch hinzu. Sowohl die Aufdeckung eines Irrtums (Irrtumskritik) als auch die Zurückführung eines Irrtums auf bestimmte Wünsche, Bedürfnisse, Interessen (Ideologie$_1$kritik als Erklärung für das Zustandekommen eines Irrtums) kann auch von einer undogmatischen Position aus erfolgen; der Begriff der Ideologie$_4$ steht hingegen für die an eine dogmatische Position gebundene Variante. Das impliziert z.B. innerhalb der soziopolitischen Dimension, dass nicht nur die jeweilige theoretische Auffassung, sondern auch *das ganze Programm selbst* als definitiv falsch gilt. Der Kontrahent vertritt demnach die *definitiv falsche soziopolitische Richtung*, während man selbst für sich beansprucht, den absolut richtigen politischen Weg zu gehen. Für die weltanschauliche Dimension gilt, sofern man das Weltbild ausklammert und sich auf das jeweilige Wertsystem konzentriert, Entsprechendes.

Wer auf dogmatische Weise einen Ideologie$_4$verdacht erhebt, glaubt sich im Besitz der absolut gültigen Position weltanschaulicher oder soziopolitischer Art; er wirft dem Gegner vor, im Allgemeinen eine definitiv falsche Grundauffassung zu vertreten und im Besonderen zu interessengebundenen Fehleinschätzungen gelangt zu sein. Ein argumentatives Patt entsteht, wenn der Kontrahent dieselben Register zieht. Die wechselseitigen Entlarvungs- und Entwertungsversuche werden immer nur in den eigenen Reihen als überzeugend empfunden. Die andere Seite bestreitet gerade den Anspruch, man unterliege selbst keinen interessengebundenen Fehleinschätzungen.

Sprachempfehlung 5: Wer im wissenschaftlichen, weltanschaulichen oder soziopolitischen Diskurs eine *undogmatische* Haltung einnimmt, sollte generell darauf verzichten, von einem *falschen Bewusstsein* zu sprechen, da diese Redeweise den Eindruck erweckt, man reklamiere für sich das definitiv wahre bzw.

richtige (wissenschaftliche, weltanschauliche, soziopolitische) Bewusstsein. Der Ideologiebegriff$_4$ ist aufgrund seiner dogmatischen Implikationen problematisch.

Im Einzugsbereich der dogmatischen Einstellung ist die Rede vom *falschen Bewusstsein*, wenn keine sachbezogenen Argumente hinzukommen, ein Instrument zur Diffamierung von weltanschaulichen und soziopolitischen Gegnern ohne Erkenntniswert. Die eigene Position wird als das definitiv wahre bzw. richtige Bewusstsein *gesetzt*; dann aber erscheint die konkurrierende Position automatisch als falsches Bewusstsein. Damit ist zwar ein Effekt erzielt, der sich auf die Motivation der eigenen Truppen positiv auswirken kann, aber in kognitiver Hinsicht ist damit nichts gewonnen, da der Gegner den Spieß ja einfach umdrehen kann. Eine wissenschaftliche Theorie, eine Weltanschauung, ein soziopolitisches Programm auf undogmatische Weise zu vertreten, läuft immer darauf hinaus, die jeweilige Konzeption als hypothetische Konstruktion zu betrachten, die keiner Letztbegründung fähig ist und die daher auch verfehlt oder konkurrierenden Ansätzen unterlegen sein kann.

Es gibt Ideologietheorien, die sowohl Erkenntnis- als auch Gestaltungsziele verfolgen. Der marxistische Ansatz, der in verschiedenen Varianten vertreten wird, ist die wichtigste Theorie dieser Art. Einerseits werden mit wissenschaftlichem Anspruch Aussagen z.B. über Weltanschauungen und soziopolitische Programme – vor allem über deren von der ökonomischen Basis abhängige ‚Entwicklungslogik' – gemacht, andererseits wird das Ziel verfolgt, den Kapitalismus zu überwinden und den Sozialismus/Kommunismus aufzubauen. „Bei Marx und Engels war ‚Ideologie' ein Begriff des Bruchs mit den herrschenden Verhältnissen als Verhältnissen der Herrschaft." (Haug 1995: 50) Innerhalb des neuen Organisationsmodells ergibt sich zunächst einmal die Aufgabe, die einzelnen Theorieteile einerseits dem Erkenntnisbereich (und hier wiederum den einzelnen Arbeitsfeldern) und andererseits dem Gestaltungsbereich korrekt zuzuordnen.

1.4 Differenzierungsgewinne

Man sollte der Verführung widerstehen, die Ideologie$_{1/2}$ oder $_3$ „zum Prototyp von Ideologie schlechthin und damit gleichsam zum Repräsentanten des wahren Ideologiebegriffs" (Karstedt 1979: 7) zu erklären.[9] So gibt es z.B. „nicht wenige Autoren, welche die politischen Ideologien$_{[3]}$ abhandeln, als gäbe es außer ihnen keine anderen" (7). Drei Definitionen können als Beispiele dienen:

Definition 1: Eine Ideologie liegt nur dort vor, „wo die in Frage stehenden Vorstellungen zumindest die Tendenz erkennen lassen, alle Bereiche des menschlichen Lebens zu übergreifen" (5).

Differenzierung: Von jeder Weltanschauung (Ideologie$_2$) kann gesagt werden, dass sie zumindest ansatzweise alle Bereiche des menschlichen Lebens übergreift; so ergeben sich z.b. aus den fundamentalen Wertüberzeugungen Konsequenzen für alle Dimensionen. Für soziopolitische Programme (Ideologien$_3$) gilt das jedoch nicht; sie sind auf einen bestimmten Lebensbereich beschränkt; ihnen geht es ja darum, die *gesellschaftlichen und politischen Verhältnisse* nach bestimmten Wertmaßstäben zu gestalten.

Formen illusionären Denkens (Ideologien$_1$) werden zwar manchmal zu einer übergreifenden Weltanschauung ausgestaltet, können aber auch in kleinerer Form auftreten. Man hat es hier also „mit einem Kontinuum zu tun, welches vom Punktuellen auf der einen Seite bis zur Universalität auf der anderen reicht" (7).

Definition 2: Eine Ideologie muss „immer einer größeren Gruppe von Menschen als gesellschaftsbildende oder gar politische Vorstellungswelt gemeinsam sein" (5).

Differenzierung: Diese Definition ist auf Ideologien$_3$ zugeschnitten, deren Verwirklichung durch Trägergruppen angestrebt wird. Eine Ideologie$_2$ hingegen kann zwar einer größeren Gruppe von Menschen als Vorstellungswelt gemeinsam sein, aber es kann auch eine individuelle Größe bleiben. Daher gilt nicht generell: „Individuen können nicht Träger von Ideologien$_{[2]}$ sein." (9) Ideologie$_2$ ist zwar auch, aber „nicht nur in Verbindung mit großen Gruppen zu sehen" (7); zu unterscheiden ist also zwischen *individuellen* und *kollektiven* Weltanschauungen. Das bedeutet, dass nicht „nur ‚Großideologien'$_{[3]}$ mit weitreichender Gruppenintegration als Ideologien anzuerkennen" (7) sind. Entsprechendes gilt für die Ideologie$_1$.

Definition 3: Das Wesen der Ideologie ist „eine Störung, eine Irritation des Erkenntnisvermögens, durch welche dieses an der Erkenntnis der Wahrheit gehindert" (13) wird.

Differenzierung: Das bedürfniskonforme Denken (Ideologie$_1$) stellt eine Störung des Erkenntnisvermögens dar, die sich zumindest in einigen Fällen beheben lässt. Von der Ideologie$_{2/3}$ kann man das hingegen nicht sagen.

Zusammenfassend ist mit Karstedt festzuhalten: Die „zerfahrene Begriffsbildung" in Sachen Ideologie zeigt „weniger mangelhafte Erkenntnis als vielmehr die [...] Kompliziertheit der Sache selber an [...]; in jedem Vorschlag, wie Ideologie begrifflich dingfest zu machen sei, müßte auch ein Korn Wahrheit, ein Stück richtiger Erkenntnis stecken" (2). Bezieht man die Definitionen des Ideologiebegriffs auf die drei Arbeitsfelder, so zeigt sich ihr rationaler Kern, der sich durch Spezifizierung genauer bestimmen lässt. Einige Ideologietheoretiker nutzen die sich aus einer bestimmten Fragestellung ergebende bereichsspezifische Perspektive, um einen Ideologiebegriff zu bilden, der dann im Licht des essenzialistischen Begriffsverständnisses zu *dem* Ideologiebegriff hochstilisiert wird. Diese *vorschnelle Verallgemeinerung* ist rückgängig zu machen. „Ein jeder von ihnen bekam nur einen Teilaspekt des komplizierten Phänomens in den Blick und eben darum auch nur eine Teilwahrheit; aber diese doch in jedem Falle. [...] Ihr gemeinsamer Fehler ist, einen Teil für das Ganze zu nehmen, also eine voreilige Generalisierung und Verabsolutierung" (60).

Bei Karstedt ist zu lesen:

> In der Tat muß angesichts der entsetzlichen ideologischen Exzesse, auf welche man beschämt zurückblickt, der Wunsch sich einstellen nach einer Auskunft darüber, ob denn Ideologie ein unentrinnbares Verhängnis der Menschheit sei, aus der es kein Entschlüpfen für sie gibt, oder ob Befreiung von dieser Geißel, zumindest Bannung des Unheils möglich sei. Die Optimisten verheißen Erlösung von diesem Übel; Pessimisten erblicken nur eine Fatalität, der nicht zu entkommen ist. Dazwischen stehen diejenigen, die vom Pathos der Nüchternheit die Minderung der Gefahr erhoffen. (48)

In dieser allgemeinen Form ist die Frage falsch gestellt. Wenn (mindestens) drei Ideologiebegriffe zu unterscheiden sind, so muss die Frage, „ob denn Ideologie ein unentrinnbares Verhängnis der Menschheit sei", auch *auf (zumindest) dreierlei Weise* aufgeworfen und beantwortet werden:

1. Ist die Ideologie$_1$ ein unentrinnbares Verhängnis der Menschheit? Nein, zumindest von einigen Formen verzerrten Denkens ist eine Befreiung möglich, die auch als Entideologisierung$_1$ bezeichnet werden kann. Eine *generelle* „Befreiung von dieser Geißel" ist allerdings wohl nicht zu erwarten, d.h. mit einem grundsätzlichen Ende *der* Ideologie$_1$ ist nicht zu rechnen.

2. Ist die Ideologie$_2$ ein unentrinnbares Verhängnis der Menschheit? Diese Frage muss umformuliert werden, da die Ideen- und Wertsysteme im Allgemeinen gar kein *Verhängnis* darstellen; es handelt sich vielmehr um eine Steuerungsinstanz menschlichen Lebens. Ideologie$_2$ ist für menschliches Leben unentbehrlich, ohne sie ist „überhaupt nicht auszukommen" (53). Die Ausgangsfrage ist daher durch zwei Fragen zu ersetzen:

2.1 Ist die Ideologie$_2$ im Allgemeinen unvermeidlich? Ja, man kann als Mensch nicht *keine* weltanschaulichen Überzeugungen haben. Aber man kann von einer Ideologie$_2$ zu einer anderen übergehen, mag dies im Einzelfall auch schwer zu realisieren sein. Das „einzige Mittel, eine Ideologie$_{[2]}$ zu beseitigen, [ist] eine andere Ideologie$_{[2]}$" (50).

2.2 Stellen *bestimmte* Ideologien$_2$ ein unentrinnbares Verhängnis der Menschheit dar? Eine bestimmte Weltanschauung kann erstens stark von Ideologien$_1$ befallen sein, sodass eine Fehlentwicklung, eine Art Verhängnis *des Denkens* vorliegt. Zweitens kann sie Folgen haben, die nach bestimmten Wertkriterien als verhängnisvoll einzuschätzen sind, z.B. die massenhafte Tötung unschuldiger Menschen. Da jede konkrete Ideologie$_2$ jedoch durch eine andere ersetzbar, also prinzipiell überwindbar ist, handelt es sich nicht um ein *unentrinnbares* Verhängnis.[10]

Innerhalb der weltanschauungsanalytischen Ideologie$_2$forschung kann also nicht *generell* von einer Entideologisierung gesprochen werden, da immer eine Bindung an einen weltanschaulichen Rahmen vorliegt. In historischer Hinsicht mag es zwar ein Ende einer *bestimmten* Ideologie$_2$ geben – eine Religion etwa verliert an Anziehungs- und Motivationskraft, verschwindet eventuell ganz von der Bühne –, nicht aber ein Ende *der* Ideologie$_2$. Der Ausdruck „Weltanschauungswandel" ist in diesem Arbeitsfeld passender als „Entideologisierung$_2$".

3. Ist die Ideologie$_3$ ein unentrinnbares Verhängnis der Menschheit? Hier ist genauso zu argumentieren wie bei der Ideologie$_2$. So ist politische Tätigkeit ohne Ideologien$_3$ unmöglich. Auch in der programmanalytischen Ideologie$_3$forschung kann nicht *generell* von einer Entideologisierung gesprochen werden. Man kann von einem soziopolitischen Programm zu einem anderen übergehen, aber nicht aus solchen Auffassungen generell aussteigen. In historischer Hinsicht ist zwar ein Ende einer *bestimmten* Ideologie$_3$ möglich, z.B. der nationalsozialistischen, nicht aber ein Ende *der* Ideologie$_3$. Der Ausdruck „Wandel des soziopolitischen Programms" ist in diesem Arbeitsfeld passender als „Entideologisierung$_3$".

Kurzum, gegenüber der undifferenzierten Rede von Entideologisierung bzw. vom Ende *der* Ideologie ist Vorsicht geboten. Der Fehler hängt auch hier mit dem essenzialistischen Begriffsverständnis zusammen. Akzeptiert man das Organisationsmodell der komplexen Ideologieforschung, so wird man sich bemühen, die typischen Fehler zu vermeiden. Wer z.B. behauptet, dass totalitäre Ideologien$_3$ an Einfluss verlieren, wird sich hüten, dies als generelle These vom Ende *der* Ideologie zu formulieren, denn es treten ja neue Ideologien$_3$ an die Stelle der alten.

Folgt man den vorgetragenen Überlegungen, so kann ferner zwischen *lebendigen* und *toten* Ideologien$_{2/3}$ unterschieden werden. Eine lebendige Weltanschauung wird von *vielen* Menschen – in diesem oder jenem Ausmaß – akzeptiert und praktisch befolgt, während eine tote Weltanschauung nicht mehr akzeptiert und praktisch befolgt wird. Eine Zwischenform stellt die halbtote bzw. -lebendige Weltanschauung dar, von der nur (noch) *wenige* Menschen überzeugt sind. Entsprechendes gilt für soziopolitische Programme.

In terminologischer und theoretischer Hinsicht ist es *unvorteilhaft*, den Ideologiebegriff für soziopolitische Programme und/oder Weltanschauungen zu reservieren, *die tatsächlich von vielen Menschen vertreten werden*. Dann muss nämlich für die tote und die halbtote Ideologie$_{3/2}$[11] ein neuer Begriff gebildet werden. Eine solche Definition findet sich z.B. bei Alfons Grieder: „Unter einer Ideologie$_{[3]}$ sei ein System von Ideen verstanden, das in einem allgemeinen Sinn das Politische betrifft und politische Orientierung zu vermitteln vermag, ein System, das ferner von einer gesellschaftlich relevanten Gruppe gutgeheißen und in politischer Absicht verbreitet wird." (Grieder 1992: 19) Dann gilt, „daß ein System von Ideen in einem gewissen Zeitabschnitt Ideologie$_{[3]}$ sein kann, ohne es vorher oder nachher zu sein" (20). Die daraus erwachsenden terminologischen Probleme lassen sich auf die angegebene Weise vermeiden.

Berücksichtigt man die vier bislang eingeführten Ideologiebegriffe (es kommen weitere hinzu), so erkennt man, dass insbesondere einige im marxistisch-sozialistischen Spektrum geführte Diskussionen zum einen Scheingefechte darstellen, die nur im Licht der verfehlten essenzialistischen Suche nach dem einzig wahren Ideologiebegriff sinnvoll erscheinen, und dass sie zum anderen an die dogmatische Einstellung gebunden sind.

„[D]iejenige Theoriepartei, der ‚Ideologie' als Synonym für [definitiv] falsches Bewußtsein$_{[4]}$ galt" (Haug 1995: 50), verkündet etwa: „Unsere Lehre hat den Blickwinkel jeder Ideologie$_{[4]}$ ein für allemal überwunden." (Antonio Labriola, zit. n. Haug 1995: 50) Wenn Lenin demgegenüber „von den ‚Werktätigen und ihren Ideologen'" (50) spricht, so sind diejenigen gemeint, welche die sozialistische Ideologie$_{3/2}$ theoretisch ausarbeiten und sich praktisch für sie engagieren. Der unter essenzialistischen Vorzeichen geführte Streit um den *wahren* Ideologiebegriff ist unnötig, denn beide reden von unterschiedlichen Sachzusammenhängen. Verabsolutiert man den kritischen Ideologiebegriff$_{1/4}$, so ist Ideologie ihrem Wesen nach etwas Defizitäres. Wendet man hingegen den Ideologiebegriff$_3$ (Ideologie = soziopolitisches Programm) an, so kann man, wenn gewisse Einschränkungen bedacht werden, mit Anton Pannekoek sagen: „Der Sozialismus ist die Ideologie$_{[3]}$ des modernen Proletariats" (zit. n. Haug 1995: 54). Versteht man unter „Ideologie" ein „programmatische[s] Bewußtsein" soziopolitischer Art, so ist es im Rahmen der dogmatischen Haltung auch „konsequent, [definitiv] richtige und falsche Ideologie$_{[3]}$ zu unterscheiden" (55). Entsprechendes gilt für Weltanschauungen. Die undogmatische Einstellung geht bekanntlich anders vor.

Die von Wolfgang Fritz Haug vertretene „Theorie des Ideologischen" versteht das Ideologische als *„ideelle Vergesellschaftung im Rahmen staatsförmig regulierter Herrschaft"*; untersucht werden „Wirkungszusammenhänge der Herrschaftsreproduktion" (56). Diese Problematik kann der *Akzeptanzanalyse* zugeordnet werden, die klärt, wie Menschen dazu gelangen und dazu gebracht werden, ein bestimmtes Ideen- und Wertsystem, ein soziopolitisches Programm wie auch ein bestimmtes Gesellschaftssystem zu akzeptieren; vgl. Kapitel 1.2. Das Ideologische ist hier „immer ein Historisches": Es geht um die kritische Analyse „herrschaftsförmiger Vergesellschaftung" in „staatlich verfaßten beziehungsweise aufrechterhaltenen patriarchalen Klassengesellschaften" (56). Soziale Herrschaft wird „historisch-sozioanalytischer Erforschung in emanzipatorischer Perspektive erschlossen" (45). Als fünfter Ideologiebegriff kann festgehalten werden:

Ideologie$_5$ (das Ideologische) = die Vermittlung bestimmter Ideologien$_{3/2}$ durch Institutionen und andere Organisationen, die dazu führt, dass man sich in eine bestimmte Gesellschaftsform einfügt

Grundlegend ist dabei die Annahme, dass Herrschaft „sich über Aktivitäten der Herrschaftsunterworfenen vermittelt und reproduziert" (56). Theorien, die eine „Omnihistorizität von Ideologie" (56) behaupten, lassen sich demgegenüber einem Forschungstyp zuordnen, der die strukturelle Gebundenheit menschlichen Lebens an Ideologien$_{2/3}$ herausstellt.

2 Zur Entstehung des Worts und Begriffs „Ideologie"

2.1 Destutt de Tracy als Wortschöpfer

Der französische Philosoph Antoine Destutt de Tracy (1754–1836) hat den Ausdruck „idéologie" gebildet, um die von ihm entwickelte Philosophie zu bezeichnen. Im ideologietheoretischen Zusammenhang ist Destutt de Tracy primär als *Wortschöpfer* relevant, obwohl seine Konzeption, da sie auch vorurteilskritische Überlegungen enthält, Bezüge zur erkenntniskritischen Ideologie$_1$forschung aufweist. In seinem Buch *Eléments d'idéologie* (Destutt de Tracy 1977) versteht er unter Ideologie eine Wissenschaft von den Ideen (science des idées). Grundlage dieser Theorie ist die Annahme, dass alle Ideen ihren Ursprung in der Sinnlichkeit, in den Empfindungen haben – die Idéologie kann somit als Wissenschaft von den Ideen auf sensualistischer Grundlage gekennzeichnet werden.

> Der Terminus „Ideologie" wurde 1796 von Destutt de Tracy als eine sprachliche Neuschöpfung in Analogie zur Onto-logie (Seins-Lehre) eingeführt. Er sollte eine analytische Wissenschaft bezeichnen, die nach dem Vorbild der exakten Naturwissenschaften (v.a. der Physiologie) auf die Zerlegung der Ideen in elementare Bestandteile und [...] auf die Erforschung der ihnen zugrunde liegenden Wahrnehmungen abzielte. Dem liegt in Anlehnung an Locke, Condillac und Cabanis die sensualistische Überzeugung zugrunde, dass die Empfindungen die einzige Quelle unserer Ideen sind. (Rehmann 2008: 20)

Aufgabe der Idéologie ist es, den Ursprung und die Bildung aller Ideen zu erforschen; damit fungiert sie als „Grundlagenwissenschaft aller anderen Wissenschaften" (Lieber 1985: 19). „Die Ideo-logie ist als eine universelle enzyklopädisch ausgerichtete Wissenschaft projektiert." (Choe 1997: 53) „Der neuen ‚Super-Wissenschaft' sind alle anderen Wissenschaften untergeordnet, deren Einheit sie herzustellen beansprucht" (Rehmann 2008: 21). Die Idéologie soll insbesondere *„die Bildungsgesetze der Vorstellungen und Ideen untersuchen und die Regelmäßigkeiten klären, die beim Zustandekommen der Erkenntnis wirksam sind"*; die Verbindung zur erkenntniskritischen Ideologie$_1$forschung besteht in der Erwartung, „auf diese Weise dem Eindringen von falschen Ideen und von Vorurteilen in die einzelnen wissenschaftlichen Disziplinen entgegenarbeiten zu können" (Topitsch/Salamun 1972: 13).

Die Idéologie führt dann auch zum Aufbau einer Wissenschaft vom Menschen, die eine gerechte und vernünftige soziale Ordnung ermöglichen soll. Aus einer Theorie, die den Kern eines Ideen- und Wertsystems (Ideologie$_2$) bildet, wird so ein soziopolitisches Programm, eine Ideologie$_3$ abgeleitet. Die Anhänger der sensualistischen Ideenlehre haben sich in den Jahren nach der Französischen Revolution stark um die Erziehung und Bildung bemüht. Sie verstanden sich gerade auch in soziopolitischer Hinsicht als Fortsetzer aufklärerischer Tendenzen. Die Idéologie stellt somit *auch* eine Theorie dar, welche die Praxis anleitet und durch Bildung und Erziehung zur Erreichung eines vernünftigen Gesellschaftszustands beitragen will. Destutt des Tracys „Ziel ist die Überwindung der ‚irrationalen' jakobinischen Schreckensherrschaft und die Sicherung einer ‚rationalen' bürgerlich-republikanischen Ordnung" (Rehmann 2008: 22).

> Der einzelne wird durch die „Ideologie" und ihre Vertreter vermöge der […] Einsicht in die Entstehungsgesetze vorurteilsfreier Ideen zur Entfaltung von Vernunft befähigt und damit zur Entfaltung seiner natürlichen Anlagen. Eine solche auf Aufklärung zielende Erziehung des einzelnen ist dabei zugleich notwendige Grundlage einer rationalen politisch-gesellschaftlichen Ordnung, die eine Ordnung der Freiheit zur Beförderung von Harmonie und Wohlstand aller sein muß. (Lieber 1985: 32)

2.2 Napoleons Bedeutungsverschiebung

Im Alltag, in den Medien und vor allem in der politischen Dimension schließt der Gebrauch der Ausdrücke „Ideologie", „ideologisch", „Ideologe", wie in Kapitel 1.2 dargelegt, häufig eine negative Wertung ein. Geht man von Destutt de Tracys Wortprägung aus, so ist das erstaunlich: Wie kann der Name für eine philosophische Grundlagendisziplin – der sich mit Ausdrücken wie „Transzendentalphilosophie" und „Phänomenologie" vergleichen lässt – zum Schimpfwort werden, das sich bei Vertretern sehr unterschiedlicher Positionen, insbesondere politischer Art, großer Beliebtheit erfreut? Hier kommt Napoleon Bonaparte (1769–1821) ins Spiel:

> Zentrum [des] ganzen Denkens der französischen Aufklärung und damit des Konzepts einer „Wissenschaft von den Ideen" als Grundlage eines vernünftigen Staates der Freiheit und Gleichheit aller war für mehrere Jahre das „Institut national". Ihm gehörte von 1797–1803 auch Napoleon Bonaparte an. Doch bricht Napoleon schließlich mit den Vertretern der „Ideologie" in dem Augenblick, in dem für ihn einsichtig wird, daß ein Festhalten an den sozialphilosophischen Konzeptionen der Aufklärung, an den Ideen einer vernunftbestimmten politischen und sozialen Ordnung der Freiheit und Gleichheit seinen eigenen Machtambitionen gefährlich werden kann, ja gefährlich werden muß. […] Bis dahin hatte weder das Wort „Ideologie", noch das Wort „Ideologe" einen abschätzigen, denunziatorischen Sinn. Wenn Napoleon die Vertreter der „Ideologie", der „Wissenschaft von den Ideen", jetzt „Ideologen", nennt, dann geht er mit dieser Bezeichnung über die bloße Zurechnung zu einer philosophischen Schule hinaus. Er gibt dem Wort einen dezidiert negativen Wertakzent. „Ideologe", dieses Wort soll jetzt einen Denker bezeichnen, der mit seinem Bewußtsein, ja

mit seiner gesamten Theorie, die Realität, die er erfassen will, hoffnungslos verfehlt. „Ideologie", d.h. jetzt falsche Theorie und falsches Bewußtsein. (Lieber 1985: 33 f.)

Die Verwandlung des philosophischen Fachterminus „Idéologie" in ein verbales Instrument zur Diffamierung vor allem von politischen Gegnern lässt sich folgendermaßen rekonstruieren: Napoleon ist zunächst Anhänger der sensualistischen Ideenlehre, der Idéologie. Er wendet sich dann aber von dieser Theorie und ihren Vertretern ab, geht über zu einer anderen Politikauffassung, die der Machterweiterung und -sicherung eine zentrale Bedeutung beimisst. Die Ziele und Konzepte der Idéologie hält er jetzt für grundsätzlich verfehlt und in ihren politischen Auswirkungen für schädlich. Napoleon Bonaparte gibt „im Laufe weniger Jahre die demokratisch-freiheitlichen Errungenschaften der Revolution auf [...], um sie durch eine autokratisch-despotische Ordnung zu ersetzen" (Barth 1974: 22), und er gelangt speziell zu der Auffassung, „daß die Religion ein ausgezeichnetes Mittel der politischen Macht sein könne" (24).

> *Napoleon* sah in den liberal-demokratischen Ansichten, die von den Ideologen im Hinblick auf eine Reform der Erziehung, der öffentlichen Moral usw. verbreitet wurden, eine Gefahr für seine machtpolitischen Pläne. Er stellte die Ideologen deshalb in der Öffentlichkeit als wirklichkeitsfremde Denker hin, deren Ansichten den Erfordernissen der politischen und gesellschaftlichen Praxis nicht gerecht werden und deshalb letzten Endes jede politische und soziale Ordnung gefährden müßten. (Topitsch/Salamun 1972: 14)

Diese Positionsänderung artikuliert Napoleon sprachlich durch eine neuartige Verwendung der Ausdrücke „Ideologie" und „Ideologe". Der Satz „X ist ein Ideologe" gewinnt nun eine zusätzliche Bedeutung: Einerseits besagt er weiterhin *feststellend* „X ist ein Anhänger der Idéologie", andererseits aber auch *abwertend* „X ist ein Anhänger einer *grundsätzlich verfehlten* politischen Theorie mit schädlichen praktischen Auswirkungen". Nach Napoleon „ist die Ideologie das Produkt eines theoretischen Verhaltens, das sich mit der Wirklichkeit, und zwar mit der politisch-gesellschaftlichen Realität, nicht in Übereinstimmung befindet" (Barth 1974: 13).

> [A]ls wahr, als der gesellschaftlichen Realität angemessen, als nicht-ideologisch befangen gilt nun ein Denken, das die tatsächlich in jeder Gesellschaft stattfindenden Machtkämpfe, sowie die darin immer auch wirksamen Irrationalismen und Emotionen so erkennt, wie sie sind, und solche Erkenntnis für politisches Handeln auch zielbewußt einsetzt und fruchtbar macht. (Lieber 1985: 34)

„Ideologie" bezeichnet jetzt „nicht mehr das systematische Wissen über einen Gegenstand, sondern diesen selbst [...], nicht mehr die Analyse der Ideen, sondern die Ideengebäude" (Rehmann 2008: 20).

Eine dritte Bedeutungskomponente entsteht bei Napoleon dadurch, dass er sich von einer politischen Theorie abgrenzt, welche das Ideal einer vernunftbestimmten politischen und sozialen Ordnung der Freiheit und Gleichheit verfolgt. „X ist ein Ideologe" bedeutet, bezogen auf diesen Konflikt, jetzt auch *abwertend* „X ist ein Anhänger einer grundsätzlich verfehlten Theorie idealistischer bzw. utopischer Art, die den Blick für die politischen Realitäten und das politisch Machbare verloren hat". Das Denken der Ideologenschule ist für Napoleon „die „Ausgeburt einer weltfremden Phantasie, die den Erfordernissen der ‚Realpolitik' zuwiderlaufe" (Lenk 1984: 34).

> Napoléon beschimpfte die Ideo-logiker *[idéologistes]* als Ideologen *[idéologues]*; sie seien Träumer, Metaphysiker, Schwätzer, Phrasendrescher, Spinner, weltfremde Theoretiker, Schwärmer, die von der realen Politik keine Ahnung hätten; ihre Ideo-logie sei die von der Wirklichkeit abgelöste, von der Praxis unberührte Projektmacherei. (Choe 1997: 59)
> Napoleon zeichnete von den Ideologen ein Bild, das sie als weltfremde, aber gerade deshalb nicht ungefährliche „Spintisierer" erscheinen ließ, und ging später dann sogar so weit, sie für die Fehlschläge seiner imperialistischen Politik verantwortlich zu machen und sie offen als Feinde des Staates und der Kirche zu bezeichnen. Durch diese Diffamierung von seiten *Napoleons* erhielt das Wort „Ideologie" jenen abwertenden Akzent, den es auch heute noch meist hat. Seit damals werden unter „Ideologen" in der Regel nicht mehr Menschen verstanden, die Vertreter einer ganz bestimmten philosophischen Richtung sind, sondern vielmehr Menschen, die im Gegensatz zur Wirklichkeit stehende, falsche politische Ansichten vertreten. (Topitsch/Salamun 1972: 14 f.)

Da es sich in der politischen Praxis Napoleons als wirkungsvoll und den eigenen Zwecken dienlich erweist, den politischen und weltanschaulichen Gegner mit dem nun negativ besetzten Ausdruck „Ideologe" zu belegen, übernehmen auch Vertreter anderer Positionen diesen Sprachgebrauch. Je nach Konfliktkonstellation wird dabei die zweite oder die dritte Bedeutung ins Spiel gebracht. Nutzt man die zweite Bedeutung, so kann *jeder* politische Gegner als Ideologe bezeichnet werden (sofern man annimmt, dass die von ihm vertretene Richtung grundsätzlich verfehlt und praktisch schädlich ist). Nutzt man hingegen die dritte Bedeutung „X ist ein idealistischer Spinner, der die politischen Realitäten verkennt", so können nur die auf die Erreichung eines bestimmten idealen gesellschaftlichen Zustands ausgerichteten politischen Gegner als Ideologen bezeichnet werden (sofern man annimmt, dass der ideale Zustand entweder gar nicht oder nur ganz langfristig oder nur auf einem ganz anderen Weg, als die Theorie postuliert, erreichbar ist). Dass die Ausdrücke „Ideologie" und „Ideologe" insbesondere im Kontext politischer Auseinandersetzungen rasch eine große Beliebtheit erlangt haben, ist also darauf zurückzuführen, dass Vertreter *aller* soziopolitischen Positionen sie nutzen können, um den jeweiligen Gegner auf eine emotional wirksame Weise in ein schlechtes Licht zu rücken, was wiederum dazu beiträgt, die Anhänger der eigenen Auffassungen zusammenzuschweißen.

Dort, wo die Schule der Idéologie gar nicht existiert oder nicht mehr als Gegner fungiert, lösen sich die Bedeutungen 2 und 3 ganz von Bedeutung 1 ab; der Satz „X ist ein Ideologe" bedeutet dann überhaupt nicht mehr „X ist ein Anhänger der Idéologie". Die ursprüngliche Konstellation, die zur Bedeutungsveränderung durch Napoleon geführt hat, gerät so nach und nach in Vergessenheit. „Der eigentliche Begriffsinhalt verschwindet allmählich aus dem Gedächtnis der Öffentlichkeit; das Wort gewinnt ein neues Profil als ein Mittel zur *Bezichtigung politischer Gegner*, das sehr bald große Verbreitung fand." (Choe 1997: 58)

Napoleons Verwendung von „Ideologie", „Ideologe" usw. ist dem soziopolitischen Diskurs zuzuordnen und hier wiederum der dogmatischen Variante: Er setzt sein eigenes soziopolitisches Programm offenbar als das definitiv richtige voraus und wertet die konkurrierenden Auffassungen daher als Formen des *falschen Bewusstseins* ab. Napoleon führt also, Destutt de Tracys Wortschöpfung aufnehmend, den im Parteienkampf wirkungsvollen, aber für die *Ideologieforschung* unbrauchbaren Ideologiebegriff$_4$ ein; vgl. Kapitel 1.3.

3 Weltanschauungsanalytische Ideologieforschung

Die weltanschauungsanalytische Ideologie$_2$theorie beschäftigt sich sowohl mit einzelnen Ideologien$_2$ als auch allgemein mit der Bindung menschlichen Lebens an Ideen- und Wertsysteme, um so Grundstrukturen menschlichen Lebens, Elemente der condition humaine zu erfassen. Das führt zu *anthropologischen Thesen* in dieser Dimension.

Im weltanschauungsanalytischen Teil der kognitiven Ideologietheorie geht es

> um die Analyse, die Klärung und Erklärung von grundlegenden Formen der menschlichen Weltdeutung und Selbstinterpretation [...]. Der Mensch hat zum Unterschied von allen anderen Lebewesen als Folge seiner Geist- und Vernunftbegabtheit ein elementares Bedürfnis nach Sinngebung des persönlichen Lebens und nach Rechtfertigung seines gesamten Verhaltens und Handelns. Er befriedigt dieses Bedürfnis durch Produktionen seiner schöpferischen Einbildungskraft, indem er sich ein vielfältiges Reservoir an Sinnstiftungs- und Rechtfertigungsideen in Form von Mythen, Symbolen, religiösen Vorstellungen, Moralkonzepten, Weltbildern [...] schafft. Diese Produktionen des menschlichen Geistes erfüllen in vielen Lebenssituationen mannigfache Aufgaben. So dienen sie u.a. als Orientierungsrahmen für Erkenntnisbemühungen, als emotionale Entlastungshilfen bei Leiderfahrungen, als Kategorisierungsschemata zur Reduktion sozialer Komplexität bei Entscheidungs- und Handlungsbedarf [...]. (Salamun 1992a: 3)

3.1 Kognitive Hermeneutik als Basis

Die kognitive Ideologietheorie stützt sich in ihrem weltanschauungsanalytischen Teil, wie in Kapitel 3.3 ausgeführt wird, auf grundlegende Thesen der kognitiven Hermeneutik, und wendet zweitens beim Umgang mit ideologietheoretischen Texten die Methode der Basis-Interpretation an. Die folgenden 17 Punkte vermitteln dazu einen ersten Zugang:

1. Die kognitive Hermeneutik geht aus von der erfahrungswissenschaftlichen Grundhaltung, die darin besteht, dass zur Erklärung bestimmter Phänomene Hypothesen gebildet, logische Folgerungen aus ihnen gezogen und diese an den jeweiligen Phänomenen überprüft werden. In einem weiteren Schritt wird zwischen dieser Grundhaltung und ihren konkretisierenden Umsetzungen in verschiedenen Wissenschaften unterschieden, die divergente Erkenntnisziele verfolgen. Aus der erfahrungswissenschaftlichen Grundhaltung kann einerseits ein Programm gewonnen werden, das primär auf die Erkenntnis von Gesetzmäßigkeiten ausgerichtet ist, andererseits aber auch ein Programm, das primär an der

Erklärung einzelner Ereignisse und Sachverhalte interessiert ist. Die kognitive Hermeneutik verfolgt in der Textwissenschaft als Teil der Literaturwissenschaft das Ziel, überzeugende Erklärungen für die feststellbare Beschaffenheit literarischer Texte hervorzubringen.

2. Die sich auf den Umgang mit literarischen Texten beziehenden Ausführungen lassen sich auf Texte anderer Art übertragen, etwa auf wissenschaftliche und philosophische, insbesondere auch auf *ideologietheoretische* Texte.

3. In der Basis-Interpretation wird versucht, die festgestellte Beschaffenheit eines einzelnen Phänomens, z.B. eines literarischen oder ideologietheoretischen Textes, auf bestimmte Instanzen zurückzuführen. Das kognitive Interpretieren dieser Art stellt somit eine *Erklärungsleistung* dar. Damit wird die verbreitete Annahme einer grundsätzlichen Opposition zwischen (naturwissenschaftlichem) Erklären und (geisteswissenschaftlichem) Verstehen hinfällig, denn die Basis-Interpretation ist ja selbst eine besondere Form der wissenschaftlichen Erklärung.

4. Hinsichtlich des Begriffs des Textsinns bzw. der Textbedeutung[12] gibt es bezogen auf literarische oder ideologietheoretische Texte zwei Optionen. Nach der einen Grundvorstellung ist der Textsinn im Text selbst enthalten, also eine objektive Größe. Die kognitive Hermeneutik bezeichnet diesen Standpunkt als *Sinn-Objektivismus.* Nach der anderen Grundvorstellung ist der Textsinn keine objektive Größe, vielmehr wird er vom Rezipienten im Kontakt mit einem vorliegenden Text erst gebildet und ist somit von ihm abhängig. Mehrere Rezipienten, die von unterschiedlichen Voraussetzungen ausgehen, gelangen daher zu divergierenden Sinnzuschreibungen, die im Prinzip gleichermaßen legitim sind. Dieser Standpunkt wird als *Sinn-Subjektivismus* bezeichnet.

5. Die kognitive Hermeneutik erweist die Überlegenheit des Sinn-Objektivismus. Das führt innerhalb der Textwissenschaft zu zwei Thesen: In jedem literarischen Text, z.B. in einem Roman, wird eine spezifische *Textwelt* konstruiert, in der bestimmte Figuren, die bestimmte Eigenschaften aufweisen, leben und handeln. Alles, was zur jeweiligen Textwelt gehört, wird unter dem Begriff des *Textwelt-Sinns* zusammengefasst. Dieser ist ein objektiver, im Text enthaltener Sinn, den es zutreffend zu erfassen gilt; unterschiedliche Sinnzuschreibungen sind auf dieser Ebene *nicht* gleichermaßen legitim. Zweitens wird behauptet, dass jeder literarische Text durch bestimmte Instanzen geprägt ist, die ihn zu dem Text gemacht haben, der faktisch vorliegt. Hier spricht die kognitive Hermeneutik vom *Prägungs-Sinn* eines Textes. Der Prägungs-Sinn ist ebenfalls ein objektiver, im Text enthaltener Sinn, den es richtig zu erfassen gilt.

6. Einen Prägungs-Sinn weisen Texte aller Art auf. Dem Textwelt-Sinn bei literarischen Texten entspricht bei ideologietheoretischen Texten der Mitteilungs-Sinn: In jedem Text dieses Typs wird etwas Bestimmtes mitgeteilt, z.B. werden

bestimmte Thesen aufgestellt und begründet. Der Mitteilungs-Sinn ist ebenfalls ein objektiver, im Text enthaltener Sinn.

7. Das Erfassen des Textwelt- bzw. des Mitteilungs- wie auch des Prägungs-Sinns ist ein Vorgang, der auf konstruktive Leistungen des Erkennenden angewiesen ist; er ist nicht nach Maßgabe eines naiven Realismus zu denken.

8. Die gründliche Untersuchung des einzelnen Textes mit dem Ziel, den Textwelt- bzw. den Mitteilungs- und den Prägungs-Sinn aus diesem zu erschließen, bezeichnet die kognitive Hermeneutik als *Basisarbeit*; diese gliedert sich in *Basis-Analyse* und *Basis-Interpretation*. Die *Aufbauarbeit* besteht demgegenüber darin, den Text in einen bestimmten Kontext einzuordnen und kontextbezogen zu erforschen. Ein literarischer Text kann ebenso wie ein ideologietheoretischer in mehrere Kontexte eingeordnet werden. Es sind also sehr verschiedene Formen der Aufbauarbeit möglich, die unterschiedliche Erkenntnisziele verfolgen. Aufbau-Interpretationen stellen weiter gehende Fragen kognitiver Art, die sich als Erklärungsprobleme *höherer Ordnung* fassen lassen.

9. Die kognitive Grundfrage im Bereich der Basis-Analyse lautet: Wie ist der vorliegende Text beschaffen? Bei einem literarischen Text ist mit geeigneten begrifflichen Mitteln der Textwelt-Sinn zu erfassen, bei einem ideologietheoretischen Text hingegen der Mitteilungs-Sinn.

10. Die kognitive Grundfrage im Bereich der Basis-Interpretation lautet: Wie kommt es, dass der Text die festgestellte Beschaffenheit aufweist? Wie kommt es, dass der Text so ist, wie er ist? Dieses Erklärungsproblem ist strukturell verwandt mit Erklärungsproblemen in anderen Wissenschaften.

11. Ohne Rückgriff auf den Textproduzenten bzw. Autor lässt sich nicht erklären, wieso ein Text mit seiner spezifischen Besonderheit vorliegt.

12. Die kognitive Hermeneutik vollzieht den Rückgriff auf den Autor allerdings nicht in der traditionellen Form des Autorintentionalismus. Sie schlägt vielmehr eine Theorie der textprägenden Instanzen vor, zu denen unter anderem auch Autorabsichten gehören. Drei Instanzen werden unterschieden:

a) *Das Textkonzept.* Jeder literarische und jeder ideologietheoretische Text ist auf bestimmte Weise angelegt, ihm liegt eine bestimmte künstlerische Ausrichtung bzw. Zielsetzung hier und erkenntnismäßige Ausrichtung dort zugrunde – das *Textkonzept*. Das Textkonzept muss dem Textproduzenten indes nicht klar bewusst und von ihm nicht bis ins Detail durchdacht sein. Jeder literarische und jeder ideologietheoretische Text ist die Umsetzung eines Textkonzepts.

b) *Das Programm.* Jedem literarisch-künstlerischen oder ideologietheoretischen Textkonzept liegen wiederum ein *Literaturprogramm* hier und ein *theoretisches Erkenntnisprogramm* dort zugrunde. Dabei handelt es sich um allgemeine Ziele, deren Realisierung der Text darstellt. Bei einem literarischen Text sind dies allgemeine künstlerische Gestaltungsziele, wie sie für eine künstlerische Richtung, z.B. den Expressionismus, charakteristisch sind; bei einem ideologietheoretischen Text hingegen handelt es sich um allgemeine Erkenntnisziele, die von einer philosophischen Richtung wie z.B. dem Rationalismus verfolgt werden. Auch sein Programm muss dem Textproduzenten nicht klar bewusst sein. Jeder literarische und jeder ideologietheoretische Text ist dadurch, dass er die Umsetzung eines Textkonzepts ist, immer auch die Umsetzung eines allgemeinen Programms, das der konkreten Zielsetzung zugrunde liegt.

c) *Das Überzeugungssystem.* Jedes Textkonzept und das es tragende Programm stehen wiederum in Verbindung mit einem bestimmten gedanklichen Rahmen, dessen Fundament sich aus Weltbildannahmen und Wertüberzeugungen zusammensetzt. Dieser Rahmen stellt aufgrund der inneren Zusammengehörigkeit der einzelnen Elemente ein *Überzeugungssystem* dar; Inkohärenzen und Widersprüche sind dabei nicht ausgeschlossen. Jeder literarische oder ideologietheoretische Text ist dadurch, dass er die Umsetzung eines Textkonzepts und eines Programms ist, immer auch die Artikulation eines bestimmten Überzeugungssystems, dessen Grundbestandteile ein Weltbild und ein Wertsystem sind. Während spezielle und allgemeine Ziele zum Teil bewusst verfolgt werden, ist es bei den weltanschaulichen Hintergrundannahmen eines Autors häufig so, dass sie in seinem Text auf unbeabsichtigte Weise zum Ausdruck kommen.

Der traditionelle Leitbegriff der Intention des Autors wird somit als Leitbegriff ersetzt durch den komplexeren Terminus der textprägenden Instanzen, der sich auf die drei vorgenannten Größen bezieht, die zu einem erheblichen Teil auf unbewusste Weise wirken.

13. Ein Autor ist nach dem *Passungsprinzip* intuitiv immer bestrebt, ein Programm und diverse Textkonzepte hervorzubringen, die mit seinen weltanschaulichen Hintergrundannahmen zusammenstimmen. Es gelingt ihm jedoch nicht immer, ein *optimales* Verhältnis dieser Art herzustellen. Der Text ist so, wie er ist, weil ein Individuum mit einem bestimmten Überzeugungssystem ein dazu mehr oder weniger gut passendes Programm (künstlerischer oder theoretischer Art) entwickelt hat, aus dem sich auch das spezielle Textkonzept ergibt, das im vorliegenden Text realisiert ist. Ist ein Text das Produkt der Zusammenarbeit mehrerer Autoren, so sind die textprägenden Instanzen aller beteiligten Individuen zu ermitteln, um dann die Art des Zusammenwirkens genauer bestimmen zu können.

14. Die Methode der Basis-Interpretation erfordert eine kontrollierte, Distanz wahrende Form des Sichhineindenkens in das Überzeugungssystem des Autors. Diese ist von der *identifikatorischen* Einfühlung abzugrenzen, die den Autor als Vermittler weltanschaulicher ‚Wahrheit' begreift. Die Haltung gläubiger Andacht kann indes nicht Basis einer kognitiv-wissenschaftlichen Anstrengung sein.

15. Die erklärende Basis-Interpretation gelangt zu Ergebnissen, die im Hinblick auf Ideologien$_{2/3}$ *neutral* sind. Der Nachweis, dass der vorliegende literarische oder ideologietheoretische Text aus einer christlichen, einer marxistischen oder einer anderen Position erwachsen ist, erweitert das Wissen von diesen Texten, nötigt aber nicht dazu, die freigelegte Position zu *akzeptieren.* Das zeigt, dass die Ergebnisse einer hinlänglich bewährten Basis-Interpretation im Prinzip für alle Überzeugungssysteme akzeptabel sind.

16. In der Textwissenschaft ist ein grundsätzliches Umdenken, d.h. eine *Umorientierung* auf den erfahrungswissenschaftlichen Interpretationsstil erforderlich. Das gilt auch für den textwissenschaftlichen Anteil der Ideologieforschung.[13]

17. Dass die kognitive im Kern eine *allgemeine* Hermeneutik ist, lässt sich an der generellen Anwendbarkeit der Methode der Basis-Interpretation verdeutlichen:

a) Sie ist nicht nur auf literarische und ideologietheoretische, sondern letztlich auf *alle Texte* beziehbar. So kann man z.B. die Eigenschaften eines politischen Zeitungsartikels feststellen und dann auf die textprägenden Autorinstanzen, insbesondere auf die politische Einstellung des Autors, zurückführen.

b) Sie ist nicht nur auf *literarische* Texte, sondern auch auf *alle anderen Kunstphänomene*, auch solche nichtsprachlicher Art, anwendbar. An die Stelle des Textkonzepts tritt dann etwa das Film-, das Malkonzept oder das musikalische Konzept, an die Stelle des Literaturprogramms das Film-, das Mal- oder das musikalische Programm usw.

c) Sie ist darüber hinaus auf *mündliche Sprachäußerungen* anwendbar. Mit jeder sprachlichen Äußerung verfolgt der Sprecher ein bestimmtes Redeziel (Redekonzept), das von allgemeinen Redezielen (Redeprogramm) und bestimmten Hintergrundannahmen (Überzeugungssystem) getragen wird.

d) Sie ist ferner auf *Handlungen* anwendbar. Mit jeder politischen Handlung z.B. verfolgt der Handelnde ein spezielles politisches Ziel, dem allgemeine soziopolitische Ziele und bestimmte Hintergrundannahmen zugrunde liegen.

e) Sie ist auch auf die Formen *individueller Lebensgestaltung* anwendbar. X verfolgt in einer bestimmten Lebensphase bestimmte spezielle Lebensziele, die sich als Konkretisierungen allgemeiner Ziele begreifen lassen, welche wiederum von bestimmten weltanschaulichen Überzeugungen gespeist werden.

3.2 Erst verstehen, dann kritisieren

Mit der Methode der Basis-Interpretation ist die folgende Annahme verbunden:

Normatives Prinzip 4: Es ist wichtig, sich auf die Weltsicht des anderen Menschen, der z.B. einen Text hervorgebracht hat, ernsthaft einzulassen! Nur eine intensive Beschäftigung mit dem Denken des anderen führt zu einem *tiefgreifenden* wissenschaftlichen Verstehen des Textes, das zugleich eine bestimmte Art der wissenschaftlichen Erklärung ist.

Erst das Verstehen des Überzeugungssystems des Autors ermöglicht also ein gründliches Verstehen des Textes. Damit ist wiederum ein kognitives Prinzip verbunden: „Erst verstehen, dann kritisieren".

Ist die Methode der Basis-Interpretation auf alle Phänomene im menschlichen Bereich anwendbar, so lassen sich beide Prinzipien verallgemeinern. Folgen Wissenschaftler, die sich mit menschlichen Phänomenen befassen, diesen Prinzipien, so bilden sie einen bestimmten *Denkstil* heraus, der sich zunächst immer um ein möglichst gründliches Verstehen bemüht und insbesondere bestrebt ist, dem Andersdenkenden gerecht zu werden. Dabei sind Vermengungen mit anderen Prinzipien zu vermeiden: So ist „Erst verstehen, dann kritisieren" z.B. deutlich von „Alles verstehen heißt alles verzeihen" unterschieden.

Es ist kein sinnvolles Ziel für einen einzelnen Wissenschaftler, *alle* menschlichen Phänomene tiefgreifend verstehen zu wollen. Da bereits die Ermittlung der Prägungsinstanzen bei einem einzelnen literarischen oder ideologietheoretischen Text mühselig und zeitaufwändig ist, ist es für ein Individuum nicht leistbar, bei allen menschlichen Phänomenen zu einem solchen Verständnis vorzudringen. Das unerreichbare Ziel des Allesverstehens ist daher durch ein erreichbares Ziel zu ersetzen: „Bemühe dich bei den für deine Art der Forschung besonders relevanten Phänomenen um ein tiefgreifendes Verstehen". Das lässt sich auch als wissenschaftliches Optimierungsprinzip auffassen: Es geht darum, die prägenden Hintergrundannahmen genauer und systematischer als bisher zu erfassen, um so die wissenschaftlichen Erklärungen zu verbessern.

Nimmt man jedoch nicht den einzelnen Wissenschaftler, sondern die *Institution Wissenschaft* in den Blick, so verwandelt sich das, wovon sich der *einzelne* Wissenschaftler fern halten sollte, in ein sinnvolles Fernziel für die Wissenschaft *insgesamt*, z.B. für die Textwissenschaft als Teil der Literaturwissenschaft. Für diese kann das Ziel, bei *allen* literarischen Texten ein tiefgreifendes Verständnis zu erlangen, als Ideal aufgefasst werden, welches den Status einer regulativen Idee im Sinne Kants hat: Die Textwissenschaft insgesamt kann sich auf dieses Ziel ausrichten und bemüht sein, sich ihm immer weiter anzunähern, ohne es aber jemals endgültig erreichen zu können – was auch damit zusammenhängt, dass immer neue literarische Texte geschrieben werden.

Das Sich-Einlassen auf fremde Überzeugungssysteme wird bereits in alltäglichen Zusammenhängen ansatzweise praktiziert. Man führt dann in zumeist intuitiver Form einzelne lebenspraktisch relevante Phänomene – z.B. die Äußerung des Partners, das Verhalten des Nachbarn, den Konflikt im Beruf – auf die Weltsicht des anderen Individuums und dessen Interessenlage zurück. Auch dort, wo ein Individuum, z.B. ein Kind oder Jugendlicher in einer bestimmten Entwicklungsphase, keinen direkten Zugang zur wissenschaftlichen Dimension hat, kann es sich auf fremde Überzeugungssysteme ausrichten und dem Prinzip „Erst verstehen, dann kritisieren" folgen. Darüber hinaus können die zugehörigen Fähigkeiten gezielt gefördert und eingeübt werden. Vertritt man im vorwissenschaftlichen Bereich einen zunächst um Verständnis bemühten Denkstil, der dann auch Weltanschauungen anderer Kulturen und Zeiten einbezieht, so ist man im Prinzip motiviert, sich später intensiver mit *wissenschaftlichen* Methoden zu beschäftigen, die zu einem *gründlicheren* Verstehen dieser Phänomene führen. Das wissenschaftliche Erschließen ihrer Prägungsinstanzen kann somit als *Weiterführung* des vorwissenschaftlich-intuitiven Erschließens mithilfe einer verfeinerten Methode begriffen werden.

Zu einer Weltanschauung gehören immer auch Weltbildannahmen, und diese sind entweder religiöser oder areligiöser Art. Das Sich-Einlassen auf die Überzeugungssysteme anderer Individuen, Gruppen, Kulturen, Zeiten, wie die kognitive Hermeneutik es fordert, ist jedoch nicht exklusiv an eine religiöse *oder* eine areligiöse Grundposition gebunden, sondern kann von beiden Seiten praktiziert werden. Damit hängt die Haltung des grundsätzlichen Respekts gegenüber andersartigen Überzeugungssystemen und den von diesen getragenen Lebensformen zusammen. Diese *grundsätzliche* Achtung schließt jedoch die Kritik an einigen Denksystemen und Lebensformen nicht aus.

Lehnt jemand die Haltung des Sich-Einlassens ab, so ist dies in der Regel darauf zurückzuführen, dass er das eigene Überzeugungssystem in dieser oder jener Hinsicht verabsolutiert, also eine dogmatische Haltung einnimmt. Es erscheint dann *überflüssig*, sich ernsthaft um das Verständnis der Sichtweise des anderen zu bemühen – es steht ja, so meint man, von vornherein fest, dass es sich um ein falsches Bewusstsein (Ideologie$_4$) handelt. Das kann z.B. dazu führen, dass man das vom Andersdenkenden Geäußerte *sogleich* als inkonsistent und logisch fehlerhaft abtut, nur weil es sich den Prinzipien des *eigenen* Denkens nicht fügt.

Die intensive Beschäftigung mit einem anderen Überzeugungssystem und dessen Hervorbringungen stellt auch eine Form der *Selbstdisziplinierung* dar: Man nötigt sich selbst, gegenläufige Neigungen zurückhaltend, z.B. die sprachlichen Äußerungen des anderen nicht sogleich als logisch widersprüchlich, als offenkundig falsch und widersinnig einzuordnen. Der *wohlwollende* Interpret (vgl. Tepe 2007: Kapitel 1.9) ist um Fairness bemüht, insbesondere im Umgang mit dem Gegner – im Alltagsleben, in der Wissenschaft, in Fragen des Weltbilds.

Im Vorwort ist bereits angesprochen worden, dass das werthaft-normative Prinzip, das der Theorie des bedürfniskonformen Denkens, d.h. der erkenntniskritischen Ideologie$_1$theorie zugrunde liegt, zu einem *Lebensstil* ausgeformt werden kann: Versuche, so zu leben, dass bedürfniskonforme Fehleinschätzungen in allen Dimensionen vermieden werden! Entsprechendes gilt auch für das Prinzip, auf dem die kognitive Hermeneutik beruht: Es ist wichtig, sich auf die Weltsicht des anderen Menschen, der z.B. den zu untersuchenden Text hervorgebracht hat, ernsthaft einzulassen.

Normatives Prinzip 5: Die undogmatische Aufklärungsphilosophie wirbt für einen Lebensstil, der sich durchweg zum einen um ein Verstehen des anderen, insbesondere des Andersdenkenden, und zum anderen um die Zurückdrängung des bedürfniskonformen Denkens bemüht. Diese allgemeine Handlungsorientierung lässt sich auf alle Dimensionen menschlichen Lebens anwenden.

3.3 Gebundenheit an Überzeugungssysteme

Als Ausgangspunkt soll eine allgemeine These dienen, die nicht direkt der weltanschauungsanalytischen Ideologie$_2$forschung zuzuordnen ist:

These 0: Menschen sind Lebewesen, die immer in einem bestimmten soziokulturellen Kontext existieren, der auch eine bestimmte Sprache aufweist.

In evolutionstheoretischer Hinsicht kann unterschieden werden zwischen der voll ausgebildeten Struktur der menschlichen Gattung, zu der das sprachgebundene Leben in einem soziokulturellen Kontext gehört, und ihren Vorformen in der Tier-Mensch-Übergangsphase. Auf diese Vorformen wird hier nicht näher eingegangen; die Thesen über die *condition humaine*, d.h. über das für menschliche Lebensformen Spezifische beziehen sich auf die ausgebildete Struktur der menschlichen Gattung. Entsprechendes gilt für die Entwicklung der Individuen: Die Thesen beziehen sich auf das Individuum, das die spezifisch menschliche Struktur zumindest in den Hauptzügen herausgebildet hat, während die frühkindlichen Stadien, welche diese Struktur allmählich aufbauen, hier ausgeblendet werden.

These 1: Menschen sind Lebewesen, die an Überzeugungssysteme (Ideologien$_2$) gebunden sind und durch sie gesteuert werden.

Das Theorem der Weltanschauungsgebundenheit kann auch als *Prägungstheorem* gefasst werden: Alles, was Menschen tun und hervorbringen, ist an variierende Überzeugungssysteme und weitere daraus erwachsende Instanzen gebunden und wird durch sie geprägt. Weil menschliches Leben dem Prägungstheorem unterliegt, kann die Methode der Basis-Interpretation, die sich um die Erschließung der Prägungsinstanzen bemüht, auf *alle* menschlichen Phänomene angewendet werden; vgl. Kapitel 3.1.

Im Sozialisationsprozess wird ein Individuum in einen bestimmten weltanschaulichen Rahmen gewissermaßen hineingezogen. Das *Bewusstsein* der Bindung an Überzeugungssysteme variiert stark. Die Spannweite reicht von einem Menschen, der den in der Sozialisation erworbenen Annahmen einfach nur folgt, ohne sich über sie klar zu werden, bis zu einem Philosophen, der systematisch über diese Zusammenhänge nachdenkt und die ihn bestimmenden Annahmen so weit wie möglich ins Bewusstsein zu heben versucht. Ein Individuum kann seine Überzeugungen verändern, in einem bestimmten Bereich von Annahme a zu Annahme b und sogar zu einem andersartigen weltanschaulichen Rahmen übergehen, aber es ist unmöglich, sich formal bzw. strukturell von derartigen Überzeugungen gänzlich abzukoppeln.

These 1.1: Die basale Schicht eines jeden Überzeugungssystems setzt sich aus *Weltbildannahmen* einerseits und *Wertüberzeugungen* andererseits zusammen. Jede Weltanschauung (Ideologie$_2$) besteht aus zwei Komponenten, nämlich einem Weltbild (Ideologie$_{2.1}$) und einem Wertsystem (Ideologie$_{2.2}$). Mit der Bindung an ein Wertsystem, die erst beim Menschen auftritt, ist die Unterscheidung zwischen *gut* und *böse* verbunden.

Jeder Mensch hat zumindest eine *implizite Weltanschauung*. In einigen Fällen werden die weltanschaulichen Hintergrundannahmen jedoch auch teilweise expliziert und bewusst gemacht. Eine solche Explikation der zuvor nur stillschweigend akzeptierten Überzeugungen zieht häufig deren *Systematisierung* nach sich. Die weltanschauliche Sozialisation des Individuums kann im Rahmen sowohl einer impliziten als auch einer expliziten Weltanschauung erfolgen, z.B. in einem von einer bestimmten Religion und der zugehörigen Theologie geprägten Elternhaus und Schulsystem.

These 1.2: Es gibt eine Grundtendenz zur Herausbildung *kohärenter* Überzeugungssysteme, d.h. deren Entwicklung folgt dem in Kapitel 3.1 bereits dargelegten Passungsprinzip. Menschen sind so ‚programmiert‘, dass sie dem Passungsprinzip intuitiv folgen.

These 1.3: Jeder weltanschauliche Rahmen lässt sich einem von zwei Grundtypen zuordnen: Es handelt sich entweder um ein religiöses oder um ein areligiöses System. Diese Unterscheidung bildet die Grundlage für eine *Typologie der Überzeugungssysteme* bzw. *Weltanschauungen*. Ein religiöses Überzeugungssystem liegt vor, wenn z.B. die Existenz eines Gottes oder mehrerer Gottheiten, von Dämonen und anderen numinosen Wesen angenommen wird; ein areligiöses Überzeugungssystem liegt vor, wenn nicht an die Existenz derartiger Wesen geglaubt wird. Der zentrale Unterschied kann auf analytischer Ebene auch mittels der Opposition übernatürlich/natürlich gefasst werden: Eine religiöse Weltanschauung postuliert die Existenz einer übernatürlichen Dimension; areligiöse

Weltanschauungen bestreiten deren Existenz. Beide Grundtypen sind vielfältig variierbar.

Nicht *alle* Annahmen, aus denen ein religiöses Überzeugungssystem besteht, sind religiöser Art bzw. haben religiöse Implikationen. Entscheidend für die Zuordnung ist, dass die *grundlegenden* Weltbildannahmen und Wertüberzeugungen auf der Annahme der Existenz einer übernatürlichen Dimension beruhen.

Man kann versuchen, sich aus dem Konflikt zwischen den beiden Grundpositionen herauszuhalten und eine *explizite* Entscheidung vertagen. Dabei wird jedoch häufig übersehen, dass auf der Ebene der *impliziten* Weltanschauung eine Entscheidung bereits gefallen ist, die allerdings auch wieder neu getroffen werden kann.

These 1.4: Als von einem Überzeugungssystem gesteuertes Lebewesen ist jeder Mensch ein sinnhaft handelndes Individuum, dessen Handlungen und Hervorbringungen grundsätzlich verstehbar sind. Daher lohnt es sich, Verstehensanstrengungen auf sich zu nehmen, um den Sinn der jeweiligen menschlichen Phänomene zu erfassen. Kognitive Verstehensbemühungen stellen keine Fehlinvestitionen von Energien dar, die man besser für etwas anderes verwenden sollte.

These 1.5: Wenn ein Mensch bestimmte Wünsche hat, bestimmte Willenstendenzen zeigt, bestimmte Interessen verfolgt, bestimmte Gefühle hat, so stellen diese Größen *Elemente seines Überzeugungssystems* dar, die durch dessen Prämissen geformt sind.

These 1.6: Menschen sind Lebewesen, die aus den fundamentalen Wertüberzeugungen (Ideologie$_{2.2}$) bezogen auf bestimmte Lebensbereiche konkrete Zielvorstellungen moralischer, politischer, ästhetischer und anderer Art gewinnen, welche sie dann – mehr oder weniger konsequent – zu realisieren versuchen. Damit hängt zusammen, dass Menschen in mehreren Lebensbereichen leben, z.B. in der moralischen, der politischen, der ästhetischen, der wissenschaftlichen Dimension. Diese beruhen auf spezifischen Prinzipien und können eine relative Eigengesetzlichkeit entfalten.

Die Bereitschaft, den eigenen Weltbildannahmen und Wertüberzeugungen *konsequent* zu folgen, variiert. Die einen erkennen z.B. bestimmte ethische Werte und Normen zwar in gewisser Hinsicht an, bemühen sich aber nur mit starken Einschränkungen darum, sie praktisch umzusetzen. Auf der anderen Seite ist derjenige, der sich um die konsistente theoretische Ausarbeitung weltanschaulicher Überzeugungen bemüht, nicht zwangsläufig auch derjenige, der sie praktisch am konsequentesten umsetzt.

Nicht alle, die sich auf eine bestimmte Weltanschauung berufen, sind im Ganzen und im Einzelnen fest von ihr überzeugt. Hier ist mit vielfältigen Varianten zu rechnen; so kann z.B. jemand zwar die Grundprinzipien eines bestimmten religiösen Überzeugungssystems akzeptieren, aber einzelne Dogmen ablehnen.

Es ist sogar möglich, dass man die Ideologie$_2$, die man zu vertreten vorgibt, *vollständig* ablehnt. In diesem Fall täuscht man andere über die eigene weltanschauliche Identität; auf *Fremdtäuschungen*, die mit *Selbsttäuschungen* nicht in einen Topf geworfen werden dürfen, wird in Kapitel 4.5 genauer eingegangen.

These 2: Menschen sind Lebewesen, die – wie in *These 1.6* bereits grundsätzlich angesprochen – soziopolitische Vorstellungen haben, zu denen auch eine Einschätzung der gegebenen Verhältnisse gehört (Ideologie$_3$). Ein bestimmtes soziopolitisches Programm hat seine Grundlagen immer in einem bestimmten Überzeugungssystem. Nicht jede Weltanschauung bringt aber ein *konstruktives* Programm dieser Art hervor, z.B. dann nicht, wenn die Gestaltung oder Umgestaltung der gesellschaftlichen Verhältnisse aus religiöser Sicht als unwichtig bzw. uneigentlich gilt.

Die Ausführungen über Weltanschauungen sind auf soziopolitische Programme weitgehend übertragbar. Folgende Punkte können hervorgehoben werden:

Anwendung von These 1.1: Auch ein soziopolitisches Programm besteht aus zwei Komponenten, aus Annahmen über die Gesellschaft (Ideologie$_{3.1}$) und einem soziopolitischen Wertsystem (Ideologie$_{3.2}$). Wissenschaftliche oder zumindest mit wissenschaftlichem Anspruch auftretende Theorien können in die Ideologie$_3$ einfließen; auf diese Konstellationen wird noch genauer einzugehen sein.

Anwendung von These 1.2: Es gibt eine Grundtendenz zur Herausbildung *kohärenter* Ideologien$_3$.

Anwendung von These 1.3: Ein soziopolitisches Programm hat entweder einen religiösen oder einen areligiösen Hintergrund.

Kommt es bei bestimmten Individuen und Gruppen zu einem soziopolitischen Engagement für bestimmte Ziele, so werden die relevanten Wertüberzeugungen häufig zu einer *expliziten* Ideologie$_3$ ausgearbeitet und systematisiert.

These 2.1: Ein bestimmtes Gesellschaftssystem im Allgemeinen und ein bestimmtes Wirtschaftssystem im Besonderen stellt immer die Umsetzung soziopolitischer und speziell wirtschaftlicher Werte, Normen und Ziele dar. Das bedeutet auch, dass es zu jedem Gesellschafts- und Wirtschaftssystem *Alternativen* gibt. Es ist daher legitim, sowohl über systeminterne Verbesserungen als auch über eine anders organisierte Gesellschaft nachzudenken und zu prüfen, ob diese Alternative ernsthaft zu erwägen ist. Ein Bruch mit dem Bestehenden ist immer möglich, aber vom Charakter des Gegenentwurfs hängt es ab, ob er auch sinnvoll und erfolgversprechend ist. Die jeweils bestehende Gesellschaftsform darf nicht ungeprüft als die bestmögliche, als das Gute und Vollkommene schlechthin akzeptiert werden.

Ebenso wie die These vom Ende *der* Ideologie (vgl. Kapitel 1.4) bedarf auch die vom Ende *der* Utopie einer differenzierten Betrachtung. Dass ein *bestimmtes* Gesellschaftsideal an Überzeugungskraft verloren hat, bedeutet nicht, dass Gesellschaftsideale bzw. Sozialutopien *generell* nicht mehr zur Diskussion stehen. Das geht bereits daraus hervor, dass jedes sich auf die soziopolitische Dimension beziehende Wertsystem ein Gesellschaftsideal *impliziert*, nämlich die *vollständige* Verwirklichung der jeweiligen soziopolitischen Werte, Normen und Ziele.

Wird eine im Sinne des eigenen Wertsystems bessere Alternative zur jeweils bestehenden Gesellschaft entworfen, so ist ein solcher Entwurf nach Kriterien empirisch-rationalen Denkens daraufhin zu prüfen, ob er erstens in den entscheidenden Punkten überhaupt realisierbar ist und ob seine Verwirklichung zweitens gravierende negative Folgen hätte. Besonders kritischer Prüfung bedürfen Visionen einer in dieser oder jener Hinsicht *vollkommenen* Gesellschaft.

3.4 Erfahrungswissen im weltanschaulichen Rahmen

These 3: Menschen sind Lebewesen, die auf Erfahrungswissen angewiesen sind, um ihr Leben zu erhalten und ihre Lebenssituation zu verbessern. Die Nutzbarmachung natürlicher Prozesse etwa ist nur auf der Grundlage empirischer Erkenntnis möglich. Zur condition humaine gehört nicht nur die Bindung an eine Ideologie$_2$ (und daraus abgeleitet an eine Ideologie$_3$), sondern auch die an die *Grundlagen des Gewinns von Erfahrungswissen*. Menschen sind prinzipiell *fähig*, die eigene Lebenssituation und die anderer Menschen durch Nutzung von Erfahrungswissen aus eigener Kraft zu optimieren.

Unter einem Überzeugungssystem im *engeren* Sinn wird hier ein weltanschaulicher Rahmen verstanden, dessen Grundlage bestimmte Weltbildannahmen und Wertüberzeugungen bilden, also eine Ideologie$_2$; ein Überzeugungssystem im *weiteren* Sinn besteht aus der *Gesamtheit* der Überzeugungen eines Individuums, einschließlich der vielfältigen Annahmen, welche das Alltagsleben in seinen unterschiedlichen Aspekten regeln und den Gewinn sowie die Anwendung empirischen Wissens steuern.

These 3.1: Jedes Überzeugungssystem im weiteren Sinn enthält zwei Hauptkomponenten: den weltanschaulichen Rahmen einerseits und die Erfahrungserkenntnis andererseits; diese kann sowohl vorwissenschaftlicher als auch wissenschaftlicher Art sein. Die weltanschaulichen Überzeugungen geben eine allgemeine Lebensorientierung, sie lösen das *grundlegende Orientierungsproblem*, das mit der menschlichen Existenzform verbunden ist. Die vorwissenschaftliche Erfahrungserkenntnis ist für die konkrete Lebenspraxis relevantes

Wissen, welches dazu beiträgt, das Überleben zu sichern und das Funktionieren der gesellschaftlichen Ordnung zu gewährleisten.

Dort, wo die Nahrungsbeschaffung z.B. hauptsächlich durch die Jagd erfolgt, wird verlässliches Erfahrungswissen unterschiedlicher Art benötigt, das Antworten auf die folgenden Fragen gibt: Zu welchen Zeiten und an welchen Orten treten die zu jagenden Tiere regelmäßig auf? Welche besonderen Verhaltensweisen zeigen sie? Welche Waffen sind geeignet, sie zu erlegen? Wie ist dabei im Einzelnen vorzugehen? Entsprechendes gilt für den Ackerbau usw.

Die Fähigkeit des empirischen Wissensgewinns kann in unterschiedlichem Grad entfaltet sein. Die *Erfahrungswissenschaften* sind als Versuche zu betrachten, die vorwissenschaftliche Erkenntnis durch Anwendung geeigneter Methoden zu verbessern sowie weitere Erkenntnisgegenstände zu erschließen, die auf vorwissenschaftlicher Ebene nicht zugänglich sind. Zum Sinn empirischen Erkennens gehört es, „auf Gegenstände gerichtet zu sein und eine zutreffende, in der Regel nachprüfbare und darum grundsätzlich allgemein-verbindliche Aussage zustande zu bringen" (Barth 1974: 253).

Gerhard Hauck diskutiert den

> Einwand, daß nahezu alle Gesellschaften das Überleben in irgendeiner Weise ermöglichten, daß aber keineswegs für alle in gleicher Weise feststeht, was die *überlegene* Weise ist [...]. Marshall Sahlins hat nachgewiesen, daß die meisten Wildbeutergesellschaften durchaus in der Lage wären, ein über das zur unmittelbaren Befriedigung ihrer Bedürfnisse Notwendige hinausgehendes Mehrprodukt zu erwirtschaften; sie müßten dazu nur statt der bei ihnen üblichen 2–4 Stunden täglich 6–8 Stunden arbeiten – und wozu sie das tun sollten, sehen sie überhaupt nicht ein. (Hauck 1995: 107)

Hier sind zwei Ebenen zu unterscheiden: das *empirische Wissen* über Naturzusammenhänge, das es ermöglicht, ein „Mehrprodukt zu erwirtschaften", und die *Wertüberzeugungen*, aus denen sich ergibt, ob es als lohnenswert angesehen wird, mehr als unbedingt nötig zu arbeiten. Auf der ersten Ebene ist entscheidbar, welche Art des Wirtschaftens überlegen im Sinne von *leistungsfähiger* ist. Auf der zweiten Ebene ist zu differenzieren: Bestreitet man, dass es ein definitiv richtiges, absolut gültiges Wertsystem gibt, so kann es auch keine definitiv richtige Antwort auf die im werthaft-normativen Sinn verstandene Frage nach der überlegenen Weise der Sicherung des Überlebens geben. Ein Wertsystem beruht auf der *Entscheidung* für bestimmte Werte, die man auch anders treffen kann. Auf der anderen Seite kann sich im undogmatischen Vergleichstest zweier Wertsysteme eines als zur Lösung der praktischen Lebensprobleme besser geeignet erweisen.

Mit Hauck kann gegen einen Kulturrelativismus, der sich die Sprachspiele und Lebensformen „als fensterlose Monaden" vorstellt, „jede mit ihren eigenen, allen anderen inkommensurablen Wissensdefinitionen und Wahrheitskriterien" (106), Folgendes eingewandt werden. Die „Universalität des Imperativs der Naturaneignung" (107) sorgt – wie die formale Angewiesenheit auf Ideologien$_{2/3}$ – „dafür, daß die unterschiedlichen Sprachspiele/Lebensformen nicht völlig zusammenhanglos und inkommensurabel bleiben" (107). Es gibt somit mehrere „[k]ulturübergreifende Gemeinsamkeiten" (107).

These 3.2: Der Gewinn empirischen Wissens findet zwar stets innerhalb eines weltanschaulichen Rahmens statt, der insbesondere Wertgesichtspunkte vorgibt, ist aber primär darauf ausgerichtet, zutreffende Informationen über Wirklichkeitszusammenhänge zu erlangen – und *nicht* darauf, direkt weltanschauungskonforme Ergebnisse hervorzubringen, wie das bei anderen Komponenten der Überzeugungssysteme der Fall ist.

Die Textinterpretation nach erfahrungswissenschaftlichen Prinzipien kann als Beispiel dienen; vgl. Kapitel 3.1. Im Erkenntnisprozess verzichtet der Interpret (phasenweise) darauf, den Text direkt für seine eigene Weltanschauung zu nutzen. Wendet man das Verfahren der Basis-Interpretation konsequent an, so will man einen Wettkampf zwischen den konkurrierenden Deutungsoptionen durchführen und zu derjenigen Interpretation vordringen, die am besten mit den festgestellten Texteigenschaften im Einklang steht und sich am erklärungskräftigsten erweist.

X ist aufgrund seines Überzeugungssystems einerseits ein strikter Gegner der von Adolf Hitler in *Mein Kampf* artikulierten Auffassungen, der sich auch politisch gegen den aktuellen Rechtsextremismus engagiert; andererseits ist er als Textwissenschaftler (z.B. innerhalb der Politikwissenschaft) bemüht, das diesen Text prägende Überzeugungssystem Hitlers zu genau wie möglich zu rekonstruieren. Die eine Aktivität kann mit der anderen verbunden werden. Hinzu kommt, dass die überzeugende erklärende Interpretation dann auch für das politische Engagement nutzbar gemacht werden kann. Wenn man weiß, wie Hitler weltanschaulich bzw. theoretisch ‚tickt', kann man ihn und seine aktuellen Nachfolger politisch besser bekämpfen als ohne dies Wissen.

These 3.3: Die Erfahrungswissenschaften sind im Kern darauf ausgerichtet, im jeweiligen Gegenstandsbereich auf ergebnisoffene Weise zur bestmöglichen Lösung der hier zu bewältigenden kognitiven Probleme vorzudringen. Sie stellen daher einen relativ eigenständigen Bereich dar.

These 3.4: Auch im alltäglich-vorwissenschaftlichen Bereich sind Menschen phasenweise auf den Gewinn verlässlicher Erfahrungserkenntnis ausgerichtet. Das gilt z.B. für bestimmte Berufe. Dieses Wissen kann daher ebenfalls als relativ eigenständiger Bereich angesehen werden.

These 3.5: Erfahrungswissen besteht generell aus Konstruktionen mit Hypothesencharakter, die sich an den jeweiligen Phänomenen mehr oder weniger gut bewähren, von denen man aber niemals weiß, ob sie definitiv wahr sind. Menschen sind in der Erkenntnisdimension *irrtumsanfällig*. Die Vorstellung, echtes Wissen könne nur unbezweifelbares Wissen sein, ist irrig. Erfahrungswissen ist in vielen Fällen sehr verlässlich, ohne deshalb unumstößlich zu sein.

Das Modell der letzten Rechtfertigung, der absoluten Begründung ist daher durch das der kritischen Prüfung zu ersetzen. Man kann Problemlösungen zwar nicht sicher begründen, wohl aber der Prüfung aussetzen.

These 3.6: Die Angewiesenheit auf verlässliche Informationen über lebensrelevante Gegebenheiten, die bereits bei Tieren zu konstatieren ist, führt beim Menschen – was mit der Weltanschauungsbindung auf noch genauer zu klärende Weise zusammenhängt – zur Entfaltung des aus hypothetischen Konstruktionen bestehenden, an den jeweiligen Phänomenen überprüfbaren und so verbesserbaren Erfahrungswissens.

Aus den bisherigen Überlegungen in Kapitel 3.4 ergibt sich eine anthropologische Einordnung der Erfahrungserkenntnis, sei diese nun wissenschaftlich oder vorwissenschaftlich:

These 3.7: Nimmt der Erkennende die empirisch-rationale Haltung konsequent ein, so gilt: Er ist zwar weiterhin an eine Ideologie$_{2/3}$ gebunden, auch wenn ihm dies nicht bewusst ist, aber er klammert seine ideologischen$_{2/3}$ Einstellungen im empirischen Erkenntnisprozess so weit wie möglich aus und konzentriert sich auf die möglichst überzeugende Lösung von kognitiven Problemen. *In diesem Bereich* kommt es somit zur „Loslösung des auf Logik und Erfahrung gegründeten Erkennens aus der Verflechtung mit werthaft-normativen Gesamtinterpretationen des Universums" (Topitsch 1988: 12) – nicht aber *generell*.

Auch diejenigen antiken Mediziner etwa, die „alle[] theologisch-naturphilosophischen Spekulationen" (12) ablehnen, folgen bestimmten ideologischen$_{2/3}$ Annahmen, und zwar auch dann, wenn sie glauben, sie abgelegt zu haben. Wenn Topitsch vom Historiker Thukydides sagt: „Dieser Bahnbrecher der wissenschaftlichen Erforschung der geschichtlich-gesellschaftlichen Realität hat sich zumindest stillschweigend von den mythisch-religiösen Überlieferungen und überhaupt von jeder Art werthaft-normativer Weltauffassung distanziert" (12), so hält die weltanschauungsanalytische Ideologie$_2$theorie dem entgegen, dass diese Distanzierung nur im Bereich historisch-empirischen Erkennens erfolgt, während der *Mensch* Thukydides sich weiterhin in einem weltanschaulichen Rahmen bewegt, der aber möglicherweise areligiöse Züge trägt und mit der Kritik an metaphysischen Hinterwelten verbunden ist.

Die Ergebnisse empirischer Forschung sind zwar *im Prinzip* für alle Überzeugungssysteme akzeptabel, sobald man aber den ‚Schonraum' empirischer Erkenntnis wieder verlässt, erfolgt zwangsläufig eine Einbettung dieser Ergebnisse in den jeweiligen weltanschaulichen Rahmen. Wer empirisches Wissen über die „tatsächlichen Regelmäßigkeiten des Weltlaufs" (18) anstrebt und dabei von

seinen weltanschaulichen Überzeugungen *abstrahiert*, kann diese Forschungsergebnisse *dann* innerhalb seines religiösen oder areligiösen Ideen- und Wertsystems interpretieren und für diesen nutzbar machen. Gehört zu dieser Weltanschauung z.B. der Glaube an „einen gütigen und gerechten Schöpfergott oder
eine sittliche Weltordnung" (18), so kann dieser mit den Ergebnissen empirischer
Forschung *verbunden* werden. Es ist ein Irrtum zu glauben, zunehmendes empirisches Wissen löse einen solchen Glauben zwangsläufig auf. Diese Fehleinschätzung spielt in Topitschs kritisch-rationalistischer Ideologie$_1$theorie eine zentrale
Rolle.

Die weltanschauungsanalytische Ideologie$_2$theorie unterscheidet zwischen
dem erfahrungswissenschaftlichen und dem weltanschaulichen Diskurs. Im Letzteren wird z.B. diskutiert, ob religiöse areligiösen Weltbildkonstruktionen vorzuziehen sind oder umgekehrt. Eine wichtige Rolle spielt dabei die Frage, welche Konsequenzen sich aus bewährten Erfahrungserkenntnissen wissenschaftlicher oder
vorwissenschaftlicher Art für die übergreifenden Weltbildkonstruktionen ergeben.

3.5 Dogmatische und undogmatische Einstellung

Die schon mehrfach angesprochene Unterscheidung zwischen der dogmatischen
und der undogmatischen Einstellung ist nun genauer zu behandeln:

These 4: Eine *dogmatische Haltung* liegt vor, wenn – in welchem Bereich und
welcher Form auch immer – ein Anspruch auf Gewissheit, auf absolute Geltung
erhoben wird. Eine *undogmatische Haltung* liegt demgegenüber vor, wenn aner-
kannt wird, dass Gewissheit bei hypothetischen Konstruktionen aller Art unerreichbar ist. Menschen sind Lebewesen, die ihre weltanschaulichen Überzeugungen, ihre soziopolitischen Konzepte und ihre empiriebezogenen Theorien
entweder in dogmatischer oder in undogmatischer Form vertreten.

Die Unterscheidung zwischen der dogmatischen und der undogmatischen
Haltung wird im ersten Schritt auf die erkenntniskritische Ideologie$_1$theorie
bezogen, die in Kapitel 4 genauer zur Sprache kommt. Es gibt zwei Möglichkeiten,
eine solche Theorie aufzubauen. Die erste Variante (Option 1) lässt sich anhand
der bekannten Bestimmung der Ideologie als *falsches Bewusstsein* (Ideologie$_4$)
charakterisieren. Wer eine bestimmte Art des Denkens als falsches Bewusstsein
bezeichnet, nimmt häufig explizit oder implizit in Anspruch, er selbst verfüge
über das *definitiv wahre* bzw. *richtige Bewusstsein*. Hier erfolgt die Ideologiekritik
also im Rahmen einer theoretischen Position, für die ein Absolutheitsanspruch
erhoben wird, was wiederum auf unterschiedliche Weise möglich ist. Das kennzeichnet die *dogmatische* Haltung.

Die zweite Variante (Option 2) erhebt diesen Anspruch nicht. Man gelangt unter bestimmten theoretischen Voraussetzungen zu der Diagnose, dass ein durch Wünsche, Bedürfnisse, Interessen verzerrtes Denken vorliegt, betrachtet diese Voraussetzungen – wie in den Erfahrungswissenschaften üblich – jedoch als *grundlegende Hypothesen, die nicht definitiv gesichert sind, also auch verfehlt sein können.* Man kann Formen verzerrten Denkens also kritisch analysieren, ohne für sich selbst das definitiv richtige Bewusstsein zu beanspruchen. Das kennzeichnet die *undogmatische* Haltung. Ihre Befürworter verzichten meistens gezielt auf die dogmatisch klingende Rede von einem *falschen Bewusstsein.*

Zwischen den Optionen 1 und 2 muss man sich entscheiden. Der für Option 1 charakteristische Anspruch, man entlarve von einem archimedischen Punkt aus das bedürfniskonforme Denken, ist fragwürdig geworden. Viele Theoretiker glauben nicht mehr an die Möglichkeit, bestimmte erkenntnistheoretische Annahmen durch eine *Letztbegründung* definitiv absichern zu können. Das illusionäre Denken ist ferner für Option 1 immer das Denken der *anderen.* Für Option 2 gilt das nicht: Die Kritik ist hier mit der Annahme verbunden, dass auch das *eigene* Denken, ja das menschliche Denken generell für wunsch- und interessengesteuerte Fehleinschätzungen anfällig ist. Die erkenntniskritische Erforschung verzerrten Denkens erfolgt innerhalb der kognitiven Ideologietheorie in *undogmatischer* Form, also gemäß Option 2.

Dass Option 1 mit ihrem Absolutheitsanspruch diskreditiert ist, wird manchmal dahin gehend verstanden, dass die erkenntniskritische Ideologie$_1$forschung nun *generell* obsolet sei. Hier wird nicht erkannt, dass der undogmatische Weg noch offen ist. Die vorschnelle Verallgemeinerung hat zur Folge, dass diese Art der Forschung entweder ganz vernachlässigt wird oder zumindest unterentwickelt bleibt.

Im zweiten Schritt wird die Unterscheidung auf das Bestreben bezogen, ein bestimmtes soziopolitisches Programm zu verwirklichen. Die dogmatische Haltung (Option 1) nimmt für sich in Anspruch, über die *definitiv richtige Ideologie*$_3$ zu verfügen. Für die eigenen Wertüberzeugungen, Normen und Ziele wird ein Absolutheitsanspruch erhoben. Das ist auf unterschiedliche Weise möglich: Die jeweilige Ideologie$_3$ kann anthropologisch als dem Wesen des Menschen entsprechend, geschichtsphilosophisch als dem Gesetz der Geschichte entsprechend behauptet werden, usw. Die undogmatische Haltung (Option 2) glaubt nicht mehr an die Möglichkeit, eine bestimmte Ideologie$_3$ durch eine *Letztbegründung* definitiv absichern zu können. Nach dieser Auffassung gibt es immer mehrere legitime Möglichkeiten, die gewählt werden können, und diese sind – wie die Vermutungen über die Realität – keiner absoluten Rechtfertigung fähig. Auch hier muss man sich zwischen den Optionen 1 und 2 entscheiden. Die kognitive Ideologietheorie plädiert dafür, die Verwirklichung soziopolitischer Programme in *undog-*

matischer Form zu betreiben. Demnach ist der „Zweifel an der Legitimation des Absolutheitsanspruches der bestehenden Machtverhältnisse" (Lenk 1984: 35) in *allen* Fällen berechtigt.

Im dritten Schritt wird die Unterscheidung auf das Eintreten für eine bestimmte Weltanschauung bezogen. Die dogmatische Haltung (Option 1) nimmt für sich in Anspruch, über die *definitiv wahre Weltanschauung* zu verfügen. Für die eigenen Weltbildannahmen und Wertüberzeugungen wird ein Absolutheitsanspruch erhoben. Die undogmatische Haltung (Option 2) glaubt demgegenüber nicht mehr an die Möglichkeit, eine bestimmte Ideologie$_2$ durch eine *Letztbegründung* absichern und konkurrierende Auffassungen als definitiv falsch erweisen zu können. Nach Auffassung der kognitiven Ideologietheorie sollte das Eintreten für ein bestimmtes Ideen- und Wertsystem in *undogmatischer* Form erfolgen.

Im vierten und letzten Schritt wird die Unterscheidung schließlich auf die vorwissenschaftlichen und wissenschaftlichen Theorien über Wirklichkeitszusammenhänge bezogen. Diese wurden und werden häufig in dogmatischer Einstellung als definitiv wahr betrachtet. Zumindest in den Erfahrungswissenschaften hat sich jedoch die undogmatische Einstellung weitgehend durchgesetzt, welche Theorien als hypothetische Konstruktionen betrachtet, die grundsätzlich keinen Gewissheitsstatus erlangen können. Mit dem Übergang zur undogmatischen Haltung verschwindet auch hier das *Bedürfnis* nach einer absoluten Begründung.

Das generelle Plädoyer für die undogmatische Einstellung kennzeichnet die *undogmatische Aufklärungsphilosophie*, die ältere aufklärerische Denktraditionen zu erneuern versucht. Die Wortwahl zeigt zwei Abgrenzungen an: Die undogmatische *Aufklärung* steht im Gegensatz zu allen *nicht-* und *antiaufklärerischen* Ansätzen; die *undogmatische* Aufklärung grenzt sich von allen *dogmatischen* Formen des aufklärerischen Denkens ab.

These 4.1: Die weltanschauungsanalytische Ideologie$_2$forschung arbeitet in ihren neutralen Teilen nur heraus, welche Ideologien$_2$ es gibt, wie sie aufgebaut sind und dass sie sowohl in dogmatischer als auch in undogmatischer Einstellung vertreten werden können. Im Rahmen der undogmatischen Aufklärungsphilosophie kommt hinzu, dass für die undogmatische und gegen die dogmatische Haltung *Partei ergriffen* wird.

Das bereits im Vorwort formulierte *normative Prinzip 3* besagt: Weltbilder, Wertsysteme, soziopolitische Programme, wissenschaftliche und andere Theorien sollten in undogmatischer Form vertreten werden! Das gilt speziell auch für die die erkenntniskritische Ideologie$_1$theorie.

Die postmoderne These vom *Ende der großen Erzählungen* kann reformuliert werden als These von der *Unglaubwürdigkeit aller Theorien, die in dogmatischer Einstellung mit einem Absolutheitsanspruch vertreten werden*. Eine so verstandene *große Erzählung* kann eine religiöse oder areligiöse Weltanschauung sein, eine Geschichtsphilosophie, die einen *gesicherten* Fortschritt annimmt, eine wissenschaftliche Theorie. Man kann allerdings weiterhin an weltanschaulichen, geschichtstheoretischen, wissenschaftlichen Konstruktionen mit großer Reichweite festhalten, sofern man dies in *undogmatischer* Einstellung tut. Anders gewendet: Das Ende der großen Erzählungen *dogmatischen Typs* ist nicht das Ende der groß angelegten Konstruktionen *überhaupt*. Während der postmoderne Ansatz zum erkenntnistheoretischen Relativismus führt und das engagierte Eintreten für ein bestimmtes Konzept durch das unverbindliche Spiel mit Erkenntnis- und Lebensformen ersetzt, bildet sich im Kontext der undogmatischen Haltung ein *Engagement ohne Absolutheitsanspruch* heraus, das mit der empirisch-rationalen Einstellung verbunden ist. Jenseits des Dogmatismus kann man sich nicht nur für die Verbesserung der Erfahrungserkenntnis einsetzen, sondern auch für die Entwicklung theoretischer Konstruktionen neuen Typs – und für die Verbesserung der gesellschaftlichen Verhältnisse nach bestimmten Wertstandards. Die grundsätzliche Problematisierung der mit einem Absolutheitsanspruch auftretenden Konstruktionen führt also keineswegs zwangsläufig zum spielerischen Umgang mit Weltanschauungen und Theorien, die dann als unverbindlich betrachtet werden.

Welche Folgen hat der Übergang von der dogmatischen zur undogmatischen Haltung? Der dogmatische Vertreter etwa eines bestimmten soziopolitischen Programms hält dieses für das *definitiv richtige*. Gilt es, konkrete soziopolitische Probleme zu bewältigen, so geht man auf den archimedischen Punkt zurück und leitet daraus ab, was konkret zu tun ist. Aus dem vermeintlich definitiv richtigen Programm ergibt sich so die vermeintlich definitiv richtige Lösung des konkreten Problems. Mit der dogmatischen Haltung ist außerdem häufig ein spezifisches *Sendungsbewusstsein* verbunden – das Bewusstsein, eine durch eine höhere Instanz dieser oder jener Art erteilte Mission zu haben.

Der undogmatische Vertreter einer Ideologie$_3$ nimmt demgegenüber an, dass es *mehrere* soziopolitische Programme gibt, die ernsthaft zu erwägen und grundsätzlich legitim sind. Hinsichtlich der Grundüberzeugungen geht er davon aus, dass seine Ideologie$_3$ zwar nicht absolut gültig, aber den anderen Richtungen aus bestimmten Gründen *vorzuziehen* ist. Darüber hinaus wird postuliert, dass die sich aus den Grundüberzeugungen ergebenden Vorschläge für die Lösung der anstehenden Probleme nach *empirischen* Kriterien, zu denen z.B. die Berücksichtigung zu erwartender negativer Folgen gehört, besser geeignet sind als diejenigen, welche sich aus den konkurrierenden Ideologien$_3$ ableiten lassen. Die undogmatische Haltung betont also die Vorteile der eigenen Grundannahmen sowie die empirisch gestützte Problemlösungskompetenz des eigenen Ansatzes. Im undogmatischen Kontext konkurrieren mehrere Ideologien$_3$ ohne Absolutheitsanspruch darum, die bestmöglichen Lösungen für die soziopolitischen Probleme zu gewinnen und praktisch umzusetzen. Das vorhin angesprochene Sendungsbewusstsein kann sich daher in diesem Kontext nicht herausbilden.

Hinsichtlich der Weltanschauungen ist genauso zu argumentieren. Der dogmatische Vertreter eines bestimmten Ideen- und Wertsystems hält dieses für das *definitiv wahre* bzw. *richtige*. Von dieser Überzeugung geleitet, geht er an konkrete Probleme heran, die für seine Weltanschauung relevant sind. Der undogmatische Vertreter einer Ideologie$_2$ nimmt demgegenüber an, dass es *mehrere* Weltanschauungen gibt, die ernsthaft zu erwägen und grundsätzlich legitim sind. Mit der Preisgabe des Absolutheitsanspruchs verändert sich auch hier die Problemlage: Man tritt für eine bestimmte Ideologie$_2$ nun ein, weil man überzeugt ist, dass die jeweiligen Weltbildannahmen und Wertüberzeugungen sowie die daraus gewonnenen Problemlösungsversuche den konkurrierenden aus bestimmten Gründen vorzuziehen sind. Menschen sind nach dieser Auffassung Lebewesen, die zwar eine Ethik bzw. Moral (Ideologie$_{2.2/3.2}$) benötigen, denen aber nicht eine inhaltlich bestimmte Idee der Tugend von Natur aus eingeschrieben ist.

Die in Kapitel 3.2 behandelten Prinzipien „Es ist wichtig, sich auf die Überzeugungssysteme anderer Menschen ernsthaft einzulassen" und „Erst verstehen, dann kritisieren" stehen in einem inneren Zusammenhang mit der undogmatischen Einstellung. Daraus ergibt sich

These 4.2: Wer nicht daran glaubt, dass sich eine Weltanschauung oder ein soziopolitisches Programm absolut begründen lässt, wer auch bezogen auf Alltagsprobleme endgültige Gewissheiten für unerreichbar hält, betrachtet den Andersdenkenden und -wollenden als jemanden, der im Recht sein *könnte*. Mit der undogmatischen Einstellung ist daher ein spezifisches Toleranzprinzip verbunden: Es ist legitim, unterschiedliche Ideologien$_{2/3}$ sowie unterschiedliche Positionen in Alltagsdingen zu vertreten; die Andersdenkenden sind zu tolerieren und zu respektieren.

Hier gilt: „Uns verbindet, dass wir nicht über definitive Sicherheiten verfügen; wir alle kochen nur mit Wasser". Das aus der undogmatischen Haltung erwachsende Toleranzprinzip begünstigt das *Interesse* an anderen Überzeugungssystemen und das Bestreben, mehr über sie zu herauszufinden. Für die dogmatische Einstellung ist der Andersdenkende hingegen jemand, der von vornherein im Unrecht ist; sie ist im Kern intolerant, was aber häufig nicht sogleich erkennbar wird. Die Überzeugung, die definitiv wahre bzw. richtige Ideologie$_{2/3}$ gepachtet zu haben, *erschwert* die intensive Beschäftigung mit fremden Überzeugungssystemen.

Mit dem weltanschaulichen und soziopolitischen Dogmatismus korrespondiert der alltagspraktische Dogmatismus, der auch als *Fixierung auf sich selbst* betrachtet werden kann: „Nur meine Sicht der Dinge zählt". Der auf Ideologien$_{2/3}$ bezogenen undogmatischen Haltung entspricht die undogmatische Haltung im

Alltagsleben: „Es ist mir wichtig, wie du die Dinge siehst – vielleicht siehst du einiges besser als ich". Die undogmatische Haltung steht auch in einem inneren Zusammenhang mit dem Denken in Alternativen, wie es für den empirisch-rationalen Denkstil charakteristisch ist. Man berücksichtigt bei der Suche nach der bestmöglichen Lösung des jeweiligen Problems, z.B. des Partnerschafts-, Nachbarschafts- oder Berufsproblems, *mehrere* Sichtweisen, insbesondere die der unmittelbar Beteiligten.

3.6 Das Verhältnis zwischen Sein und Sollen auf der anthropologischen Ebene

Die Einsicht in die Bindung menschlichen Lebens an Überzeugungssysteme führt in der kognitiven Ideologietheorie zu dem Ziel, die vorliegenden Weltanschauungen, die „aus erkenntnismäßigen und emotional-lebenspraktischen Komponenten bestehen" (Topitsch 1988: 15), kritisch zu sichten und grundsätzlich zu klären, wie eine akzeptable Verbindung zwischen beiden Komponenten aussehen könnte.

Topitsch zitiert zunächst aus David Humes *Treatise of Human Nature* (III, 1,1):

> „In jedem Moralsystem, das mir bisher vorkam, habe ich immer bemerkt, daß der Verfasser eine Zeitlang in der gewöhnlichen Betrachtungsweise vorgeht, das Dasein Gottes feststellt oder Beobachtungen über menschliche Dinge vorbringt. Plötzlich werde ich damit überrascht, daß mir anstatt der üblichen Verbindungen von Worten mit ‚*ist*' und ‚*ist nicht*' kein Satz mehr begegnet, in dem nicht ein ‚*sollte*' oder ‚*sollte nicht*' sich fände. Dieser Wechsel vollzieht sich unmerklich, aber er ist von größter Wichtigkeit. Dies ‚sollte' oder ‚sollte nicht' drückt eine neue Beziehung oder Behauptung aus, muß also notwendigerweise beachtet und erklärt werden. Gleichzeitig muß ein Grund angegeben werden für etwas, das sonst ganz unbegreiflich erscheint, nämlich dafür, wie diese neue Beziehung zurückgeführt werden kann auf andere, die von ihr ganz verschieden sind. Da die Schriftsteller diese Vorsicht meistens nicht gebrauchen, so erlaube ich mir, sie meinen Lesern zu empfehlen" (14).

Erstens ist „zwischen dem Erkennen und den gefühls- und willensmäßigen Komponenten unseres Weltbildes" (14) zu unterscheiden, und zweitens ist anzuerkennen, dass aus Aussagen über das, was *ist*, seien sie nun beschreibender oder erklärender Art, nicht direkt abgeleitet werden kann, was man tun *soll*: Gegenüber dem „‚*ist*' und ‚*ist nicht*'" drückt das „‚sollte' oder ‚sollte nicht' [...] eine neue Beziehung oder Behauptung aus". Aus der Unterscheidung ergibt sich auch, dass es sinnvoll ist, die „unbemerkte[] Vermengung erkenntnismäßiger mit werthaft-normativen Elementen" (15) aufzudecken, um sie dann vermeiden zu können.

Auf der anderen Seite enthalten Ideologien$_{2/3}$ jedoch *sowohl* eine kognitive Komponente (Weltbild, Gesellschaftsbild) *als auch* eine normative (allgemeines und soziopolitisches Wertsystem), welche den Willen und die Gefühle bestimmt. Das führt zu der Frage, wie man jenseits der Fehleinschätzung, das Sollen sei aus dem Sein direkt ableitbar, zu einem ausgewogenen und gut begründeten Verhältnis zwischen den „erkenntnismäßigen und emotional-lebenspraktischen Komponenten" der Ideologie$_{2/3}$ gelangen kann. Die kognitive Ideologietheorie vertritt hier die folgende Auffassung:

1. Die Feststellung und Erklärung dessen, was ist, lässt sich auf eine im allgemeinen Sinn vernünftige Weise mit normativen Prinzipien *verbinden*. Das gilt zunächst einmal für die Dimension des Erfahrungswissens. So ist es vernünftig bzw. rational, eine empirische Erkenntnis beliebiger Art auch tatsächlich zu *nutzen*, wenn diese Erkenntnis zur Lösung eines bestimmten praktischen Problems, mit dem man sich gerade beschäftigt, beitragen könnte:

Normatives Prinzip 6: Verlässliches Erfahrungswissen bestimmter Art, das bei der Bewältigung aktueller Probleme helfen könnte, *sollte* zu diesem Zweck auch genutzt werden!

Es gehört nicht zu den Aufgaben einer empirischen oder einer formalen Wissenschaft, anzugeben, welche Ziele man angesichts der erlangten Erkenntnis verfolgen *soll*. Aus der Erkenntnis selbst folgt nicht, dass sie auch genutzt werden *sollte*; die *Verbindung* zwischen Sein und Sollen ergibt sich erst, wenn man allgemeine Prinzipien vernünftigen Denkens hinzunimmt. Greift man aber auf diese zurück, so gelangt man eben zu einem ausgewogenen und gut begründeten Verhältnis zwischen den beiden Komponenten.

2. Nach einem vergleichbaren Muster ist bereits hinsichtlich der Unterscheidung zwischen der dogmatischen und der undogmatischen Haltung argumentiert worden; vgl. *These 4.2* in Kapitel 3.5. Die dogmatische Einstellung erhebt hinsichtlich der jeweiligen These einen Anspruch auf endgültige Gewissheit. Dabei wird vorausgesetzt, dass eine Letztbegründung möglich ist. Zeigt sich nun aber, dass diese gar nicht leistbar ist, so ist die undogmatische Einstellung vorzuziehen. Das *normative Prinzip 3* besagt ja: Weltanschauungen, soziopolitische Programme und empiriebezogene Theorien *sollten* in undogmatischer Form vertreten werden!

3. Auf vergleichbare Weise kann nun auch auf der anthropologischen Ebene verfahren werden. Die mit der kognitiven Ideologietheorie verbundene (kognitive) Anthropologie macht Aussagen über die condition humaine – über das menschliche *Sein*. In einem weiteren Denkschritt kann es als vernünftig gelten, das Wissen über die condition humaine auch tatsächlich zu *berücksichtigen*, sei es nun für die Lebenspraxis oder für Erkenntnisbestrebungen, die sich auf menschliche Phänomene beziehen.

Normatives Prinzip 7: Verlässliches Wissen über das menschliche Sein *sollte* berücksichtigt werden!

Die Weltanschauungsgebundenheit z.B. wird in der Lebenspraxis berücksichtigt, wenn man über weltanschauliche Hintergründe der Äußerungen und des Handelns anderer Menschen *nachdenkt*; vgl. Kapitel 3.1

Während Topitsch den „traditionellen Weltanschauungen" *vorwirft*, „auf der Verbindung von völlig Verschiedenartigem" (15) zu beruhen und sie überwinden will, behauptet die kognitive Ideologietheorie die *Unauflöslichkeit* der Weltanschauungsbindung und ist bestrebt, erstens dogmatische durch undogmatische Weltanschauungen zu ersetzen und zweitens die Verbindung zwischen Weltbild und Wertsystem nach allgemeinen Vernunftprinzipien zu gestalten. „Die grundsätzliche Verschiedenheit zwischen dem Erkennen und den Erscheinungen des Willens- und Gefühlslebens" (15) anzuerkennen, ist eine Sache, ein *rational begründetes Passungsverhältnis* zwischen beiden Komponenten herzustellen, eine andere.

Obwohl einige wichtige Punkte erst in den Ausführungen zur erkenntniskritischen Ideologie forschung eine hinlängliche Klärung erfahren, soll schon an dieser Stelle angedeutet werden, worauf im undogmatischen Kontext bei der Herstellung eines Passungsverhältnisses zwischen Weltbild und Wertsystem zu achten ist:

1. Ebenso wie Weltbilder haben Wertsysteme den Status hypothetischer Konstruktionen. Der Unterschied besteht darin, dass mittels der Ersteren die Lösung kognitiver Probleme, mittels der Letzteren hingegen die Bewältigung praktischer Lebensprobleme angestrebt wird. *Theoretische* sind somit von *praktischen* Hypothesen zu unterscheiden.

2. Im Rahmen der dogmatischen Haltung, die durch das Gewissheitsverlangen bestimmt wird, gelten die jeweiligen Wertüberzeugungen als die definitiv richtigen. Um ihnen diesen Status zusprechen zu können, werden die eigenen Werte, Normen und Ziele – sofern überhaupt ein Begründungsbedürfnis besteht – in einer höheren Instanz verankert. Die jeweiligen Werte gelten dann als die definitiv richtigen, *weil* sie vermeintlich im Willen Gottes, in der Natur, der Vernunft, der Geschichte usw. enthalten sind.

3. Die undogmatische Einstellung verzichtet darauf, das eigene Wertsystem mit höheren Weihen auszustatten, welche dies auch sein mögen. Sie betrachtet dessen Elemente *nur* als praktische Hypothesen, die sich in der Lebenspraxis mehr oder gut bewähren.

Am Beispiel der Weltanschauungsbindung soll skizziert werden, wie sich im Rahmen der undogmatischen Einstellung ein Passungsverhältnis zwischen anthropologischem Wissen und normativen Prinzipien herstellen lässt, das praktische Konsequenzen hat. Es ergibt sich nämlich die folgende Gedankenkette:

Menschen sind an Überzeugungssysteme gebundene Lebewesen. – Die Weltanschauungen stellen hypothetische und damit irrtumsanfällige Konstruktionen dar. – Weltanschauungen *sollten* daher ohne Absolutheitsanspruch vertreten werden. – Gesellschaftssysteme sind durch Ideologien$_{3/2}$ geprägte Gebilde. – Alle Gesellschaftssysteme *sollten* daher so organisiert sein, dass in ihnen nicht nur speziell Religionsfreiheit, sondern allgemein Weltanschauungsfreiheit herrscht. Das kann auch so gefasst werden: Aus der Einsicht in die condition humaine (hier: die Gebundenheit an eine Weltanschauung, die nie Gewissheitsstatus erlangen kann) ergibt sich, wenn man allgemeinen Vernunftprinzipien folgt, ein bestimmtes *Ideal* bzw. eine bestimmte *Utopie*:

Normatives Prinzip 8: Alle Gesellschaften sollten nach dem Prinzip der Weltanschauungsfreiheit organisiert sein! Alle sozialen Verhältnisse, in denen Menschen gezwungen sind, gegen ihre Überzeugungen einer ganz bestimmten Ideologie$_{3/2}$ zu folgen, sind zu verändern. Hierbei handelt es sich um eine Utopie, die nach Maßgabe des verfügbaren Erfahrungswissens als *prinzipiell realisierbar* gelten kann, denn es gibt ja bereits Gesellschaften, die (wenn auch mehr oder weniger konsequent) nach diesem Prinzip organisiert sind. Diese realistische Utopie, dieses realisierbare Ideal ist somit von einem unerfüllbaren Wunschtraum zu unterscheiden. Ob das Ideal jemals erreicht wird und wie lange dieser Prozess eventuell dauert, ist gesondert zu klären.

Zu beachten ist, dass die Ethik der undogmatischen Aufklärungsphilosophie in diesem Fall nicht darauf hinausläuft, ein *ganz bestimmtes* soziopolitisches Programm, z.B. konservativer, liberaler, sozialistischer oder ökologischer Art, zu propagieren, sondern ein *allgemeines soziopolitisches Ziel*, das in *mehrere* Ideologien$_3$ einfließen kann. Die allgemeine Wert- und Zielorientierung kann auf unterschiedliche Weise ausbuchstabiert werden.

Das Wertsystem der undogmatischen Aufklärungsphilosophie schließt das *Ideal einer menschlichen Welt in einem normativen Sinn* ein: Das allgemeine Ziel besteht darin, die Gesellschaften so umzubauen, dass am Ende das *gesamte* Wissen über die condition humaine berücksichtigt wird. Von früheren Formen des Streben nach einer humaneren Welt unterscheidet sich die undogmatische Aufklärungsphilosophie dadurch, dass sie ihre ethischen Prinzipien nicht als definitiv richtig betrachtet und darauf verzichtet, das Verlangen nach höheren Weihen zu befriedigen. Anders als frühere Formen der Aufklärung will sie nicht *„jene Hindernisse aus dem Weg räumen, die den Menschen davon abhalten, die in der ‚Natur' und der ‚Vernunft' begründete richtige Moral und Gesellschaftsordnung zu erkennen"* (Topitsch/Salamun 1972: 30). Es ist somit ein grundsätzlicher Unterschied, ob ein bestimmtes Ideal in einer höheren Instanz religiöser oder areligiöser Art bombensicher verankert werden soll oder ob man es mit praktischen Hypothesen in Zusammenhang bringt, die dann einer Realisierbarkeitsprüfung unterzogen werden. Das Ideal einer im normativen Sinn menschlichen Welt tritt im ersten Fall mit einem absoluten Geltungsanspruch auf, im letzteren aber nicht. Es wird somit nicht die vermeintlich ‚einzig wahre' Ethik bzw. Moral vertreten.

Die kognitive Ideologietheorie bemüht sich, in ihrem weltanschauungsanalytischen Teil zur Bestimmung der condition humaine, verstanden als voll ausgebildete Normalform der menschlichen Gattung und des menschlichen Individuums, beizutragen. Humanspezifisch ist, um die bislang behandelten Punkte erneut aufzurufen, das sprachgebundene Leben in einem bestimmten soziokulturellen Kontext, das durch Ideologien$_{2/3}$ geprägt wird und auf den Gewinn verlässlichen Erfahrungswissens angewiesen ist. Damit ist eine *Teilantwort* auf die Frage „Was ist der Mensch?" gegeben. Es gibt demnach eine sich durchhaltende *Struktur* des Menschen, wobei die inhaltlichen Füllungen dieser Struktur veränderlich sind – die Sprachen, die soziokulturellen Kontexte, die Ideologien$_{2/3}$ unterscheiden sich mehr oder weniger stark, und das Erfahrungswissen durchläuft Entwicklungsphasen.

Aus der gegebenen Antwort auf die Frage „Was ist der Mensch?" lässt sich nun zwar keine Antwort auf die Frage „Was soll ich tun?" logisch zwingend ableiten, aber die Erkenntnis der condition humaine im Allgemeinen und ihrer Elemente im Besonderen kann auf vernünftige Weise *mit einer bestimmten ethischen Position verbunden werden*:

Normatives Prinzip 9: Gehören die soziokulturelle Einbettung, die Sprachfähigkeit, die Bindung an Ideologien$_{2/3}$ und an die Prinzipien des Gewinns von Erfahrungswissen zur Grundstruktur menschlichen Lebens, so ist es vernünftig, diese Elemente der condition humaine auch *anzuerkennen* und gemäß dieser Einsicht *zu leben*, also entsprechend zu denken und zu handeln. Man *sollte* so denken, handeln, leben, dass die ganze Lebenspraxis im Einklang mit der Erkenntnis des jeweiligen Elements der condition humaine (und letztlich aller Elemente) steht!

Zwar zählt es nicht zu den Aufgaben der *kognitiven*, auf Erkenntnisziele ausgerichteten Anthropologie, eine Antwort auf die Frage „Was soll ich tun?" zu geben. Auf der Basis der Erkenntnisse der kognitiven Anthropologie wird aber nach allgemeinen Vernunftprinzipien eine *normative* Anthropologie *hinzugefügt*. Das hat Konsequenzen für das Denken, für die Theoriebildung aller Art, die sich in den *Thesenkomplex 4* (vgl. Kapitel 3.5) einfügen lassen:

These 4.3: Wer dem *normativen Prinzip 9* folgt, wird bestrebt sein, alle Sichtweisen bzw. Theorien – seien diese nun expliziter oder impliziter Art –, die mit der Erkenntnis des Humanspezifischen in Konflikt geraten, erstens zu kritisieren und zweitens durch Konstruktionen zu ersetzen, die mit der Einsicht in die menschliche Grundstruktur harmonieren. Alle Theorien, die sich mit dem Ziel der Erklärung – also nicht bloß in beschreibend-feststellender Absicht – auf Phänomene im menschlichen Bereich beziehen, *sollten* die Grundstruktur menschlichen Lebens einkalkulieren.

So kritisiert z.B. die kognitive Hermeneutik als Literaturtheorie, dass viele Textwissenschaftler nicht erkennen, dass sich die Eigenschaften literarischer Texte nicht befriedigend erklären lassen, wenn die Bindung der sie hervorbringenden Autoren an jeweils spezifische Überzeugungssysteme (Ideologien$_2$) und die aus ihnen nach dem Passungsprinzip erwachsenden allgemeinen Literaturprogramme und speziellen Textkonzepte unberücksichtigt bleibt. Die Kritik an einigen Formen der Textwissenschaft und den sie tragenden Literaturtheorien wendet somit nicht nur kognitive Prinzipien wissenschaftstheoretischer Art wie die Textkonformität und die Erklärungskraft an, sondern auch ein ethisches Prinzip:

Normatives Prinzip 10: Humanwissenschaftler aller Art sollten die condition humaine in ihrer Theoriebildung hinlänglich berücksichtigen, da deren Vernachlässigung zu Konstruktionen führt, die in kognitiver Hinsicht defizitär sind!

Nun zu den lebenspraktischen Konsequenzen, die wiederum von den bereits behandelten Konsequenzen für das Denken abhängen:

These 4.4: Ist die gesamte menschliche Dimension dem Prägungsprinzip unterworfen (vgl. *These 1* in Kapitel 3.3), so ist es auch *ethisch geboten*, sich um ein vertieftes Verständnis der jeweils lebenspraktisch relevanten Phänomene zu bemühen – und diese Bemühungen bei Bedarf auf wissenschaftlicher Ebene mit geeigneten Mitteln fortzuführen.

Normatives Prinzip 11: Handle so, dass die Prinzipien der jeweiligen Handlung mit der Einsicht in die condition humaine und den daraus ableitbaren Konsequenzen im Einklang stehen!

Als Gegenbeispiel kann eine Politik angesehen werden, die in guter Absicht in einen anderen soziokulturellen Bereich eingreift, um zur Lösung z.B. von Nahrungsproblemen beizutragen, sich aber nicht bemüht, die Äußerungen und die Handlungen der betroffenen Menschen durch Zurückführung auf deren Überzeugungssysteme verstehend zu erklären. Eine solche Politik reduziert diese Menschen auf *Objekte der Hilfeleistung*, betrachtet sie nicht als *Subjekte*, die selbst durch eine bestimmte Ideologie$_{2/3}$ gesteuert werden. In vielen Fällen führt diese spezifische Verkennung der condition humaine dazu, dass die politischen Ziele nicht erreicht werden. Die Vernachlässigung der weltanschaulichen Rahmenbedingungen kann das Scheitern der in guter Absicht erfolgenden Hilfeleistung zur Folge haben.

Im Hinblick auf die Entwicklung des einzelnen Individuums ergeben sich weitere Konsequenzen:

These 4.5: Werden Elemente der condition humaine im *eigenen* Lebensvollzug explizit oder implizit negiert, so können spezifisch menschliche Potenziale nicht ausgeschöpft werden. So wird ein Individuum, in dessen Selbstverständnis die Bindung an ein Überzeugungssystem keine Rolle spielt, die humanspezifische Fähigkeit, weltanschauliche Hintergründe menschlicher Aktivitäten zu erschließen, gar nicht oder höchstens in Ansätzen entwickeln.

Normatives Prinzip 12: Die humanspezifischen Fähigkeiten, die mit der Bindung an Ideologien$_{2/3}$ zusammenhängen, sollten ebenso entwickelt werden wie diejenigen, die mit der Angewiesenheit auf die Prämissen des Erwerbs von Erfahrungswissen verbunden sind!

3.7 Abgrenzung von anderen Ideologietheorien

Im weltanschauungsanalytischen Teil der kognitiven Ideologietheorie wird die Bindung aller menschlichen Lebensformen an Ideologien$_{2/3}$ und an die Prinzipien des Erwerbs von Erfahrungswissen behauptet. Demnach sind auch alle *Ideologietheorien* zu kritisieren, welche diese Bindungen vernachlässigen oder nicht angemessen in Rechnung stellen.

3.7.1 Abgrenzung von der positivistischen Ideologietheorie

Vorbemerkung: Das Wort „Positivismus" wird zunächst auf diejenigen Theorien des 19. und des frühen 20. Jahrhunderts bezogen, die sich selbst als positivistisch verstehen und bezeichnen. Die kognitive Ideologietheorie teilt mit dem historischen Positivismus die erfahrungswissenschaftliche Orientierung, unterscheidet sich von diesem aber in mehreren Punkten. In Kapitel 3.7.1 kommen hauptsächlich diejenigen Differenzen zur Sprache, die sich aus der zuvor dargelegten weltanschauungsanalytischen Ideologie$_2$theorie ergeben.

Nach dem Drei-Stadien-Modell von Auguste Comte (1798–1857) sind in der „dritten Phase des wahrhaft positiven Denkens" (Lieber 1985: 51) sowohl das religiös-theologische Denken der ersten Phase als auch das metaphysisch-abstrakte Denken der zweiten Phase der Menschheitsentwicklung *überwunden.* „Positives Denken – nach Comte die letzte und höchste Phase menschlicher Geistesentwicklung – folgt dem Prinzip: savoir pour prévoir, prévoir pour regler; also: Wissen um vorhersehen zu können, vorhersehen um regelnd eingreifen zu können." (51) Nach positivistischer Auffassung werden also sowohl religiöse als auch metaphysische Weltbildkonstruktionen in der dritten Phase durch empirisches Wissen *ersetzt.* „Beherrscht vom Fortschrittsoptimismus der Aufklärung, verkündet [Comte] das Ende des metaphysischen und den Beginn eines neuen, positiven Zeitalters." (Lenk 1984: 37) Demgegenüber behauptet die weltanschauungsanalytische Ideologie$_2$theorie, dass jedes die Normalform menschlichen Lebens realisierende Individuum in einer Weltbildkonstruktion religiöser oder areligiöser Art steckt, die auch den Erwerb empirischen Wissens steuert – gleichgültig, in welcher Phase der Menschheitsentwicklung es sich befindet. Zur menschlichen Struktur gehören beide Ebenen: die übergreifende Weltbildkonstruktion *und* die empirische Erkenntnis, sei sie nun vorwissenschaftlicher oder zusätzlich auch wissenschaftlicher Art. Die jeweilige Ideologie$_{2.1}$ kann jedoch (vgl. Kapitel 1.4 und den *Thesenkomplex 1* in Kapitel 3.3) von einer *anderen* abgelöst werden.

Comte nimmt – ebenso wie der Marxismus, aber aus anderen Gründen – an, dass die religiöse Weltanschauung in der Zukunft *absterben* wird. Eine religiöse Weltbildkonstruktion, die in einigen Fällen durch eine zugehörige Theologie in eine begriffliche, theoretisch ausgeformte Gestalt gebracht wird, kann jedoch zu allen Zeiten und in allen Kulturen vertreten werden. Das hängt damit zusammen, dass Annahmen wie „Gott existiert" und „Es gibt ein Weiterleben nach dem physischen Tod" nicht mit empirischen Mitteln definitiv widerlegt werden können. Auf der anderen Seite können areligiöse Weltbildkonstruktionen nicht als definitiv wahr erwiesen werden.

Entsprechend ist hinsichtlich der *Metaphysik* zu argumentieren. Das ist ein weites Feld, und an dieser Stelle muss eine Skizze genügen. Die weltanschauungsanalytische Ideologie$_2$theorie unterscheidet zunächst einmal zwei Verständnisse von „Metaphysik" – ein neutrales und ein kritisches:

Metaphysik$_1$ = Weltbildkonstruktion in begrifflich-theoretischer Form

Metaphysik$_2$ = *Defizitäre* Weltbildkonstruktion in begrifflich-theoretischer Form

Im Prinzip kann *jedes* Weltbild, das zunächst in intuitiver Form vertreten wird, in eine begrifflich-theoretische Form gebracht, d.h. als Metaphysik$_1$ artikuliert werden. Auch Theologien stellen demnach Metaphysiken$_1$ dar; viele vorliegende Metaphysiken$_1$ sind religiösen Hintergrundannahmen verpflichtet und somit theologischer Art. Während eine Ideologie$_{2.1}$ zur condition humaine gehört, ist das bei der *Metaphysik$_1$* nicht der Fall, denn Menschen können sich auch damit begnügen, einer Weltbildkonstruktion auf intuitive und implizite Weise zu folgen.

Ein Fachphilosoph ist nicht automatisch auch ein *expliziter* Vertreter einer Metaphysik$_1$. Insbesondere Philosophen, die in der positivistischen Denktradition stehen, glauben manchmal, sie würden ideologie$_{2.1}$frei leben. Sie haben daher auch kein Bedürfnis, ihr Weltbild auf begrifflich-theoretische Weise zu entfalten, d.h. zu einer Metaphysik$_1$ auszuformen. Sie konzentrieren sich ganz auf philosophische Probleme *anderer* Art, z.B. auf Fragen der Wissenschaftstheorie.

Der Vorwurf, eine in begrifflich-theoretischer Form entfaltete Weltbildkonstruktion sei defizitär, also eine Metaphysik$_2$, kann in unterschiedlichen Kontexten aufkommen:

1. Im Einzugsbereich der dogmatischen Einstellung entsteht die folgende Konstellation: X betrachtet seine eigene Metaphysik$_1$ als definitiv wahr und alle konkurrierenden als definitiv falsch, als Metaphysiken$_2$ – man könnte auch sagen: als *falsches Bewusstsein* (Ideologie$_4$). (Entsprechendes gilt, wenn die *intuitiv* vertretene Ideologie$_{2.1}$ als definitiv wahr angesehen wird.)

2. Im Einzugsbereich der undogmatischen Einstellung gilt hingegen: X betrachtet seine Metaphysik$_1$ einerseits als hypothetische Konstruktion, die auch verfehlt sein kann, andererseits aber als den konkurrierenden überlegen, die somit in einem *schwächeren* Sinn als Metaphysiken$_2$ eingeordnet werden.

3. Philosophen, die glauben, sie hätten die Ideologie$_{2.1}$ generell abgelegt, betrachten *alle* begrifflich-theoretischen Weltbildkonstruktionen, die über die erfahrungswissenschaftliche Erkenntnis hinausgehen, als Metaphysiken$_2$. Comtes Philosophie schließt so eine Ideologie$_1$theorie im weiteren Sinn ein: Traditionelle Weltbilder erscheinen erstens als fehlerhafte Konstruktionen und zweitens als interessengesteuerte Fehleinschätzungen (Ideologien$_1$), die nach und nach durch empirisches Wissen natur- und sozialwissenschaftlicher Art ersetzt, also in der dritten Phase nicht mehr benötigt werden. „Da jede Religion und Metaphysik, ja letztlich jede nicht positiv-wissenschaftliche Reflexion und Theorie schon als solche dem Verdacht auf Vorurteilsbefangenheit unterliegt, ist Ideologie$_{[1]}$kritik als Vorurteilskritik in einem bis dahin nicht gekannten Ausmaß gerechtfertigt." (Lieber 1985: 53)

Kurzum, Ideologien$_{2.1}$ sind immer gegeben, sie können aber in dogmatischer wie auch in undogmatischer Form vertreten werden. Religionen haben somit eine Existenzberechtigung, neben ihnen und mit ihnen konkurrierend aber auch areligiöse Sichtweisen. Sind aber Ideologien$_{2.1}$ unerlässlich, so ist es auch *sinnvoll*, sie zu Metaphysiken$_1$ auszugestalten; diese besitzen somit ebenfalls eine Existenzberechtigung. Wenn Comte die Entwicklung des menschlichen Denkens als eine zeitliche Aufeinanderfolge dreier Phasen ansieht, die von der theologisch-fiktiven über die metaphysisch-abstrakte zur positiven verläuft, so ist dies also grundsätzlich verfehlt. Man kann nur sagen, dass sich aus der in der Menschheitsgeschichte immer rasanter werdenden Entwicklung empirischer und speziell erfahrungswissenschaftlicher Erkenntnis auf den Ebenen der Ideologie$_{2.1}$ und speziell der Metaphysik$_1$ *Orientierungskrisen* ergeben, die zur Bildung *neuer* Ideologien$_{2.1}$ und Metaphysiken$_1$ führen. So kann z.B. die zunehmende Erkenntnis der Naturzusammenhänge die Problematisierung eines religiösen Weltbilds auslösen, das auf dem „Glaube[n] an die Vorsehung eines allmächtigen Schöpfergottes" (Lenk 1984: 37) beruht.

Die Bindung an Wertüberzeugungen (Ideologien$_{2.2}$) wird vom Positivismus Comtes hingegen nicht historisch relativiert. Er unterstellt, dass diese auch in der dritten Phase besteht. Darüber hinaus wird auch die Bindung an soziopolitische

Programme (Ideologien$_3$) berücksichtigt. Das Drei-Stadien-Modell nimmt ja an, dass jeder der drei Hauptentwicklungsphasen des Denkens eine bestimmte Sozialordnung entspricht; mit dem religiös-theologischen Stadium korrespondiert etwa eine „durch das Vorherrschen einer Priester- und Kriegerkaste bestimmt[e]" (Lieber 1985: 50) Ordnung. Die Bindung an die Ideologie$_3$ bleibt also nach positivistischer Auffassung auch in der letzten Phase der menschlichen Geistesentwicklung bestehen.

Kurt Lenk wirft Comte auf gesellschaftstheoretischer Ebene die „Verabsolutierung des Prinzips der Ordnung" (Lenk 1984: 38) vor. Nach Auffassung der kognitiven Ideologietheorie sind mehrere Ideologien$_3$ mit unterschiedlichen soziopolitischen Wertsystemen (Ideologie$_{3.2}$) möglich, deren Realisierung zu divergierenden Sozialordnungen führt. Mehrere soziopolitische Programme sind sich darin einig, dass ein Chaos auf jeden Fall zu vermeiden ist, aber sie betrachten die Aufrechthaltung einer bestimmten Ordnung nicht zwangsläufig als *Höchstwert*. Die „Idee störungsfrei funktionierender gesellschaftlicher Ordnung" (Lieber 1985: 53) ist nicht das Maß aller Dinge.

Eine weitere Akzentverschiebung der weltanschauungsanalytischen Ideologie$_2$theorie ergibt sich hinsichtlich der Anwendung empirischen Wissens. Comte plädiert für die „konsequente[] Anwendung der Prinzipien positiver Wissenschaften auf Politik und Soziologie" (Lenk 1984: 37). Eine solche Anwendung kann jedoch die Reflexion über Werte und Ziele allgemeiner und speziell soziopolitischer Art nicht *ersetzen*; sie kann aber z.B. klären, ob ein bestimmtes Projekt nach dem verfügbaren empirischen Wissen überhaupt realisierbar ist. So, wie empirisches Wissen stets vor dem Hintergrund einer expliziten oder impliziten Weltbildkonstruktion gewonnen wird, findet auch die soziopolitische Anwendung empirischen Wissens stets im Rahmen eines Wertsystems statt. Bleibt aber die Steuerung durch eine prinzipiell veränderbare Ideologie$_{2/3}$ stets erhalten, so kann und darf die Lenkung gesellschaftlicher Prozesse nicht allein den Soziologen, Industriellen und Bankiers überlassen bleiben, wie Comte meint, sondern die Repräsentanten der aktuellen Ideologien$_{2/3}$ müssen ein Wort mitzureden haben.

Noch einmal zur Terminologie: Theoretiker, die sich selbst nicht als Positivisten bezeichnen und in bestimmter Hinsicht auch vom historischen Positivismus abgrenzen, können in *anderen* Punkten diese Denktradition fortsetzen, indem sie z.B. annehmen, dass Religion und Metaphysik nach und nach durch empirische Wissenschaft ersetzt werden. Von ihrem Denken kann dann gesagt werden, dass es einen bestimmten *positivistischen Fehler* fortschreibt. Es sollte jedoch vermieden werden, deren *gesamte* Position als positivistisch zu bezeichnen. Sonst kippt „Positivist" leicht in eine Diffamierungsvokabel um – ähnlich wie „Ideologe" im soziopolitischen Diskurs bei Napoleon und seinen Nachfolgern. Dann wird schnell auch jemand als Positivist bezeichnet, der *überhaupt keine* Grundannahme des historischen Positivismus akzeptiert; „Positivismus" wird gleichbedeutend 'mit „falsches Bewusstsein" (Ideologie$_4$), sodass gilt: „X denkt positivistisch, also definitiv falsch". In fairen wissenschaftlichen Auseinandersetzungen sollten die theoretischen Ansätze, mit denen man sich auseinandersetzt, nicht mit Etiketten versehen werden, die seitens des Kritikers von vornherein eine Ablehnung implizieren. Die Einordnung mittels eines solchen ‚Kampfbegriffs' vermittelt die Botschaft „Es lohnt eigentlich nicht, sich mit diesem verfehlten Ansatz näher zu beschäftigen". Theorien, die sich am empirischen Wissen und speziell an den Erfahrungswissenschaften orientieren, können wert- und kritikneutral als *Empirismus (im weiteren Sinn)* bezeichnet werden. Comtes Positivismus lässt sich dann als *Variante des Empirismus* einordnen, zu deren Besonderheiten das Dreistadienmodell gehört.

Der reflektierte Ideologieforscher ist in der Lage, zwischen dem beschreibenden und dem (ab)wertenden Gebrauch bestimmter Begriffe zu unterscheiden und ist bestrebt, beides nicht miteinander zu vermengen. Daher wird er dort, wo die Grundannahmen und der Aufbau von Ideologientheorien zu rekonstruieren sind, ‚Kampfbegriffe', die eine negative Bewertung des Bezeichneten implizieren, tunlichst vermeiden.

Topitschs kritisch-rationalistische Ideologie$_1$theorie unterscheidet sich in wesentlichen Punkten vom Positivismus Comtes. So schätzt er „das große ‚Fortschrittsgesetz' der drei Stadien" als „säkularisierte Spätform des Glaubens an den in der Geschichte wirksamen göttlichen Heilsplan" (Topitsch 1988: 24) ein. Auf der anderen Seite findet sich aber der positivistische Fehler, die unauflösliche Bindung an eine Ideologie$_{2.1}$ zu verkennen, auch bei Topitsch: Er nimmt an, dass „die Funktion der Welterklärung oder Informationsvermittlung" vollständig „an die empirischen Wissenschaften abgegeben wurde" (34).

3.7.2 Abgrenzung von der marxistischen Ideologietheorie

Auch in diesem Abschnitt kommen vorrangig diejenigen Differenzen zur Sprache, die sich aus der weltanschauungsanalytischen Ideologie$_2$theorie ergeben; in Kapitel 5 finden sich dann weiter gehende Ausführungen. Die kognitive Ideologietheorie ist, wie bereits im Vorwort erwähnt, in der Hauptsache ein *nichtmarxistischer* und damit auch ein marxismuskritischer Ansatz. Nach der materialistischen Geschichtsauffassung, welche die Wirtschaft als den gesellschaftlichen Kernbereich ansetzt, entspringen die Vorstellungen der Menschen, zu denen auch ihre Ideologien$_{2/3}$ gehören, ihren materiellen, d.h. ökonomischen Lebensbedingungen, und zwar notwendigerweise. Das gesellschaftliche Sein bestimmt das Bewusstsein. Das gilt insbesondere auch für die *unzutreffenden* Vorstellungen im Allgemeinen und die wunsch- und interessenkonformen Irrtümer (Ideologie$_1$) im Besonderen; daher charakterisieren Marxisten die Ideologie$_1$ häufig als *notwendig falsches Bewusstsein*. Aus der Sicht der weltanschauungsanalytischen Ideologie$_2$theorie gibt es einen solchen notwendigen Zusammenhang nicht, d.h., das *deterministische* Konzept wird abgelehnt. Erstens stellt die jeweilige Wirtschaftsordnung bereits die Umsetzung bestimmter wirtschaftlicher Werte, Normen und Ziele dar, die an einen konkreten weltanschaulichen Rahmen gebunden sind; es handelt sich somit nicht um eine den Überzeugungssystemen *vorgelagerte* Instanz. Zweitens verkennt das deterministische Modell den folgenden Zusammenhang: Eine bestimmte Ideologie$_{2/3}$ wie auch ein durch sie geprägtes Gesellschaftssystem können durch bestimmte soziale und speziell auch wirtschaftliche Entwicklungen in eine Krise geraten; aus dieser Krise ergibt sich jedoch nicht zwangsläufig eine *ganz bestimmte* neue Ideologie$_{2/3}$, durch welche die Krise bewältigt wird.

Grundsätzlich gilt (und dies kann als weitere Unterthese dem in Kapitel 3.3 entfalteten *Thesenkomplex 1* zugeordnet werden):

These 1.7: Menschen sind weltanschauungsgebundene Lebewesen, die auf eine Krise, welche diese Steuerungsinstanz betrifft, unterschiedlich reagieren können: Sie können an der bislang akzeptierten Ideologie$_2$ uneingeschränkt festhalten, sie können sie modifizieren (was wiederum auf unterschiedliche Weise möglich ist), sie können schließlich auch zu einem anderen weltanschaulichen Rahmen übergehen (auch hier gibt es häufig mehrere Optionen). Es trifft nicht zu, dass sich dasjenige Überzeugungssystem, welches sich als Krisenbewältigungsmittel durchsetzt, auch durchsetzen *musste*. Die Bewältigung einer Orientierungskrise durch Modifikation einer Ideologie$_2$ oder durch Übergang zu einer anderen, bereits entwickelten, oder durch Bildung einer neuen Ideologie$_2$ stellt eine *kreative* Leistung dar, die nicht aus der Analyse der Krise selbst abgeleitet und damit auch nicht prognostiziert werden kann. Ein theoretisches Modell, das aus der weltanschaulichen Orientierungskrise abzuleiten versucht, dass diese Krise erstens tatsächlich bewältigt wird und dass dies zweitens zwangsläufig durch eine ganz bestimmte Ideologie$_2$ geschieht, verkennt ein Element der condition humaine – nämlich dass die jeweilige Ideologie$_{2/3}$, die im Sozialisationsprozess vermittelt wird, ursprünglich die *kreative Leistung einzelner menschlichen Individuen* darstellt.

Die Bindung an eine bestimmte Ideologie$_2$ ist also hinsichtlich des Entstehungszusammenhangs die Abhängigkeit von einer *kreativen Leistung des menschlichen Geistes, die dann von anderen Individuen akzeptiert und tradiert werden kann.* Zur menschlichen Existenzweise gehört auch, dass die zur Bewältigung einer Orientierungskrise erforderliche kreative Leistung *ausbleiben* kann, sodass die Krise eben nicht bewältigt wird, was für das Individuum und die Gruppe negative Folgen hat Entsprechendes gilt im Hinblick auf Ideologien$_3$.

An dieser Stelle lässt sich bereits eine Verbindung zum erkenntniskritischen Teil der kognitiven Ideologietheorie, der erst in Kapitel 4 entfaltet wird, herstellen: Das deterministische Modell ist nicht nur verfehlt, es handelt sich auch um einen *bedürfniskonformen* Irrtum (Ideologie$_1$), denn es dient im klassischen marxistischen Theorieansatz dazu, das eigene Gesellschaftsideal – den Sozialismus/Kommunismus – als *notwendiges* Resultat der geschichtlichen Entwicklung erscheinen zu lassen, wodurch die eigenen Ziele mit einer Verwirklichungsgarantie ausgestattet werden, die durch das verfügbare Erfahrungswissen nicht zu erhärten ist.

Die Konkurrenz zwischen marxistischen und nichtmarxistischen Ansätzen ist innerhalb der Ideologieforschung ein zentraler Optionenkonflikt; auf beiden Seiten werden diverse Varianten vertreten. Den historischen Materialismus abzulehnen, bedeutet nicht zwangsläufig, einen *spekulativen Idealismus* zu vertreten. So behauptet die kognitive Ideologietheorie nur, dass das menschliche Leben in allen seinen Formen durch Weltbildannahmen und Wertsysteme gesteuert wird, also durch geistige, mentale Größen *menschlicher* Art.

Eine Ideologietheorie ist immer auch mit einer Anthropologie, einem bestimmten *Menschenbild* verbunden, wobei diese Verbindung allerdings häufig unartikuliert bleibt. Die weltanschauungsanalytische Ideologie$_2$theorie sieht den Menschen als ein an Ideologien$_{2/3}$ und die Prinzipien des Gewinns von Erfahrungswissen gebundenes Lebewesen, dessen Entwicklung in allen drei Dimensionen von kreativen geistigen Leistungen abhängt, die auch ausbleiben können. Eine Hauptvariante des Marxismus sieht den Menschen hingegen als ein Lebewesen, dessen Ideologien$_{2/3}$ notwendige Resultate der jeweiligen wirtschaftlichen Rahmenbedingungen sind. Die Steuerung durch den menschlichen Intellekt und dessen kreative Leistungen wird nicht angemessen berücksichtigt – was eben auch damit zusammenhängt, dass man nur durch diese Vernachlässigung zu dem erwünschten Resultat gelangen kann, das vom eigenen soziopolitischen Programm anvisierte Ziel werde am Ende auch *notwendigerweise* erreicht.

Eine andere Variante der verfehlten Annahme einer *strikten Determination* des menschlichen Denkens durch die jeweiligen gesellschaftlichen Rahmenbedingungen findet sich in der französischen Aufklärungsphilosophie, vor allem bei Claude Adrien Helvétius (1715–1771). So heißt es in seinem Buch *De l'esprit*: „Unsere Ideen sind die notwendigen Konsequenzen der Gesellschaften, in denen wir leben." (Lieber 1985: 29) Helvétius nimmt an, „daß menschliches Denken grundsätzlich durch persönliche Interessenlagen des einzelnen oder der einzelnen bestimmt ist. Interessenlagen des einzelnen aber sind durch den gesellschaftlichen Standort der Menschen, durch ihre Zugehörigkeit zu einem bestimmten Beruf, zu einer bestimmten Gemeinschaft, zu einem bestimmten Stand präformiert." (29) Dass die Bindung an eine bestimmte Interessenlage, die sich z.B. aus der Standeszugehörigkeit ergibt, nicht a priori die Konzentration auf die bestmögliche Lösung kognitiver Probleme ausschließt, wird nicht hinlänglich berücksichtigt.

3.7.3 Abgrenzung von den deterministischen Manifestationstheorien der Ideologie

Das klassische marxistische Modell ist wiederum eine Variante eines allgemeineren Denkmusters, das mit einer Determination der Ideologien$_{2/3}$ sowie des durch sie geprägten soziokulturellen Bereichs durch eine *primäre Instanz* rechnet. Im Anschluss an Barths Studie *Wahrheit und Ideologie* lässt sich dieses Muster genauer bestimmen: Unterschieden wird zwischen einer *primären* und einer *sekundären* Sphäre, zwischen einem *Unterbau* und einem *Überbau*. Die Rolle der primären Sphäre bzw. des Unterbaus kann unterschiedlich besetzt werden: mit bestimmten Trieben, dem Willen zur Macht, wirtschaftlichen Verhältnissen usw. Die sekundäre wird nach dieser Auffassung durch die primäre Sphäre *determiniert*. Man kann hier auch von einem *Manifestationsverhältnis* sprechen: Die primäre *manifestiert* sich in der sekundären Sphäre, und zwar so, dass die sekundäre Sphäre ein der primären Sphäre untergeordnetes und ihr dienendes Element darstellt. Der allgemeine Theorietyp lässt sich daher auch als *deterministische Manifestationstheorie* charakterisieren. Einige Varianten denken die primäre Sphäre als unveränderlich, als natürlich vorgegeben; andere begreifen sie als historisch veränderlich; daraus ergeben sich unterschiedliche Ausformungen des Ansatzes. Wird die primäre Sphäre als veränderlich angesehen, so gilt: Veränderungen der primären ziehen zwangsläufig *bestimmte* Modifikationen der sekundären Sphäre nach sich. Die Manifestationstheorien beruhen auf der Annahme, dass der Mensch ein durch die jeweils als primär angesetzte Sphäre *determiniertes* Wesen ist. Die Determination durch die primäre Sphäre bzw. den Unterbau kann wiederum auf zweierlei Weise gedacht werden: als *vollständige* Determination oder als Determination in den *Hauptzügen*, die einen gewissen Variationsspielraum lässt; diese Differenz wird im gegenwärtigen Kontext vernachlässigt.

Alle Ausformungen des Manifestationsmodells werden von der kognitiven Ideologietheorie abgelehnt. Während einige Varianten z.B. bestimmte Triebe als primäre Sphäre ansetzen, denkt die weltanschauungsanalytische Ideologie$_2$theorie die Funktion der Triebe anders. Es wird keineswegs bestritten, dass etwa der Sexualtrieb eine wichtige Rolle im menschlichen Leben spielt – bei einem an

Überzeugungssysteme gebundenen Lebewesen sind die zur biologischen Grundstruktur gehörenden Triebe jedoch stets als deren Elemente zu behandeln; sie werden durch die Grundannahmen des jeweiligen Systems *geprägt*; vgl. *These 1.5* in Kapitel 3.3. Ein Überzeugungssystem ist eine Form des *Denkens*, die einerseits Weltbildannahmen, andererseits Wertsysteme hervorbringt. Ein Trieb ist auf menschlicher Ebene also keine schlechthin *vorgeistige*, sondern eine durch mentale Aktivitäten *überformte* Instanz. Deshalb muss eine Anthropologie, welche das Denken einer sekundären Sphäre zuordnet, die von einer *primären Sphäre nicht- bzw. vorgeistiger Art in der Gestalt von Trieben* determiniert wird, als verfehlt gelten.

Diese Kritik lässt sich nun auf Varianten der Manifestationstheorie übertragen, die ebenfalls mit einer primären Sphäre nicht- bzw. vorgeistiger Art rechnen, aber die Instanz „Trieb" durch eine andere ersetzen oder sie durch andere Elemente anreichern. Die Kritik trifft z.B. *Rassentheorien*, welche die Rasse als alles Weitere determinierende primäre Instanz biologischer Art ansetzen. Ließe sich ein solches biologisches Substrat mit empirisch-rationalen Mitteln dingfest machen, so wäre es ebenfalls als ein stets durch den jeweiligen weltanschaulichen Rahmen überformtes Substrat zu denken – und eben nicht als schlechthin vorgeistige Instanz.

Entsprechend ist zu argumentieren, wenn die Rolle der primären Sphäre nicht- bzw. vorgeistiger Art mit dem *Willen zur Macht* besetzt wird. Helvétius etwa interpretiert

> *die sozialen Ideen als Konsequenzen der gesellschaftlichen Lebensbedingungen*, der Erziehung (im weitesten Sinn) und der Lebensformen, in die die Menschen jeweils hineingestellt sind. In diesen Lebensformen dominieren die menschlichen Interessen wie z.B. die Selbstliebe, das Streben nach Reichtum, nach Ruhm usw. Sie bestimmen das Denken und Handeln, wobei *das letztlich entscheidende Interesse, auf das die meisten anderen zurückführbar sind, der Machtwille ist*. Dieser kommt besonders deutlich in der *Weltanschauung der herrschenden Gruppen* zum Ausdruck, die an der Verbreitung von Gedanken interessiert sind, welche sie im Kampf um die Erhaltung und Festigung ihrer gesellschaftlichen Machtpositionen unterstützen. (Topitsch/Salamun 1972: 27 f.)

Ein Machtwille ist bei einem weltanschauungsgebundenen Lebewesen stets ein Wille zur Durchsetzung bestimmter Werte und Ziele, die für ein bestimmtes Überzeugungssystem charakteristisch sind. Man will nie einfach nur *die Macht erringen*, sondern man strebt z.B. nach bestimmten Positionen, um das eigene soziopolitische Programm zu realisieren. Man will nicht einfach nur *die Macht bewahren*, sondern strebt die Erhaltung eines bestimmten Gesellschaftszustands an, weil dieser mit dem eigenen Wertsystem im Einklang steht. Alles Geistige wird in der hier zur Debatte stehenden Theorie als Manifestation des Willens zur

Macht gedacht, die darin aufgeht, diesem dienlich zu sein. Ziel der zugehörigen Ideologietheorie ist es dann, diese „Sublimierungen und Metamorphosen des Willens zur Macht" (Barth 1974: 274) zu durchschauen. Der mit der kognitiven Ideologietheorie verbundenen Anthropologie zufolge ist der Machtwille hingegen *keine* primäre vorgeistige Größe, die dann in der sekundären Sphäre eine ihr dienende Form des Denkens hervorbringt.

Entsprechend kann auch argumentiert werden, wenn die *Wirtschaftsordnung* als alles Weitere determinierende primäre Instanz gedacht wird, wie es im historischen Materialismus der Fall ist. Eine Wirtschaftsordnung ist bei einem weltanschauungsgebundenen Lebewesen immer eine von bestimmten wirtschaftlichen Werten, Normen und Zielen, welche wiederum aus einem bestimmten Überzeugungssystem erwachsen, geprägte Ordnung. Beim historisch-materialistischen Ansatz ist allerdings zu unterscheiden zwischen einer denkbaren ‚reinen' und der bei Marx und Engels faktisch vorliegenden Form, die eine Kompromissbildung darstellt. Zunächst zur ‚reinen' Form. Diese nimmt eine durchgängige „Reduktion der geistigen Gebilde auf ökonomische Faktoren" (10) vor. Die „Werke des objektiven Geistes" sind demnach abhängig „von der Ordnung der Welt der materiellen Lebensfürsorge" (78). Die Philosophie, die Religion, die Rechts- und Staatstheorie usw. werden begriffen als Widerspiegelung bzw. Ausdruck „der bestehenden politisch-wirtschaftlichen Zustände eines Volkes zu einer gegebenen Zeit" (78). Die geistigen Phänomen werden von dieser Theorie als Überbau gedacht, der eindeutig vom wirtschaftlichen Unterbau bestimmt bzw. bedingt wird – als deren geistige Reflexe. Damit erfolgt eine „totale Destruktion der Autonomie des Geistes" (159). Der Mensch wird „als eine bloße Funktion der ökonomischen Verhältnisse begriffen" (178).

Erkenntnistheoretisch besagt das, „daß die gesamte Optik des Menschen, mit der er die geschichtlich-soziale Umwelt aufnimmt und interpretiert, bedingt ist durch die Klassenlage" (164). Das theoretische Verhalten zielt nach dieser Auffassung „nicht primär darauf ab, daß sein Resultat im konkreten Falle auf einen Sachverhalt zutreffe, sondern es kommt ihm auf einen praktischen Nutzen an. Es untersteht den Antrieben und der Richtung des Willens." (164) Das bedeutet auch: Ideen besitzen „keine die Realität gestaltende und verwandelnde Kraft", es sind „ausschließlich die Interessen der Menschen, die [...] eine reale Macht ergeben" (173). Für den ‚reinen' ökonomischen Determinismus ist der menschliche Geist darauf programmiert, interessengebundene Fehleinschätzungen (Ideologien₁) hervorzubringen.[14]

In Marx' Frühwerk ist der ökonomische Determinismus zwar bereits angelegt, aber er ist mit einer andersartigen Theorieanlage verbunden – mit dem Konzept der Selbstentfremdung, dem eine bestimmte normative Anthropologie zugrunde liegt. Der ‚reine' ökonomische Determinismus schließt demgegenüber aus, dass eine Auffassung vom Wesen des Menschen verbindlich bzw. objektiv gültig sein könnte: Jede Theorie dieser Art wird ja als Ausdruck einer bestimmten wirtschaftlichen Konstellation angesehen und so relativiert.

Der frühe Marx akzeptiert Feuerbachs generelle Religionskritik und ist ebenfalls – wie auch Comte – bestrebt, das religiöse Denken zu überwinden. Nach Marx hört die Religion aber „erst auf zu existieren, wenn die Bedingungen der religiösen Produktion ausgeschaltet sind" (88). Es sind die wirtschaftlich-gesellschaftlichen Umstände, die den Menschen „dazu führen, im Jenseits zu suchen, was ihm das Diesseits vorenthält" (90). „Es ist also die Ordnung der Gesellschaft und des Staates, die den Menschen verdirbt. [...] Die Religion als Folge der Selbstzerrissenheit ist eine Manifestation der bestehenden Widervernunft. Wäre die ‚weltliche' Welt vernünftig, so würden die Bedingungen für die Entstehung der Religion dahinfallen." (90) In diesem Konzept spielt der ökonomische Determinismus eine untergeordnete und dienende Rolle. Er soll mit wissenschaftlichen Mitteln zeigen, dass es Entwicklungsgesetze gibt, die am Ende zur definitiv vernünftigen Wirtschafts- und Gesellschaftsordnung führen, womit auch dem defizitären religiösen Denken der Nährboden entzogen sei.

Für den ‚reinen' ökonomischen Determinismus kann es demgegenüber kein normativ gehaltvolles menschliches Wesen geben, das auf eine ideale Wirtschafts- und Gesellschaftsordnung verweist. In diesem Bezugssystem gilt, dass Veränderungen der ökonomischen Basis in Veränderungen religiöser – und manchmal auch areligiöser – Glaubensvorstellungen ihren Ausdruck finden. Die Unterscheidung zwischen einer (definitiv) vernünftigen und einer (definitiv) unvernünftigen Ordnung erscheint dann als illusionär. Diese Kritik trifft auch Marx' These, die Religion sei „das Produkt der Unvernunft einer bestehenden Gesellschaftsverfassung" (91), und hinter der vermeintlichen „Abhängigkeit des Menschen von transzendenten Gewalten" verberge „sich die reale Abhängigkeit des Menschen von einer bestimmten [unmenschlichen bzw. unvernünftigen] Wirtschafts- und Gesellschaftsordnung" (94). Eine Entfremdung des Menschen von seinem eigenen Wesen, das eine *ideelle* Größe darstellt, kann innerhalb des ‚reinen' ökonomischen Determinismus gar nicht gedacht werden. Auch die Unterscheidung zwischen der „‚Vorgeschichte' der Menschheit" (154) und der eigentlichen Geschichte macht hier keinen Sinn. Diese Theorie kennt nur „interessebedingte Klassenideologien[1]" (166). Marx' „Philosophie und Theorie der wirtschaftlichen Entwicklung" wäre aus dieser Sicht „nichts anderes [...] als eine Klassenideologie[1], die genau so viel oder so wenig Berechtigung besitzt wie alle übrigen Klassenideologien[1]" (167). Demgegenüber enthält die normative Anthropologie eine „Idee der Gerechtigkeit als eines mit dem Menschen ursprünglich und wesensmäßig gegebenen Postulates" (167). Die Behauptung, „daß das Bewußtsein der Menschen durch ihr gesellschaftliches Sein bestimmt werde", stellt im Kontext der Annahme eines normativ gehaltvollen menschlichen Wesens „eine Beeinträchtigung des menschlichen Lebens während der ‚Vorgeschichte der Menschheit'" (163) dar. „Wenn die Geschichte im ‚Verlust' und in der ‚Wiedergewinnung' des Menschen besteht, so muß man die Bestimmung des Bewußtseins durch das gesellschaftliche Sein für eine zeitlich begrenzte Deformation der Wesenskräfte des Menschen, nicht aber für deren radikale Zerstörung halten." (163) Beim frühen Marx steht deshalb der ökonomische Determinismus nicht im *Zentrum* der Theorie; er wird nur gebraucht, um die Verwirklichung des menschlichen Wesens und der in ihm enthaltenen Gerechtigkeitsidee als *notwendigerweise erfolgend* denken zu können. Für Marx „ist die Geschichte ein auf einen vernünftigen Endzweck hin geordneter Prozeß, durch den die Vernunft aus ihrer ‚nicht vernünftigen Form' in die vernünftige Form übergeführt wird" (169). Marx denkt seine „Vision eines Endzustandes der Menschheit" (176) als etwas, das „mit der Gesetzmäßigkeit eines Naturvorganges eintreten werde" (173).

Während der ‚reine' ökonomische Determinismus ein Relativismus ist, der im jeweiligen Anwendungsbereich der Theorie objektive Erkenntnis für unmöglich erklärt, ist in der marxschen Theorieanlage ein Anspruch auf definitive Wahrheit enthalten. Das ermöglicht es, dem Proletariat das Durchschauen der herrschenden Ideologien[1] und das Vordringen zur Wahrheit zuzuschreiben. In diesem Konzept ist „von dem ideologischen[1] Bewußtsein samt den es bedingenden Umständen ein adäquates Bewußtsein und die ihm entsprechende Sozialordnung unterscheidbar" (75).

Einige Formen der deterministischen Manifestationstheorie sind wie bereits angedeutet an eine Anthropologie gebunden, in der „der irrationale Wille und die Triebe die führenden Funktionen" übernehmen;

> Intellekt und Vernunft erscheinen als Epiphänomene, die ihre Entstehung dem Bedürfnis des Lebewesens nach Weltorientierung verdanken und die sich wesentlich in ihrem Charakter als Werkzeuge im Dienste des Lebenskampfes erschöpfen und bewähren. Die geistige Ausstattung des Menschen ist eine Form der Anpassung an den allgemeinen Kampf um Erhaltung und Fortpflanzung des Daseins. (281)

Die kognitive Ideologietheorie denkt zwar einerseits Intellekt und Vernunft nicht als sekundäre Sphäre, die völlig durch den Willen und/oder die Triebe determiniert wird, hält andererseits aber an dem *evolutionstheoretischen* Konzept fest, dass Intellekt und Vernunft „ihre Entstehung dem Bedürfnis des Lebewesens nach Weltorientierung verdanken". Die Erläuterungen zu *These 0* deuten dies bereits an; vgl. Kapitel 3.3. Aufzulösen ist daher nur die Verbindung des evolutionären Konzepts mit der deterministischen Manifestationstheorie. Die menschliche Lebensform ist gebunden an einen weltanschaulichen Rahmen und an die

Notwendigkeit, Erfahrungswissen zu erwerben – objektiv gültiges, aber immer fehlbar bleibendes Wissen über Wirklichkeitszusammenhänge. Intellekt und Vernunft sind daher *auch* „Werkzeuge im Dienste des Lebenskampfes", aber sie *erschöpfen* sich nicht darin, da sie die zusätzliche Funktion des *Erkenntniswerkzeugs* gewinnen können. „Die geistige Ausstattung des Menschen" ist so zwar „eine Form der Anpassung an den allgemeinen Kampf um Erhaltung und Fortpflanzung des Daseins", aber eine *spezifische* Form, die eine Eigengesetzlichkeit besitzt, welche dann in der Geschichte auch entfaltet wird. Die menschliche Erkenntnistätigkeit, insbesondere der Gewinn von Erfahrungserkenntnis auf vorwissenschaftlicher und wissenschaftlicher Ebene ist zwar immer *abhängig* von diversen Faktoren (Wertsystem, Willensrichtung, soziokultureller Kontext usw.), aber sie besitzt eine Eigenständigkeit, sofern sie empirisch-rationalen Kriterien folgt und sich konsequent um die Bewältigung kognitiver Probleme bemüht. Es ist daher verfehlt, eine *generelle* „Vorherrschaft des Willens über Verstand und Vernunft" (281) anzunehmen: Daraus, dass „die geistige Tätigkeit sich ursprünglich in engstem Kontakt mit der Lebensvorsorge und der Weltorientierung entwickelt" und dass sie darüber hinaus auf Dauer von „konkret-praktische[n] Interessen" (281) abhängt, folgt nicht, dass sie in einer Dienerfunktion für die primäre Instanz *aufgeht*. Im Rahmen der Steuerung durch praktische Interessen ist eine Ausrichtung auf kognitive Ziele möglich, die eine Emanzipation von der Dienerrolle darstellt, welche der Intellekt zweifellos *auch* spielen kann – und *häufig* spielt, was in der erkenntniskritischen Ideologie$_1$theorie genauer untersucht wird.

Die Varianten der deterministischen Manifestationstheorie sind nicht nur in theoretischer Hinsicht fehlerhaft, sondern haben in einigen Fällen auch *gefährliche* Konsequenzen. Das betrifft insbesondere die Einschätzung des menschlichen Denkens. Betrachtet man nämlich das Denken als Manifestation der primären Sphäre, die darin aufgeht, dieser zu dienen, so erscheint eine objektive Erkenntnis von Wirklichkeitszusammenhängen *unmöglich*. Den Wissenschaften und dem Alltagswissen wird jeglicher *objektive Erkenntniswert* abgesprochen. Radikale Theorien dieser Art verstricken sich indes in einen Widerspruch und müssen schon deshalb als unhaltbar betrachtet werden. Alle menschlichen Lebensformen beruhen auf verlässlichem empirischem Wissen (das manchmal fälschlich als endgültiges Wissen angesehen wird). Zum geistigen ‚Apparat' bzw. zum Überzeugungssystem im weiten Sinn jedes menschlichen Individuums, das die Normalform menschlichen Lebens erreicht, gehören immer auch konkrete empirische Wissensbestände unterschiedlicher Art. In der Alltagspraxis setzen Menschen ständig voraus, dass objektive Erkenntnis von Wirklichkeitszusammenhängen *möglich* ist, und erst diese Voraussetzung ermöglicht es ihnen, dasjenige empirische Wissen *tatsächlich* zu erlangen, welches sie zur Selbsterhaltung benötigen. Wenn einige Theoretiker nun die *Unmöglichkeit* objektiver Erkenntnis verkünden, so gerät ihre Konstruktion in Konflikt mit der besagten Voraussetzung, die sie, ohne darüber nachzudenken, *selbst immer schon gemacht haben* – und auch machen müssen, um überhaupt überleben zu können.

Blickt man auf die in diesem Kapitel vorgenommenen drei Abgrenzungen (von der positivistischen und der marxistischen Ideologietheorie sowie generell vom Ansatz der deterministischen Manifestationstheorie) zurück, so kann gesagt werden, dass alle diese Theorien Komponenten enthalten, die mit Elementen der condition humaine nicht in Einklang zu bringen sind. Insbesondere die deterministischen Manifestationstheorien sägen sich sozusagen theoretisch den Ast ab, auf dem sie praktisch sitzen. Die verbreitete Neigung, radikale bzw. extreme Theorien zu bevorzugen, ist daher zu zügeln. Sie führt häufig dazu, dass, ohne diesen Zusammenhang zu durchschauen, gerade diejenigen Annahmen abgelehnt werden, auf denen die eigene Lebenspraxis beruht. Wenn der Positivismus Comtes annimmt, dass Weltbildkonstruktionen in der dritten Phase durch empirisches Wissen ersetzt werden, so übersieht er die Bindung an Ideologien$_{2,1}$. Wenn der historische Materialismus eine Determination der Ideologien$_{2/3}$ durch die wirtschaftliche Struktur postuliert, so verkennt er erstens, dass Ideologien$_{2/3}$ zunächst einmal kreative Leistungen von Individuen sind, die nicht prognostiziert werden können, und zweitens, dass eine Wirtschaftsordnung selbst die Umsetzung geistiger Prinzipien darstellt, die in einer bestimmten Ideologie$_3$ enthalten sind.

Entsprechend ist hinsichtlich der anderen deterministischen Manifestationstheorien der Ideologie zu argumentieren. Diese denken die menschliche Vernunft bzw. die Rationalität als Ausdruck eines anderen Prinzips, das als primäre Instanz gilt, z.B. des Lebens oder des Willens zur Macht. Durch alle Konzeptionen dieser Art wird die Vernunft *entwertet*: In ihr soll sich die entscheidende Größe manifestieren, die als nichtvernünftig, vor- oder irrational angesehen wird. Aus der Sicht der weltanschauungsanalytischen Ideologie$_2$theorie verhält es sich anders: Eine Weltanschauung folgt ebenso wie ein soziopolitisches Programm bestimmten formalen Rationalitäts- oder Vernunftprinzipien; so stellt jede Ideologie$_{2/3}$ ein mehr oder weniger kohärent organisiertes Denkgefüge dar. Spezifische Rationalitätsprinzipien liegen ferner dem zu jedem Überzeugungssystem im weiteren Sinne gehörenden Erfahrungswissen zugrunde: Menschen sind prinzipiell in der Lage, ihr empirisches Wissen bezogen auf einen bestimmten Bereich zu verbessern und bislang nicht behandelte Gegenstandsbereiche nach diesen Prinzipien zu erschließen. Die Weiterentwicklung der Erfahrungserkenntnis hängt von der rationalen Prüfung vorliegender Auffassungen nach bestimmten Kriterien ab. Menschen sind also in der Dimension der vorwissenschaftlichen und der wissenschaftlichen Erfahrungserkenntnis Lebewesen, die bestimmten

Rationalitätsprinzipien folgen, was natürlich in mehr oder weniger konsequenter Form geschehen kann. Empirische Wahrheit oder Falschheit kann nicht manifestationstheoretisch als Funktion einer primären Instanz gedacht werden. Ferner liegen auch der Sprache, die zu jeder menschlichen Lebensform gehört (vgl. *These 0* in Kapitel 3.3), sowie jeder Form der Kommunikation bestimmte Rationalitätsprinzipien zugrunde. Prägen Ideologien$_{2/3}$ z.B. Texte und Handlungen, so sind die ihnen inhärenten Prinzipien auch den soziokulturellen Phänomenen eingeschrieben. Entsprechendes gilt, wie aus Kapitel 3.1 hervorgeht, für das *Verstehen* aller soziokulturellen Phänomene.

3.8 Zum Begriff der Weltanschauung

Menschen sind nach *These 1* (vgl. Kapitel 3.3) Lebewesen, die an Überzeugungssysteme (Ideologien$_2$) gebunden sind und durch sie gesteuert werden. Der im *Thesenkomplex 1* verwendete Weltanschauungsbegriff ist nun von einigen anderen abzugrenzen.

Wilhelm Dilthey (1833–1911) versteht unter Weltanschauung „die Auffassung des Universums als einer festen, umfassenden und möglichst geschlossenen wert- und sinnhaften Ordnung, in welcher dem Menschen eine bestimmte Stellung oder Aufgabe zugewiesen ist" (Topitsch 1988: 26). Diese Bestimmung, der sich auch Topitsch anschließt, ist aus der Sicht der kognitiven Ideologietheorie *zu eng*. Nicht jedes Weltbild nimmt eine „wert- und sinnhafte[] Ordnung" an, „in welcher dem Menschen eine bestimmte Stellung oder Aufgabe zugewiesen ist"; zumindest bei einigen areligiösen Überzeugungssystemen ist das nicht der Fall. *Viele, aber nicht alle* Weltanschauungen[15] bilden somit eine „Einheit von Erklärung und werthaft-normativer Deutung des Kosmos (und in weiterer Folge auch des Menschen, der Seele und des Erkennens)" (27).

Zwar besteht mit Diltheys Worten „jedesmal ein Zusammenhang, in welchem auf der Grundlage eines Weltbildes die Fragen nach Bedeutung und Sinn der Welt entschieden" (27) werden, es wird aber nicht immer ein *objektiver* „Sinn der Welt" bzw. eine höhere Instanz angenommen. „Ideal, höchstes Gut, oberste Grundsätze für die Lebensführung" (27) gibt es zumindest in impliziter Form immer, doch diese Prinzipien des jeweiligen *Wertsystems* werden nicht in allen Fällen als aus dem *Weltbild* direkt abgeleitete Größen betrachtet. Insbesondere gerät die Option eines in undogmatischer Einstellung vertretenen Überzeugungssystems nicht in den Blick – Dilthey und Topitsch sind auf *dogmatische* Weltanschauungen fixiert. Die Rede vom „stets unvollständigen Weltbild, das die Wissenschaften bzw. die moderne wissenschaftliche Philosophie zu bieten vermögen" (27), bedarf daher der Differenzierung: In den *Erfahrungswissenschaften* wird von den Ideologien$_{2/3}$

so weit wie möglich *abstrahiert*, um zu überzeugenden und konsensfähigen Lösungen kognitiver Probleme vordringen zu können. Die stets im Fluss befindlichen Ergebnisse der Wissenschaft sind zu unterscheiden von deren *Interpretation* im Rahmen der unterschiedlichen Ideologien$_{2/3}$. Die Wissenschaft liefern kein Weltbild im engeren Sinn (Ideologie$_{2.1}$).

Die kognitive Ideologietheorie unterscheidet demgegenüber zwischen dogmatischen und undogmatischen Weltanschauungen. Für Erstere ist charakteristisch (wie in Kapitel 4 zu zeigen sein wird), dass die jeweiligen Werte und Ziele hypostasiert werden zu *vermeintlich realen Gegebenheiten*. In den Spekulationen dogmatischer Art „geht es auch dort, wo Worte wie Wert, Geltung oder ähnliche Ausdrücke gar nicht vorkommen, tatsächlich meist um Wertfragen. Eine wertfreie Metaphysik würde wenig Interesse finden" (28). Zwischen dogmatischen Weltanschauungen, die mit Werthypostasierungen arbeiten, kann es grundsätzlich keine ergebnisoffene Diskussion geben, die zu einem Erkenntnisfortschritt führt. Der Glaube, im definitiven Wahrheitsbesitz zu sein, hat zur Folge, dass jede Position auf die theoretische Vernichtung der Gegner ausgerichtet ist. Löst man hingegen die Werthypostasierungen auf und geht zur undogmatischen Einstellung über, so kann es auf weltanschaulicher Ebene prinzipiell Fortschritte geben: Die Weltbildkonstruktion a steht in höherem Maß im Einklang mit dem verfügbaren Erfahrungswissen als b, das Wertsystem a harmoniert in höherem Maß mit dem Wissen über die condition humaine als b, usw.

Die „Ernüchterung, die sich nach dem spekulativen Höhenrausch der idealistischen Systeme in Deutschland ausgebreitet hatte" (27), ist dann zu deuten als speziell auf *dogmatische* Weltanschauungen idealistischer Art bezogene Ernüchterung. Zu ihnen gehört die Philosophie Hegels. Für ihn

> war die gesamte Geschichte der Philosophie ein Entwicklungsprozeß gewesen, der teleologisch auf den krönenden Abschluß in seinem eigenen, dem absoluten System hinstrebte. Solche Absolutheitsansprüche waren für Dilthey und viele seiner Zeitgenossen erledigt. Zu dieser Ernüchterung kam aber auch noch der als schneidend empfundene Kontrast zwischen der offenkundigen Resultatlosigkeit des Streites der Weltanschauungen und dem ebenso offenkundigen Fortschritt der empirischen Disziplinen, besonders der Naturwissenschaften. Es konnte also nur mehr darum gehen, die hinter der „Anarchie der philosophischen Systeme" verborgen wirksamen Strukturgesetze zu ergründen. (27 f.)

Nach der kognitiven Ideologietheorie muss die Ergründung der in *dogmatischen* Weltanschauungen wirksamen Strukturgesetze ergänzt werden durch die Entwicklung einer undogmatischen Ideologie$_2$. Auch einer philosophischen Weltbildkonstruktion kann der Wert einer objektiven Erkenntnis hypothetischer Art zukommen.

Wichtig ist es, z.B. archaische Mythen und die traditionelle Metaphysik als „Zeugnisse vergangener Formen menschlicher Weltauffassung zu würdigen und als solche wissenschaftlich auszuwerten" (32). Hier sind indes zwei Aufgaben zu unterscheiden: die *neutrale* Rekonstruktion dieser „Interpretationen des Universums, des Individuums und des Erkennens, die Jahrtausende hindurch das Denken des Menschengeschlechtes in Bann gehalten haben" (32), und deren *erkenntniskritische* Untersuchung, die auch „die Erkenntnisse der modernen Wissenschaftslogik zur Kritik jener Gedankengebilde" (32) einsetzt.

Derselbe zu enge Weltanschauungsbegriff wie bei Dilthey findet sich auch bei Max Weber (1864–1920). Er hat

> die moderne Wissenschaft allen Formen wertender Weltauffassung, vor allem der Deutung des Universums als eines wertrationalen, ethisch „sinnvollen" Kosmos entgegengestellt. „Wo immer aber rational empirisches Erkennen die Entzauberung der Welt und deren Verwandlung in einen kausalen Mechanismus konsequent vollzogen hat, tritt die Spannung gegen die Ansprüche des ethischen Postulates: daß die Welt ein gottgeordneter, also irgendwie ethisch *sinnvoller* Kosmos sei, endgültig hervor. Denn die empirische und vollends die mathematisch orientierte Weltbetrachtung entwickelt prinzipiell die Ablehnung jeder Betrachtungsweise, welche überhaupt nach dem ‚Sinn' des innerweltlichen Geschehens fragt." (29)

Die modernen Erfahrungswissenschaften *abstrahieren* von den Ideologien$_{2/3}$ und damit auch von „allen Formen wertender Weltauffassung"; in dieser Dimension nehmen sie eine „Entzauberung der Welt" vor und verwandeln sie in einem genauer zu klärenden Sinn „in einen kausalen Mechanismus". Jenseits dieses ‚Schonraums' aber werden die Ergebnisse der empirischen Wissenschaften von den Ideologien$_{2/3}$ *interpretiert und für diese nutzbar gemacht.* In der weltanschaulichen Dimension aber stellt das religiöse Denken eine dauerhaft nutzbare Option dar. Man kann also in der wissenschaftlichen Dimension strikt empirisch-rational verfahren, die Forschungsergebnisse aber in der weltanschaulichen Dimension z.B. mit dem Postulat verbinden, „daß die Welt ein gottgeordneter, also irgendwie ethisch *sinnvoller* Kosmos sei", also an einer Betrachtungsweise festhalten, „welche überhaupt nach dem ‚Sinn' des innerweltlichen Geschehens fragt". Recht verstanden stellt sich die moderne Wissenschaft also keineswegs allen Formen wertender Weltauffassung *direkt* entgegen, sie verdrängt diese nur aus der *Dimension empiriebezogener Theoriebildung.* Es gibt also gar keinen unvereinbaren Gegensatz zwischen dem „Kosmos der Naturkausalität" und dem „Kosmos der ethischen Ausgleichskausalität" (Topitsch/Salamun 1972: 42). In systematischer Hinsicht muss daher die Kritik an dem auf der Werthypostasierung beruhenden Versuch, aus einer postulierten höheren Ordnung übernatürlicher Art

„Normen für menschliches Handeln ab[zu]leiten" (41), von der generellen Kritik an religiösen Weltbildkonstruktionen unterschieden werden.

4 Erkenntniskritische Ideologieforschung

Kapitel 3 bewegte sich im Rahmen der weltanschauungsanalytischen Ideologie₂-forschung – im weiteren Sinn, der auch das Erfahrungswissen über Wirklichkeitszusammenhänge einbezieht. Nun wird der Übergang zur erkenntniskritischen Ideologie₁forschung vollzogen, um auch in dieser Dimension anthropologische Thesen zu formulieren. Zunächst geht es darum, dass der Gewinn von Erfahrungserkenntnis wissenschaftlicher, aber auch schon vorwissenschaftlicher Art durch bestimmte Faktoren gestört bzw. behindert werden kann.

4.1 Bacons Idolenlehre

Der Philosoph und Staatsmann Francis Bacon (1561–1626) gilt als einer der wichtigsten Gründerväter modernen natur- und allgemein erfahrungswissenschaftlichen Denkens. In der auf sechs Teile angelegten, aber unvollendet gebliebenen *Instauratio Magna* entfaltet er seine Konzeption. Das Unternehmen einer *großen Erneuerung der Wissenschaften* – das besagt eben der Titel *Instauratio Magna* – besteht aus zwei Hauptteilen, einem positiven und einem kritischen. Der positive Teil vermittelt den auf Erfahrung gegründeten naturwissenschaftlichen Denkstil, wie Bacon ihn auffasst. Den kritischen Teil bildet die Idolenlehre, die im 1620 erschienenen *Novum Organum* entfaltet wird.

> Es ist kein Zufall, daß in der neuzeitlichen Philosophie zugleich mit der Forderung nach objektiver, auf Beobachtung, Experiment und induktiven Methoden basierender Naturerkenntnis die Frage nach störenden, atheoretischen Elementen im menschlichen Denken auftritt. Erst als die Voraussetzungen wissenschaftlichen Erkennens gegeben waren, die es dem Denken erlaubten, immanent-logischen Gesetzen zu folgen, konnte das Problem seiner Trübung durch Idole auftauchen. (Lenk 1984: 13)

Die Idole sind die Störfaktoren des neuartigen, auf Empirie gegründeten naturwissenschaftlichen Denkstils, der sich vom bisher dominierenden spekulativen Denkstil abgrenzt. Ohne Befreiung von den Idolen kann die Erneuerung der Wissenschaften nicht stattfinden, die es erlauben soll, Naturprozesse menschlichen Zielen dienstbar zu machen.

> Das „regnum hominis", das sich ausschließlich durch die „interpretatio naturae" aufrichten läßt, ist das Ziel, das Bacon erstrebt. Der Mensch beherrscht und erklärt die Natur allein nach Maßgabe seiner Kenntnis ihrer Ordnung und der gesetzmäßigen Verbindung ihrer Formen. Die Herrschaft über die Natur setzt die Erkenntnis der Natur voraus. Der Mensch erwirbt sich diese Herrschaft bloß unter der Bedingung, daß sich der forschende Geist „den

Dingen unterwirft." „Die Natur wird nämlich nur besiegt, wenn man ihr gehorcht." Der Natur kann man aber nur gehorchen, nachdem man sie erkannt hat. (Barth 1974: 34 f.)

Dabei unterscheidet Bacon vier Arten von die empirische Naturerkenntnis hemmenden Faktoren: allgemein menschliche Denkneigungen, individuelle Charaktereigenschaften, der Sprachgebrauch, überkommene Theorien; diese bezeichnet Bacon als die Idole bzw. Götzenbilder des Stammes, der Höhle, des Marktes und des Theaters. In diesem Zusammenhang macht Bacon auch auf Formen verzerrten Denkens aufmerksam – auf Ideologien$_1$. Bacon

> geht es zunächst um das Durchschauen und Unschädlichmachen von Faktoren, die unseren Intellekt zumal im Bereich der Naturforschung an der Erkenntnis der Wahrheit hindern. Vor allem hebt Bacon hervor, wie sehr das Erkennen durch die Einwirkungen des Willens und der Gefühle beeinflußt und gefährdet ist. Er kennt auch die meist unbewußte und schwer greifbare Macht, welche die in einer Gesellschaft herrschende Sprache über das Denken ausübt. [...] Der Philosoph hat auch bereits bemerkt, daß die Sprache dazu bringt, Namen für gar nicht existierende Gegenstände zu erfinden und diesen Gegenständen Realität zuzuschreiben. (Topitsch 1988: 13 f.)

Die Trübung der Naturerkenntnis „durch vorgefaßte Anschauungen, überlieferte Meinungen und Fehlschlüsse" ist zu überwinden:

> Blinder Autoritätsglaube und die unkritische Annahme konventioneller Meinungen sollen gleichermaßen vermieden werden. [...] Allzuoft spielen den Urteilenden selbst nicht bewußte, werthafte Vorentscheidungen bei der begrifflichen Fixierung eines Sachverhalts eine verhängnisvolle Rolle. Wird so das sprachliche Medium zur Quelle irrtümlicher Vorstellungen, [...] so kommt nach Bacon alles darauf an, den Zwang, den solche sprachlichen Formen auf das Denken ausüben, zugunsten wirklicher Einsicht in die hinter den Worten verborgenen Tatbestände zu brechen. Die von den „Idolen des Theaters" (idola theatri) ausgehende Verblendung der Vernunft liegt vor allem darin beschlossen, daß die uns überlieferten Vorstellungen und Meinungen von sich aus einen gewissen autoritativen Charakter besitzen, dem sich das menschliche Denken nur unter Aufbietung seines kritischen Vermögens entziehen kann. [...] Die Sinnes- und Verstandesfunktionen des erfahrenden und erkennenden Subjekts sollen kritisch korrigiert werden. (Lenk 1984: 14 f.)

Zu den überlieferten Vorstellungen, die den empirischen Erkenntnisprozess stören, können auch religiös-theologische Auffassungen und philosophische Lehren gehören.

> Beabsichtigt ist die Reinigung der Ratio von Vorurteilen durch Einsicht in ihre Wirkungsmechanismen, um damit den Geist zu seinen Möglichkeiten wahrer, von Vorurteilen gereinigter Erkenntnis der Dinge und Sachverhalte zu befreien. Die Instanz, in der solche Reinigung

und Befreiung erfolgt, ist das Subjekt als Träger der Erkenntnis. Das Subjekt ist der Adressat eines aufklärerischen Appells (Lieber 1985: 26).

Einige Idole bzw. Götzenbilder sollen etwas genauer beleuchtet werden. Zu den Idolen des Stammes gehören allgemeine Denkneigungen:

> Der menschliche Geist setzt vermöge seiner Natur leichthin in den Dingen eine größere Ordnung und Gleichförmigkeit voraus, als er darin findet; und obgleich vieles in der Natur einzeln und voller Ungleichheit ist, so fügt der Verstand dennoch Gleichlaufendes, Übereinstimmendes und Bezügliches hinzu, was es in Wirklichkeit nicht gibt. (Bacon 1990: 105) Der menschliche Verstand ist kein reines Licht, sondern er erleidet einen Einfluß vom Willen und von den Gefühlen; dieses erzeugt jene „Wissenschaft für das, was man will". Was nämlich der Mensch lieber für das Wahre hält, das glaubt er eher. [...] Schließlich durchdringt das Gefühl den Verstand auf unzähligen und bisweilen kaum bemerkbaren Wegen und steckt ihn an. (111 ff.)

Das Nachdenken über die Idole des Marktes zeigt, dass in der Alltagssprache diverse Fallstricke für das empirisch-rationale Denken verborgen sind, die es erforderlich machen, eine spezifische Wissenschaftssprache zu entwickeln:

> [D]ie Worte werden den Dingen nach der Auffassung der Menge beigeordnet. Daher knebelt die schlechte und törichte Zuordnung der Worte den Geist auf merkwürdige Art und Weise. [...] [D]ie Worte tun dem Verstand offensichtlich Gewalt an und verwirren alles. Sie verführen die Menschen zu leeren und zahllosen Streitigkeiten und Erdichtungen. (103)

Dem Verständnis der Idole des Theaters kann man sich annähern, wenn man bedenkt, dass es Bacon um eine revolutionäre Umwälzung im Bereich der Naturforschung geht. Um das *neue Denken* durchzusetzen, bedarf es nicht nur einer theoretischen Grundlegung, aus der eine spezifische Forschungsmethode abgeleitet wird; zusätzlich müssen diejenigen Theorien, welche dem *alten Denken* zugrunde liegen, kritisiert und abgestoßen werden. Die „Idole, welche in den Geist der Menschen aus den verschiedenen dogmatischen Behauptungen philosophischer Lehrmeinungen wie auch aus den verkehrten Gesetzen der Beweisführung eingedrungen sind" (105), sind zu überwinden.

Bacon berührt in seiner Idolenlehre

> zentrale ideologie[1]kritische Probleme wie die Frage, inwiefern persönliche Vorlieben und subjektive Wertungen wissenschaftliche Aussagen beeinflussen, oder den erkenntnispsychologischen Tatbestand, daß der Mensch häufig dazu tendiert, bei seiner Wirklichkeitserkenntnis nur solche Tatsachen zu beachten, die mit seinen eigenen bereits vertrauten Auffassungen und liebgewordenen Überzeugungen übereinstimmen, widerstreitende Tatsachen aber zu ignorieren oder hinwegzudiskutieren. (Topitsch/Salamun 1972: 25)

> Der menschliche Verstand zieht in das, was einmal sein Wohlgefallen erregt hat [...], auch alles andere mit hinein, damit es jenes bestätige und mit ihm übereinstimme. Und wenn auch die Bedeutung und Anzahl der entgegengesetzten Fälle größer ist, so beachtet er sie nicht, oder verachtet sie, schafft sie durch Haarspalterei beiseite und verwirft sie, nicht ohne schwerwiegendes und verderbliches Vorurteil, nur damit dadurch das Ansehen jener alten fehlerhaften Beziehungen unangetastet bleibe. (Bacon 1990: 107)

Die Zielsetzung, den naturwissenschaftlichen Erkenntnisprozess vor Störfaktoren zu schützen und ergebnisoffen zu gestalten, zeigt eine im Kern *undogmatische* Einstellung an. Bei Bacon finden sich auf der Ebene der weltanschaulichen Hintergrundannahmen aber auch Elemente einer dogmatischen Haltung; so wird die religiös-theologische Überzeugung, „wonach die Natur und der Mensch gleichermaßen ihren Ursprung im Schöpfer haben und deshalb von vorneherein die Verfassung des Geistes auf die Ordnung der Natur abgestimmt ist" (Barth 1974: 39), wohl als definitiv gesichert betrachtet.

> Bacons Erneuerung der Wissenschaften war [...] auf eine peinliche Scheidung von Philosophie und Theologie bedacht [...]. Die Theologie muß sich ebensosehr dagegen verwahren, daß die Glaubenssätze aus den Prinzipien der Philosophen hergeleitet und also ohne Berufung auf die göttliche Autorität bestätigt werden, wie die Philosophie Einspruch zu erheben genötigt ist gegen den Versuch der Theologen, für die wissenschaftliche Erklärung der Natur die göttlichen Mysterien heranzuziehen. [...] Das Verhältnis zwischen Theologie und Philosophie läßt sich dadurch bereinigen, daß man jeder Disziplin das ausschließlich ihr vorbestimmte Arbeitsgebiet samt den dazugehörigen Erkenntnismitteln zuweist. (40 f.)

Zwischen Theologie und Naturphilosophie bzw. -wissenschaft wird so ein Verhältnis der Arbeitsteilung etabliert.

Barth und Lieber sehen hinsichtlich der Götzenbilder des Stammes oder der Gattung (idola tribus) einen Widerspruch in der Theorie. Die Idole „sind entweder von außen in den Geist gekommen oder sie sind ihm angeboren. Die ersteren lassen sich, wenn auch mühsam, ausschalten; die letzteren dagegen, welche dem Geist von Natur aus anhaften, können auf keine Weise vernichtet werden" (Barth 1974: 36). Gehören aber einige Idole „zur ursprünglichen Verfassung des geistigen Vermögens, [...] dann läßt sich nicht einsehen, wie es einer ‚doctrina de expurgatione Intellectus' gelingen soll, diese Fehlerquelle auszuschalten und den Intellekt zur Erfassung der Wahrheit geeignet zu machen" (36 f.). Genauso argumentiert Lieber: Wenn „alles menschliche Erkennen konstitutionell, also von Natur aus", bestimmten Verzerrungstendenzen unterliegt, „dann ist nicht einzusehen, wie eine sie aufhebende Reinigung als Voraussetzung unverzerrter Erkenntnis überhaupt möglich sein soll" (Lieber 1985: 24).

Der fragliche Theorieteil lässt sich jedoch so formulieren, dass kein Widerspruch entsteht. Auch gegen diejenigen Störfaktoren der Naturerkenntnis, die sich nicht völlig beseitigen lassen, kann man etwas tun. Dass bestimmte Denktendenzen dem menschlichen Denken „konstitutionell, also von Natur aus" zukommen, schließt zwar aus, dass diese völlig eliminierbar sind, nicht aber, dass die angeborenen Verzerrungstendenzen sich im Bereich der Naturerkenntnis *zurückdrängen* lassen, sodass diese hauptsächlich in anderen Lebensbereichen zur Geltung kommen – ebenso wie sich der Einfluss des Willens und der Gefühle, der nicht völlig ausgeschaltet werden kann, *begrenzen* lässt. Das gilt z.B. für die in der Natur des Menschen liegende Tendenz, *„bei der Erklärung der Wirklichkeit menschliche Bestimmungen auf diese zu übertragen, d.h. sie anthropomorph zu deuten"* (Topitsch/Salamun 1972: 25). Diese Anthropomorphisierungstendenz kann zu Fehlurteilen führen, welche sich vermeiden lassen, wenn man sich dieser den Erkenntnisprozess bedrohenden Neigung bewusst geworden ist.

Angenommen, Menschen komme von Natur aus die Neigung zur *Leichtgläubigkeit* zu, die bei verschiedenen Individuen jedoch unterschiedlich ausgeprägt ist. Leichtgläubigkeit führt nun zu konkreten Annahmen über Wirklichkeitszusammenhänge: Man hält z.B. das negative Urteil eines anderen über eine bestimmte Person sogleich für zutreffend. Die zugehörigen Aussagen können häufig bereits unter Rückgriff auf das empirische Alltagswissen als falsch erwiesen und dann korrigiert werden. Der Einfluss der in der Natur des Menschen liegenden Irrtumstendenz ist somit begrenzbar. Der theoretische Fehler von Barth und Lieber lässt sich nun genauer bestimmen: Es wird nicht unterschieden zwischen (um bei diesem Beispiel zu bleiben) der Leichtgläubigkeit als *dem Menschen innewohnender Tendenz* und den *konkreten Urteilen über Wirklichkeitszusammenhänge*, die durch diesen Faktor bedingt sind. Während die Neigung zur Leichtgläubigkeit „zur ursprünglichen Verfassung des geistigen Vermögens" gehört und daher nicht völlig eliminiert werden kann, sind die auf sie zurückführbaren Fehlurteile kritisierbar und prinzipiell vermeidbar. Der Einfluss dieser Neigung auf die wissenschaftliche wie auch die vorwissenschaftliche Erfahrungserkenntnis ist somit deutlich verringerbar. Von *konkreten Urteilen*, die durch Leichtgläubigkeit bedingt sind, gilt gerade nicht, dass sie „dem Geist von Natur aus anhaften" und „auf keine Weise vernichtet werden" können.

Das von Bacon und anderen vertretene naturwissenschaftliche Erkenntnisprogramm ist mit mehreren Weltbildern und Wertsystemen vereinbar. Auf weltanschaulicher Ebene gilt, dass sowohl religiös als auch areligiös Denkende Naturforschung nach erfahrungswissenschaftlichen Prinzipien betreiben können, da in diesem Erkenntnisprozess bestimmte Grundfragen des Weltbilds *ausgeklammert* sind. Sie können *gemeinsam* empirisch forschen; in einem weiteren Schritt ordnen sie dann aber die Ergebnisse in miteinander konkurrierende Weltbildkonstruktionen ein und ziehen in lebenspraktischer Hinsicht unterschiedliche Konsequenzen.

Auf der anderen Seite beruht die empirische Naturforschung selbst auf bestimmten Grundüberzeugungen. So strebt man vereinfacht gesagt generell eine *natürliche* und keine *übernatürliche* Erklärung von Naturphänomen an. Das ist für Vertreter areligiöser Weltbilder kein Problem, während es etliche religiöse Weltbilder gibt, die sich mit dieser Ausrichtung nicht anfreunden können. Glaubt man etwa, dass z.B. Götter und Dämonen an der Entstehung bestimmter Naturphänomene *direkt beteiligt* sind, so kann man dem empirischen Erkenntnisprogramm gar nicht oder nur in sehr eingeschränktem Maß folgen.

Empirische Naturforschung kann ferner im Rahmen *unterschiedlicher* Wertsysteme betrieben werden. Dieses Erkenntnisprogramm stellt indes nicht zwangsläufig, wie Kurt Hübner meint, „eine Kampfansage gegen die frühere Einstellung" dar, „die Beherrschung der als göttlich verstandenen oder von Gott geschaffenen Natur nur in maßvollen, durch Ehrfurcht und Frömmigkeit gesetzten Grenzen zu wagen" (Hübner 1985: 283). Wird empirische Naturwissenschaft von religiös Denkenden betrieben, so können diese auf der Ebene der Weltbildkonstruktion an der Annahme einer von Gott geschaffenen Natur festhalten und darauf bestehen, dass die Beherrschung der Natur nur in maßvollen Grenzen gewagt werden dürfe – wobei allerdings frühere Grenzvorstellungen meistens als zu eng aufgelöst werden. Aber auch areligiös Denkende können ein Wertsystem entwickeln, welches nicht jede Form der Naturbeherrschung zulässt und einem unbeschränkten Herrschaftsstreben Grenzen setzt. Beide Lager können darauf achten, dass Neben- und Spätfolgen der empirischen Naturforschung selbst, vor allem aber der technischen Umsetzung ihrer Erkenntnisse in die Rechnung eingehen. Das empirische Erkenntnisprogramm läuft also keineswegs notwendigerweise auf ungehemmte Naturausbeutung und -zerstörung hinaus. Die Kritik an solchen Tendenzen betrifft primär den *Wertrahmen*, innerhalb dessen Naturforschung betrieben wird, und nicht diese selbst. Welchen Phänomenen man sich mit empirisch-rationalen Methoden vorrangig zuwendet, welche Probleme als besonders wichtig gelten – das ergibt sich aus den beteiligten Überzeugungssystemen. Daher ist zu überlegen, welche Systeme am besten geeignet sind, Prozesse empirischer Forschung *sinnvoll* zu steuern. Dass Theoretiker, die den erfahrungswissenschaftlichen Denkstil aus diesem oder jenem Grund *grundsätzlich* verwerfen, dazu tendieren, ihn zu dämonisieren und für alle möglichen Übel verantwortlich zu machen, steht auf einem anderen Blatt. Bei Licht besehen stellt dieser Denkstil eine anderen Problemlösungsstrategien überlegene Art der Bewältigung kognitiver Probleme dar.

4.2 Erkenntniskritische Ideologieforschung in Anknüpfung an Bacon

Aus der erfahrungswissenschaftlichen Orientierung der kognitiven Ideologietheorie ergeben sich zwei Forderungen, die als Unterthese zu *These 3* (vgl.
Kapitel 3.4) eingeordnet werden können:

These 3.8: Dort, wo ein bestimmter Bereich der Wirklichkeit *noch nicht* nach
Prinzipien empirisch-rationalen Denkens erforscht wird – und das gilt auch für
menschliche Phänomene aller Art –, ist es sinnvoll, eine auf diesen Gegenstandsbereich zugeschnittene Erfahrungswissenschaft zu *begründen.* Dort, wo eine
erfahrungswissenschaftliche Disziplin *etabliert ist,* muss diese vor Rückfällen in
weniger leistungsfähige Denkweisen geschützt werden. In beiden Fällen kommt
es darauf an, die Störfaktoren, welche sich auf wissenschaftliche Erkenntnisprozesse negativ auswirken können, erstens möglichst vollständig zu ermitteln und
zweitens so weit wie möglich auszuschalten oder zumindest zurückzudrängen.
Bacons Idolenlehre ist der entscheidende Wegbereiter einer solchen erkenntniskritischen Disziplin.

Seine Theorie, die bezogen auf die Naturwissenschaften auf „verborgene
Fehlerquellen der Wissenschaft" psychischer Art, auf „mehr oder weniger unbe-
wußte Erkenntnishindernisse" (Schneiders 1983: 55) aufmerksam macht, lässt
sich zu einem auf alle Realwissenschaften bezogenen Konzept ausbauen. *Sämt-
liche* Erfahrungswissenschaften bedürfen des Schutzes vor den diese Erkennt-
nisart trübenden Einflüssen. Sie benötigen daher als Unterstützungsinstanz eine
erkenntniskritische Theorie, die verlässlich über die Störfaktoren informiert und
zeigt, wie die immer irrtumsanfällig bleibende wissenschaftliche Objektivität z.B.
gegen die Tendenz geschützt werden kann, die wissenschaftliche Theoriebildung
den wirtschaftlichen Interessen bestimmter Gruppen dienstbar zu machen.

Bei der kritischen Untersuchung der Störfaktoren erfahrungswissenschaftlicher Erkenntnisprozesse wird im *Thesenkomplex 5* zwischen zwei Formen unterschieden; vgl. *Sprachempfehlung 4* in Kapitel 1.3:

These 5: Sind mit wissenschaftlichem Anspruch auftretende Aussagen kritisch
geprüft und als Fehlurteile erwiesen worden, so lassen sich bei der Erklärung
des Zustandekommens dieser Irrtümer zwei Strategien anwenden, die miteinander verbunden werden können. Die *Erforschung von Denkfehlern* führt das
konkrete Fehlurteil auf einen Irrtümer dieser Art begünstigenden Denkfehler
zurück. So kann die allgemeine Neigung zu vorschnellen Verallgemeinerungen einen *bestimmten* Irrtum zur Folge haben. Diese Denktendenz lässt sich als
Irrtumsquelle folgendermaßen charakterisieren: Eine erste Hypothese, die zu
einigen Phänomenen passt, wird sogleich generalisiert und als zu *allen* relevan-

ten Phänomenen passend unterstellt, ohne die *anderen* Phänomene sorgfältig untersucht zu haben. Entsprechend kann z.B. auch die allgemeine Neigung zur Leichtgläubigkeit zu konkreten Fehlurteilen führen. Die *Theorie des bedürfniskonformen Denkens*, d.h. der Ideologien$_1$, bemüht sich hingegen, Fehlurteile auf spezifische Bedürfniskonstellationen zurückzuführen, von denen einige anthropologisch tief verankert sind. Einfache Irrtümer sind von Illusionen zu unterscheiden. In beiden Fällen geht es aber darum, Fehlerquellen der Erkenntnis bewusst zu machen, um ihren Einfluss zu verringern.

Der *Sprachgebrauch* kann ebenfalls Irrtümer begünstigen: Verbreitet ist eine Einstellung, welche auf wissenschaftlicher Ebene mehrere Phänomene in einen Topf wirft, wenn der alltägliche Sprachgebrauch eine solche Vereinheitlichung nahe legt – ohne geklärt zu haben, ob Differenzierungen vorzunehmen sind. Die in Kapitel 1.2 vorgenommene Analyse des Ideologiebegriffs verdeutlicht diesen Zusammenhang.

These 5.1: Zeigt die Erforschung von Denkfehlern, dass ein konkreter wissenschaftlicher Irrtum z.B. auf die Neigung zu vorschnellen Verallgemeinerungen zurückzuführen ist, so prüft die erkenntniskritische Ideologie$_1$theorie tiefer grabend, ob dieser Denkfehler hier als *Mittel* fungiert, um den *Wunsch nach einer möglichst einfachen und ideologie$_{2/3}$konformen Erklärung der jeweiligen Sachverhalte* zu befriedigen. Dann gilt: Der Wunsch nach einer möglichst einfachen Erklärung bestimmter Wirklichkeitszusammenhänge wird mittels des Denkfehlers der vorschnellen Verallgemeinerung auf *scheinhafte* Weise erfüllt. Setzt sich dieser Wunsch ungebrochen durch, so wird aus „Ich *wünsche* mir eine ganz einfache Theorie" allgemein „Ganz einfache wissenschaftliche Theorien sind *erreichbar*" und speziell „Meine Theorie ist von dieser Art". Komplexere Sachzusammenhänge bleiben so unerfasst.

Die Ausführungen zu Bacons Idolenlehre in Kapitel 4.1 lassen sich nun mithilfe der Unterscheidung zwischen der Erforschung von Denkfehlern (Ebene 1) und der Theorie des bedürfniskonformen Denkens (Ebene 2) präzisieren. Auf Ebene 1 wird konstatiert, dass „das Erkennen durch die Einwirkungen des Willens und der Gefühle beeinflußt und gefährdet ist", während auf Ebene 2 dargelegt wird, dass durch diese Einwirkungen bedürfniskonforme Resultate erzielt werden. Auf Ebene 1 wird auf die „schwer greifbare Macht" hingewiesen, „welche die in einer Gesellschaft herrschende Sprache über das Denken ausübt", um diese zu brechen; auf Ebene 2 wird der bedürfniskonforme Charakter der daraus erwachsenden Konstruktionen nachgewiesen. Auf Ebene 1 zeigt Bacon speziell, „daß die Sprache dazu bringt, Namen für gar nicht existierende Gegenstände zu erfinden und diesen Gegenständen Realität zuzuschreiben"; auf Ebene 2 wird gezeigt, dass auf diese Weise bestimmte *Wünsche* oder *Werte* in vermeintlich reale Gegenstände verwandelt werden. Auf Ebene 1 wird die Trübung der Naturerkenntnis „durch vorgefaßte Anschauungen, überlieferte Meinungen und Fehlschlüsse" festgestellt, auf Ebene 2 hingegen herausgearbeitet, dass an bestimmte Autoritäten häufig deshalb blind geglaubt wird, weil die von ihnen vertretenen Auffassungen spezifische Wünsche befriedigen. Auf Ebene 1 werden fehlerhafte Formen der Beweisführung aufgedeckt, von denen dann auf Ebene 2 gezeigt wird, dass sie auf die Erlangung *erwünschter* Resultate zugeschnitten sind.

Der „erkenntnispsychologische[] Tatbestand, daß der Mensch häufig dazu tendiert, bei seiner Wirklichkeitserkenntnis nur solche Tatsachen zu beachten, die mit seinen eigenen bereits vertrauten Auffassungen und liebgewordenen Überzeugungen übereinstimmen, widerstreitende Tatsachen aber zu ignorieren oder hinwegzudiskutieren", betrifft die Ebenen 1 *und* 2. Auf Ebene 1 wird die Tendenz aufgewiesen, Tatsachen, welche die jeweilige theoretische Konstruktion in Schwierigkeiten bringen könnten, zu vernachlässigen oder auf kognitiv fragwürdige Weise auszuschalten. Auf Ebene 2 wird demgegenüber herausgestellt, dass mithilfe dieses Irrtumsfaktors der *gewünschte* Einklang mit den „eigenen bereits vertrauten Auffassungen und liebgewordenen Überzeugungen" hergestellt wird. Es wird ein überzeugungssystem- und bedürfniskonformes Resultat erzielt, welches man eben deshalb als befriedigend empfindet. Menschliches Denken ist über weite Strecken auf diese Art von Konformität ‚programmiert'. Will man erfahrungswissenschaftlichen Prinzipien folgen, d.h. zur bestmöglichen Lösung der jeweiligen kognitiven Probleme vordringen, so muss man dieser Neigung widerstehen lernen. So tragen z.B. die von der kognitiven Hermeneutik formulierten Regeln für die wissenschaftliche Textarbeit dazu bei, fehlerhafte überzeugungssystemkonforme Interpretationen innerhalb der Textwissenschaft zu vermeiden.

These 5.2: Menschen tendieren dazu, bestimmte wissenschaftliche Annahmen, die überzeugungssystem- und bedürfniskonform sind und ihnen deshalb besonders gut gefallen, direkt für wahr zu halten. Sie sehen bei solchen Aussagen nicht so genau hin. Primär wird dann *Überzeugungssystem-* und *Bedürfniskonformität* und nicht *Phänomenkonformität nach kognitiven Kriterien* anvisiert. Dadurch gelangt man dazu, bestimmte Sachzusammenhänge unzutreffend darzustellen, und zwar so, dass der Sachverhalt nach Maßgabe der einwirkenden Größen verzerrt wird.

Das verzerrte Denken tritt in den Wissenschaften in mehreren Formen auf: Es kann im Dienst bestimmter Wünsche bzw. Bedürfnisse stehen, es kann bestimmte Interessen eines Individuums und seiner Bezugsgruppe bedienen, es kann ein direkt die weltanschaulichen Hintergrundannahmen stützendes Denken sein. Nicht hinter jedem Irrtum steckt eine ihn bedingende Interessenlage oder Bedürfniskonstellation; es gibt auch einfache Irrtümer, die z.B. auf Unaufmerksamkeit zurückzuführen sind. In einigen Fällen liegt es jedoch nahe, eine zusätzliche Bedürfnisbindung anzunehmen.

Gewiss setzt die Wahrheitssuche nach kognitiven Kriterien voraus, dass man nicht durch Herrschaftseinflüsse genötigt wird, bestimmte Aussagen zu akzeptieren – sie wird aber darüber hinaus dadurch vorangetrieben, dass man um die Mechanismen des bedürfniskonformen Denkens weiß, die den Gewinn verlässlichen Erfahrungswissens erschweren oder sogar verhindern. Diese Dimension der *erkenntniskritischen* Ideologie$_1$forschung kommt bei Hauck nicht in den Blick: „Ideologiekritik heißt gerade, aufzuzeigen, daß bestimmte Aussagen nur aufgrund von Herrschaftseinflüssen akzeptiert werden, nicht weil sie die besseren Argumente für sich haben." (Hauck 1995: 104) Ideologie$_1$ geht nicht darin auf, „der Sieg der Herrschaft im Diskurs" (104) zu sein – es können in ihr auch Wünsche, Bedürfnisse, Überzeugungen zum Sieg gelangen, die nicht direkt an eine bestimmte Form der Herrschaft gebunden sind.

These 5.3: Der Gewinn verlässlicher wissenschaftlicher Erkenntnis wird auch dadurch gestört, dass die jeweilige Ideologie$_2$ den Wissensgewinn nicht nur seiner thematischen Richtung nach steuert, sondern vorweg festlegt, zu welchen Ergebnissen man zu gelangen hat. Setzt sich der Wunsch nach weltanschauungskonformen Ergebnissen ungebrochen durch, so wird aus „Ich *wünsche* mir, dass die Wissenschaft zu Ergebnissen gelangt, die mit meinen weltanschaulichen Überzeugungen im Einklang stehen" direkt „Die Wissenschaft *gelangt tatsächlich* zu solchen Ergebnissen". Durch inhaltliches Hineinregieren in den wissenschaftlichen Erkenntnisprozess werden weltanschauungskonforme Ergebnisse *erzwungen*, die sich bei einer kritischen Prüfung in der Regel als defizitär erweisen. Der Wunsch nach weltanschauungskonformen Ergebnissen kann auf unterschiedliche Weise befriedigt werden. Eine verbreitete Form ist die Gängelung der Wissenschaft durch staatliche Instanzen, die eine bestimmte Weltanschauung und/oder ein bestimmtes soziopolitisches Programm auch für den Erkenntnisbereich verbindlich machen wollen. Die wissenschaftliche Erkenntnis ist als ein relativ eigenständiger Bereich zu organisieren, sodass das *inhaltliche* Hineinregieren der jeweiligen Weltanschauung so weit wie möglich vermieden wird.

Empirisch bewährte wissenschaftliche Ergebnisse stellen keine Ideologien$_1$ dar. Erfahren sie aber im Rahmen einer bestimmten Ideologie$_{2/3}$ eine *spezifische Deutung*, so kann diese bedürfniskonforme Züge aufweisen.

These 5.4: Menschen sind grundsätzlich in der Lage, sowohl Denkfehler als auch die Mechanismen des bedürfniskonformen Denkens zu erkennen und zu vermeiden. Deren Zurückdrängung ist jedoch mit erheblichen Schwierigkeiten verbunden. Der empirische Erkenntnisprozess ist gegen Vereinnahmungs- und Dogmatisierungstendenzen zu verteidigen, die einerseits aus den Ideologien$_{2/3}$ erwachsen und andererseits aus den Wissenschaften selbst hervorgehen.

In Kapitel 3 wurde die condition humaine aus weltanschauungsanalytischer Perspektive folgendermaßen bestimmt: Humanspezifisch ist das sprachgebundene Leben in einem bestimmten soziokulturellen Kontext, das durch Ideologien$_{2/3}$ geprägt wird und auf den Gewinn verlässlichen Erfahrungswissens angewiesen ist. Aus den bisherigen Ausführungen in Kapitel 4 ergibt sich nun aus erkenntniskritischer Perspektive eine zusätzliche Antwort auf die Frage „Was ist der Mensch?": Sowohl die vorwissenschaftliche als auch die wissenschaftliche Erfahrungserkenntnis und letztlich der gesamte Lebensvollzug sind erstens für Irrtümer und zweitens für bedürfniskonforme Fehleinschätzungen (Ideologien$_1$) anfällig.

Die Konsequenzen für die ethische Frage „Was soll ich tun?" lassen sich als weitere Unterthese zum *Thesenkomplex 4* (vgl. Kapitel 3.5 und 3.6) fassen:

These 4.6: Wer seine gesamte Lebenspraxis so organisieren will, dass sie im Einklang mit der Erkenntnis der condition humaine steht, wird bestrebt sein, nach Kräften zur Erkenntnis und dann auch zur Überwindung erstens von Irrtümern und zweitens von Formen bedürfniskonformen Denkens beizutragen.

Normatives Prinzip 13: Die in den menschlichen ‚Denkapparat' eingebauten Erkenntnisschwächen sollten aufgespürt und so weit wie möglich beseitigt werden!

Die Überwindung der die Erfahrungserkenntnis behindernden Faktoren ist zugleich ein Beitrag zur Ausschöpfung der in *These 4.5* angesprochenen menschlichen Potenziale, die entwickelt werden *sollten*.

4.2.1 Differenzierung des Vorurteilsbegriffs

In der erkenntniskritischen Tradition spielt der Begriff des Vorurteils häufig eine zentrale Rolle, z.B. in der französischen Aufklärungsphilosophie. Der Ansatz der komplexen Ideologieforschung führt zur Unterscheidung mehrerer Vorurteilsbegriffe, die dann – wie zuvor die Ideologiebegriffe – bestimmten Arbeitsfeldern zuzuordnen sind; vgl. Kapitel 1.2:

Vorurteil$_1$ = Ein Urteil, das vor einer eigenen Prüfung der Sachlage als zutreffend akzeptiert wird

Zu den Vorurteilen$_1$ gehören alle im primären Sozialisationsprozess vermittelten Überzeugungen, die das Kind übernimmt, ohne bereits zu einer kritischen Prüfung des Behaupteten fähig zu sein. Dazu zählen gerade auch Weltbildannahmen und Wertüberzeugungen. Im zugehörigen Arbeitsfeld wird untersucht, welche Rolle Vorurteile$_1$ im menschlichen Leben stehen, wie sie vermittelt und unter welchen Umständen sie dann problematisiert werden. Vorurteile$_1$ sind in gewisser Hinsicht *lebensnotwendig* und sie können, sofern sie sich auf Wirklichkeitszusammenhänge beziehen, *sowohl wahr als auch falsch* sein. Da sich von einer Annahme, die man zunächst ungeprüft akzeptiert hat, bei der kritischen

Prüfung herausstellen kann, dass sie zutreffend ist, dürfen Vorurteile$_1$ nicht mit Fehlurteilen gleichgesetzt werden.

Vorurteil$_2$ = Ein Urteil, das sachlich verfehlt ist, d.h. sich bei genauerer Prüfung der Sachlage als unzutreffend – oder auch als nur teilweise zutreffend – erweist

Hier ist es unnötig, das Wort „Vorurteil" zu benutzen – Ausdrücke wie „Irrtum", „Fehleinschätzung" reichen völlig aus.

Das zugehörige Arbeitsfeld ist die sachbezogene Auseinandersetzung mit Urteilen, Annahmen, Überzeugungen. Ein Vorurteil$_2$ ist *immer* ein Fehlurteil. Dieses kann, aber muss nicht zugleich ein Vorurteil$_1$ sein. So kann der Urteilende zwar eine eigene Prüfung vorgenommen haben, die aber nicht nach hinlänglich strengen Kriterien erfolgt ist.

Vorurteil$_3$ = Ein zuvor als irrig erwiesenes Urteil, dessen Entstehung in einem weiteren Schritt auf einen Denkfehler zurückgeführt werden kann

Vorurteilsforschung$_3$ fällt mit der Erforschung von Denkfehlern zusammen.

Vorurteil$_4$ = Ein zuvor als irrig erwiesenes Urteil, dessen Entstehung in einem weiteren Schritt auf bedürfniskonformes Denken zurückgeführt werden kann

Vorurteilsforschung$_4$ fällt mit der Erforschung des bedürfniskonformen Denkens, der Ideologien$_1$ zusammen.

Wird allgemein die *Befreiung von den Vorurteilen* gefordert, so ist – nach dem aus Kapitel 1 bekannten Muster – stets zu klären, was genau gemeint ist. So beruht jede menschliche Lebensform auf Vorurteilen$_1$, die in gewisser Hinsicht notwendig sind; andererseits kann jedes konkrete Vorurteil$_1$ im Prinzip überprüft werden. Die Befreiung von den Vorurteilen$_2$ besteht in der Regel darin, dass empirisches Wissen erworben wird, welches den bisherigen Annahmen überlegen ist. Die Befreiung von den Vorurteilen$_{3/4}$ besteht darin, dass im menschlichen Denken verankerte Fehlerquellen dieser oder jener Art erkannt und so weit wie möglich ausgeschaltet werden. Kurzum, es ist erkenntnismäßig kontraproduktiv, wenn ohne weitere Klärung von Vorurteilen gesprochen wird; so kann z.B. unter vorurteilsfreier Wissenschaft sehr Unterschiedliches verstanden werden.

Die Erforschung des bedürfniskonformen Denkens (Vorurteilsforschung$_4$) rechnet damit, dass diejenigen Wünsche, Bedürfnisse, Interessen, welche Fehleinschätzungen verursachen, sowohl individueller als auch sozialer bzw. kollektiver Art sein können. Nicht hinter jeder Ideologie$_1$ (Vorurteil$_4$) stecken Interessen bestimmter Gruppen an Machtgewinn oder -erhaltung. Unter einer „Soziologie der Vorurteile$_{[3/4]}$" (Lieber 1985: 29) kann eine Unterdisziplin verstanden werden, die speziell untersucht, wie bestimmte *soziale* Konstellationen und Interessen zu bedürfniskonformen Fehleinschätzungen führen. Der Begriff des Vorurteils$_4$ bzw. der Ideologie$_1$ wird in der kognitiven Ideologietheorie auf das durch Wünsche, Bedürfnisse, Interessen *aller Art* deformierte Denken bezogen, also nicht – wie in einigen anderen Ansätzen – auf durch *politische* Interessen gesteuerte Fehleinschätzungen beschränkt.

Bezogen auf die soziopolitische Dimension lässt sich jedoch als erkenntniskritische These formulieren:

These 6: In allen sozialen Herrschaftskonstellationen neigen deren Befürworter, die in der Regel von dem jeweiligen Herrschaftsverhältnis profitieren, dazu, dieses mit den Mitteln des bedürfniskonformen Denkens zu rechtfertigen und so vor Kritik zu schützen.

In Kapitel 3.7.2 ist eine erste Abgrenzung von der marxistischen Ideologietheorie erfolgt. Im Rahmen der erkenntniskritischen Ideologie$_1$theorie kann nun bezogen auf Kurt Lenk ein weiterer Punkt hinzugefügt werden. Die als Ideologie$_1$ verstandene Defizienz des Bewusstseins hängt zwar *irgendwie* mit „der tatsächlichen Lebenssituation, in der die Menschen sich befinden", zusammen, aber nicht in dem Sinne, dass bestimmte Strukturen, die einer bestimmten Ideologie$_3$ als reale Missstände gelten, erst *beseitigt* sein müssen, damit „die ideologische$_{[1]}$ Struktur des Bewußtseins ihren Boden" (Lenk 1984: 19) verliert. Zumindest einige Formen bedürfniskonformen Denkens können auch unter relativ ungünstigen sozialen Rahmenbedingungen erkannt und überwunden werden.

4.2.2 Abgrenzung von Schopenhauers Ideologietheorie[16]

Mehrere Philosophen und Theoretiker haben Überlegungen vorgetragen, die sich mit der Theorie des bedürfniskonformen Denkens berühren, die in Kapitel 4 vor allem bezogen auf die vorwissenschaftliche und wissenschaftliche Erfahrungserkenntnis zur Sprache kommt, während die weltanschauliche Dimension noch weitgehend ausgespart wird. So betrachtet Arthur Schopenhauer den Menschen ebenfalls als illusionsanfälliges Lebewesen. Bei ihm ist – wie Dieter Birnbacher herausarbeitet – der Grundtenor, „daß die Menschen sich und anderen etwas vormachen", da sie genötigt sind,

> ihre Triebansprüche und Gefühlsregungen angesichts vielfältiger Gefährdungen im Gleichgewicht zu halten. Wille, Trieb und Bedürfnis treiben die Interpretationen der Wirklichkeit – und insbesondere die der jeweils *eigenen* Wirklichkeit – immer wieder über die Grenzen der Wirklichkeit hinaus in den Bereich der Illusion, der Fiktion und des Selbstbetrugs. (Birnbacher 1996: 45)

Selbst- und Weltdeutungen können Selbsttäuschungen sein, die sich dem bedürfniskonformen Denken verdanken. Ganz im Sinne Bacons wird von Schopenhauer die *Voreiligkeit*, die Neigung, auch bei unvollständiger Beweislage scheinbar sichere Urteile zu fällen und entsprechend zu handeln, [...] als ein weitverbreitetes Übel diagnostiziert, das sich eines Übergriffs des Willens in den Bereich des Verstandes verdankt: Der Wille zur Sicherheit läßt dem Urteil nicht die Zeit, die es bräuchte, um wahrhaft Sicherheit zu erlangen. (45)

Auf der Bacon-Linie bewegen sich auch die folgenden generellen Aussagen: „Allgegenwärtig ist nach Schopenhauer vor allem das *wishful thinking*, die Überschätzung positiver und die Minderschätzung negativer Zukunftsaussichten und die ungleiche Aufmerksamkeit, die wir Informationen schenken, je nachdem, ob sie für das, was wir wünschen, günstig oder ungünstig ausfallen." (46) Auch für die erkenntniskritische Ideologie₁theorie sind Menschen illusionsanfällige Lebewesen, denen ihre Selbsttäuschungen „schnell so lieb und teuer" werden, dass sie sich „nur schwer dazu entschließen, sie kritisch zu überprüfen" (46). Schopenhauer schreibt: „Was dem Herzen widerstrebt, läßt der Kopf nicht ein. [...] So wird denn täglich unser Intellekt durch die Gaukeleien der Neigung betört und bestochen." (46)

Wenn Schopenhauer allerdings „das Wollen nicht als Funktion des Intellekts, sondern umgekehrt den Intellekt als eine bloße Funktion des Wollens" (Barth 1974: 192) versteht, so läuft dieses Konzept auf eine weitere Variante der deterministischen Manifestationstheorie hinaus; vgl. Kapitel 3.7.3. Die kognitive Ideologietheorie hält dem entgegen, dass das Wollen auf menschlicher Ebene immer schon durch ein Überzeugungs- und insbesondere ein Wertsystem gesteuert ist. Der Intellekt ist daher auf menschlicher Ebene *Element des Wollens selbst* und keine einer primären Instanz nachgeordnete Größe.

Schopenhauers Verzicht darauf, „den Menschen als ein ursprünglich mit Vernunft ausgestattetes und von der Vernunft geführtes Lebewesen zu begreifen" (193), ist daher zu reformulieren. Menschen sind erstens weltanschauungsgebundene, zweitens über verlässliches Erfahrungswissen verfügende und drittens für bedürfniskonformes Denken anfällige Lebewesen. Die beiden ersten Komponenten zeigen, dass der Mensch durchaus „ein ursprünglich mit Vernunft ausgestattetes" Lebewesen ist, die dritte Komponente macht hingegen deutlich, dass es sich nicht durchgehend um ein *tatsächlich* „von der Vernunft geführtes Lebewesen" handelt.

Der „Glauben an die ‚ursprüngliche Vernünftigkeit unseres Wesens'" hat aber noch eine weitere Komponente: Es wird häufig angenommen, dass in der „unwandelbaren Struktur" der Vernunft auch „das unverbrüchliche Gesetz des sittlichen Verhaltens" (193) enthalten ist. Der kognitiven Ideologietheorie zufolge ist mit der Wertsystembindung einerseits die *formale* „Idee des Guten" (193), d.h. die Grundunterscheidung zwischen gut und böse gesetzt (vgl. *These 1.1* in

Kapitel 3.3), andererseits aber beruht die These, eine *inhaltlich bestimmte* Idee des Guten sei in der Vernunft verankert, auf der Hypostasierung eines bestimmten Wertsystems und stellt eine Form bedürfniskonformen – hier das Gewissheitsverlangen befriedigenden – Denkens dar; vgl. Kapitel 4.7. In diesem Sinn ist Schopenhauer darin zuzustimmen, dass die Vernunft keine „zeitlose[n] und darum allgemeinverbindliche[n] Grundsätze der Moral" (193) enthält. Genau das scheint allerdings Barth anzunehmen. Trifft das zu, so gibt es zwischen den Argumenten Barths und denen der kognitiven Ideologietheorie zwar viele Übereinstimmungen, die *Grundpositionen* sind aber deutlich verschieden.

Schopenhauers Version der Manifestationstheorie begreift die Vernunft „als ein ‚Werkzeug'" (193) der primären Instanz des Willens. „Der Wille ist die ursprüngliche, vernunft- und bewußtlose, ewig unbefriedigte und darum nie und in keiner Gestalt des Lebens zur Ruhe kommende Kraft, die sich immer und überall auf Behauptung, Steigerung und Fortpflanzung des Lebens richtet." (194) Im menschlichen Bewusstsein tritt der Wille nach Schopenhauer „als das Primäre und Fundamentale auf und behauptet den Vorrang vor dem Intellekt, ‚welcher sich dagegen durchweg als das Sekundäre, Untergeordnete und Bedingte erweist'" (194). Nicht hinlänglich erkannt wird hier, dass der Wille als „Kraft, die sich immer und überall auf Behauptung, Steigerung und Fortpflanzung des Lebens richtet", auf menschlicher Ebene mit intellektuellen Funktionen durchwirkt ist. Auch Menschen sind „bewegliche Organismen", die „vor die Aufgabe gestellt sind, sich unter einer Vielfalt von Lebewesen und Weltdingen zurechtzufinden und zu behaupten" (195) – für ihre Form der Selbstbehauptung ist aber charakteristisch, dass sie erstens in einem weltanschaulichen Rahmen stattfindet, dass sie zweitens an die Prinzipien des Gewinns von Erfahrungswissen gebunden und drittens für bedürfniskonformes Denken anfällig ist. Der menschliche Intellekt ist so zwar „ein Instrument im Daseinskampfe" (195), zu dessen Besonderheit es aber gehört, auf die zutreffende Erkenntnis von Wirklichkeitszusammenhängen ausgerichtet zu sein. Der Intellekt erfüllt also eine „biologische[] Leistung" (195), dies jedoch in qualitativ neuer Form. Das „Verhältnis des Willens zum Intellekt" lässt sich daher nicht, wie Schopenhauer es tut, durch das Gleichnis vom „starke[n] Blinde[n], der den sehenden Gelähmten auf den Schultern trägt" (195), verdeutlichen.

Die Defizite und Verunreinigungen der Erkenntnis werden von der kognitiven Ideologietheorie anders eingeordnet als bei Schopenhauer: Sie werden zurückgeführt auf die Anfälligkeit für Irrtümer im Allgemeinen und für bedürfniskonforme Fehleinschätzungen im Besonderen. So kann sich das Gewissheitsverlangen nur bei einem weltanschauungsgebundenen und auf Erfahrungswissen angewiesenen Lebewesen als Störfaktor erweisen. Wenn Menschen ihre Aufmerksamkeit auf bestimmte Dinge richten, so ist das darauf zurückzuführen, dass diese Dinge im Licht ihres *Wertsystems* als wichtig erscheinen. Nicht der *Wille* im Sinne Schopenhauers hindert und lähmt die vorwissenschaftliche und wissenschaftliche Erfahrungserkenntnis und verfälscht ihre Ergebnisse, sondern *die in den jeweiligen weltanschaulichen Rahmen eingefügten Wünsche, Bedürfnisse, Interessen* wirken als Störfaktoren. Es ist nicht der vorgeistige Wille, dem es „zunächst nicht um wahre Erkenntnis der Dinge und ihrer Zusammenhänge zu tun ist" und dem es nur darauf ankommt, „sich im Dasein zu behaupten, dasselbe zu steigern und allenfalls seine beherrschende Stellung zu bewahren" (196 f.), sondern der entscheidende Störfaktor ist das bedürfniskonforme Denken, das immer von bestimmten Weltbildannahmen und Wertüberzeugungen gesteuert wird und dem es z.B. darauf ankommt, eine *als wertsystemkonform empfundene* Gesellschaftsordnung zu erhalten oder zu etablieren. Dass „Urteile dem Verdacht ausgesetzt sind, nur die Interessen bestimmter Gruppen und Klassen innerhalb eines sozialen Gefüges zum Ausdruck zu bringen", lässt sich somit nicht direkt auf „die unlösbare Abhängigkeit vom Willen" (197) zurückführen. Auch im veränderten theoretischen Kontext bleibt es jedoch richtig, dass der Intellekt „jederzeit ‚durch die Gaukeleien der Neigung betört'" (197) wird.

Wenn „Schopenhauer zu einer bewußten Rezeption der Idolenlehre Bacons" (197) gelangt, so führt das zu einer starken Modifikation der Ausgangskonzeption, nämlich zu ihrer *Umdeutung* im Sinne einer deterministischen Manifestationstheorie. Grundsätzlich festzuhalten ist jedoch am „kämpferisch-aufklärerischen Pathos" Schopenhauers, an seinem „Willen zur Redlichkeit, der die Philosophie zur Enthüllung der versteckten Interessen treibt" (198). Ihm ist es um „die rücksichtslose Zerstörung aller menschlichen Selbsttäuschungen" (200) zu tun: „Die Befreiung von den Vorurteilen und ihrer Macht besorgt ‚eine rücksichtslos auf Wahrheit gerichtete Philosophie'." (202)

Nach Schopenhauer wird allerdings der Intellekt am Ende „ein Freigelassener des Willens":

> Ursprünglich als Instrument und Waffe für die Verwirklichung der Zwecke des Willens geschaffen und daher behaftet mit der Tendenz, alles „Gegebene" im Interesse seines Schöpfers, des Willens, darzustellen und umzuformen, bildete er sich doch zum Vermögen objektiver Erkenntnis aus. [...] Nur dadurch, daß sich der Erkennende „plötzlich" „vom Dienst des Willens losreißt" und sich in ein reines, willenloses Subjekt der Erkenntnis verwandelt, entsteht das Organ der Wahrheit, welches nun nicht nur den Willen zum Leben in einer unersättlichen Gier und Brutalität erkennt, sondern auch die primär ausschließliche Steuerung des interessebedingten Intellekts durch den Willen aufhebt. Erst der freigewordene Intellekt wird seiner eigenen Lügen und Vorurteile inne, die er als das Werkzeug des Willens für den Menschen immer und überall hergerichtet hat. (200)

Die kognitive Ideologietheorie nimmt folgende Änderungen vor:

1. Der Intellekt fungiert zwar in vielerlei Hinsicht als Instrument bedürfnis-konformen Denkens, er ist aber von Anfang an *auch* ein „Vermögen objektiver Erkenntnis", da der Mensch auf verlässliches Erfahrungswissen angewiesen ist.
2. An die Stelle des *plötzlichen* Sichlosreißens vom Dienst des *Willens* tritt die *Zunahme* des empirischen Wissens und der Einsicht in die Mechanismen bedürfniskonformen Denkens, das im Dienst der durch das Überzeugungssystem geformten Wünsche und Interessen steht.
3. Das Subjekt erfahrungswissenschaftlicher und speziell auch ideologie₁kri-tischer Erkenntnis ist nicht schlechthin willenlos, aber es setzt den Willen zur Durchsetzung des eigenen Wertsystems in Klammern, um z.B. in der Textwissen-schaft das textprägende Überzeugungssystem herauszufinden (vgl. Kapitel 3.1) oder um die Störfaktoren empirischer Erkenntnisprozesse zu bestimmen.

Barth weist auf ein Spannungsverhältnis in Schopenhauers Ansatz hin: Ist nämlich der Intellekt fähig, „seine ursprüngliche Bestimmung, ein Werkzeug im Lebenskampf zu sein", *aufzuheben*, so wird „seine Herkunft aus dem Willen recht eigentlich fragwürdig" (201).

> Schopenhauer scheint den irrationalistisch-voluntaristischen Monismus, von dem er ausge-gangen war, aufgegeben zu haben zugunsten eines Dualismus, in welchem sich das Wesen der Dinge aufspaltet in den Willen und die Intelligenz, die nunmehr als gleich ursprüngli-che Attribute des Weltgrundes zu gelten hätten. (201)

Die kognitive Ideologietheorie vermeidet die aus dem Spannungsverhältnis erwachsenden Widersprüche, indem sie den „irrationalistisch-voluntaristischen Monismus" von vornherein auf die oben erläuterte Weise preisgibt. Nach dieser Auffassung wird die spezifisch menschliche Vernunft im Evolutionsprozess *all-mählich vorbereitet*. Barth scheint demgegenüber, ohne dies klar zu artikulieren, die Auffassung zu vertreten, dass Wille und Intelligenz „gleich ursprüngliche Attribute des Weltgrundes" sind, und zwar in einem *religiösen* Sinn, der den Weltgrund mit Gott gleichsetzt. In diese Richtung weist auch die Formulierung, dass das Strukturgesetz der Vernunft „als ein für das Menschsein konstitutives, wesentlich göttliches Prinzip in der Philosophie der Griechen erarbeitet worden war" (210). Kurzum, Barth scheint an der traditionellen Auffassung festzuhalten, dass die Vernunft „ein ursprünglicher Bestandteil des Menschen [ist], mit dem das Geschöpf vom Schöpfer ausgestattet worden war" (214).

In freier Anknüpfung an Barth (vgl. Barth 1974: 202) kann abschließend for-muliert werden: Die Wahrheitserkenntnis des Intellekts ist zwar unaufhörlich und unvermeidlich gefährdet durch die in das jeweilige Überzeugungssystem eingebetteten Bedürfnisse und Interessen, aber durch diese nicht grundsätzlich in Frage gestellt. Aus dem jeweiligen Wertsystem ergibt sich, welche Ziele verfolgt werden; es beeinflusst auch die Wahl der Mittel zu deren Erreichung. Ist das bedürfniskonforme Denken wirksam, so bestimmt das jeweilige Wertsystem – über eine genauer zu analysierende Werthypostasierung – auch den Aufbau des zugehörigen Weltbilds. Die jeweilige Rechts- und Wirtschaftsordnung stellt demgegenüber die Realisierung eines bestimmten allgemeinen und speziell soziopolitischen Wertsystems dar.

4.2.3 Abgrenzung von Nietzsches Ideologietheorie[17]

Nietzsche knüpft an Schopenhauers Manifestationstheorie der Erkenntnis an und radikalisiert sie, wobei dessen Willensbegriff letztlich durch den des Willens zur Macht ersetzt wird.

> Das Vermögen der Erkenntnis bleibt in allen seinen Gestalten ein Gebilde des Willens zur Macht. Im Erkenntnisvorgang selbst verbirgt sich der Machtwille, dem es nicht auf Wahrheit im Sinne der Allgemeingültigkeit eines Urteils, sondern ausschließlich auf die Bemächtigung der Dinge und Geschehnisse zum Zwecke der Lebenssteigerung ankommt. Die Wahrheitsfrage wird damit zu einer Frage der Macht. (Barth 1974: 215).

Die Bindung der menschlichen Lebensform an die Prämissen des Gewinns von Erfahrungswissen, die auch eine an den empirischen Wahrheitsbegriff ist, geht nicht in diese Rechnung ein. Menschen benötigen verlässliche Informationen über Wirklichkeitszusammenhänge, um überleben und die soziokulturellen Zusammenhänge gestalten zu können. Das Interesse an der „Bemächtigung der Dinge und Geschehnisse" zum Zweck der Lebenserhaltung und -steigerung kann nur mittels objektiver Erkenntnis irrtumsanfälliger Art befriedigt werden. Das fundamentale Bemächtigungsinteresse ergibt sich zunächst einmal aus der Abhängigkeit menschlichen Lebens von diversen Naturzusammenhängen. In welcher Form es zum Zug kommt, hängt indes vom jeweiligen weltanschaulichen Rahmen ab. Der speziell als Wille zur Bemächtigung von Naturphänomenen verstandene Wille zur Macht stellt somit keine vorgeistige Instanz dar; im empirischen Erkenntnisvorgang zeigt sich ein jeweils durch ein Überzeugungssystem gefilterter Bemächtigungswille, dem es zumindest implizit gerade auf empirische „Wahrheit im Sinne der Allgemeingültigkeit eines Urteils" ankommt, da er nur durch diese befriedigt werden kann. Es ist daher verfehlt, die empirische Wahrheitsfrage auf eine (bloße) Machtfrage zu reduzieren. Jede Art der Bemächtigung setzt das Erkennen von Sachzusammenhängen voraus; die Annahme, eine *erkenntnisfreie Bemächtigung* sei möglich, ist unhaltbar. Es trifft nicht zu, „daß der Intellekt ‚nur ein Organ des Willens‘ und der Mensch ‚von Natur aus‘ gar nicht zum Erkennen da ist" (218).

Seine Manifestationstheorie der Erkenntnis hat Nietzsche auf eine in sich weitgehend stimmige Weise ausgeformt. Das Streben nach Wahrheit ist demnach bloßer Schein bzw. Illusion, hinter der sich das Streben nach Macht verbirgt. Diese Illusion *brauchen* die Menschen nach Nietzsche jedoch – aus Gründen, die noch zu erläutern sind. Der Glaube an eine erkenntnisfreie Bemächtigung führt unter dieser Voraussetzung dazu, dass alle Denkelemente, auf denen der Gewinn von Erfahrungswissen beruht, als *nützliche Fiktionen zu Bemächtigungszwecken* interpretiert werden.

Davon zu unterscheiden ist Nietzsches Kritik am Glauben an eine objektive „Zweckmäßigkeit in der Natur" (216). Diese ist nicht an einen manifestations-theoretischen Ansatz gebunden. „Der Mensch deutet die Welt, als ob sich in ihr ein Ziel verwirklichte." (223) Hier wird mit einem nicht von Menschen gesetzten, sondern *objektiv vorgegebenen* Ziel gerechnet. Dann gilt: „Der Wert des Lebens bemißt sich an seinem Beitrag für die Erreichung des übergeordneten Zieles" (223). Das menschliche Leben bekommt jedoch nicht erst dann einen *Sinn*, wenn es auf ein tatsächlich oder vermeintlich objektiv vorgegebenes Ziel ausgerichtet ist; man kann sich auch damit begnügen, von Menschen gesetzte Ziele zu verfol-gen. Die Rede von der „Bedürftigkeit des Menschen, der ohne einen Gesamtsinn der Welt des Sinnes seines eigenen Daseins bar wäre" (224), ist daher mit Vorsicht zu genießen. Der Wunsch, sein Dasein durch einen *höheren* „Sinn zu rechtferti-gen und erträglich zu machen" (224), kennzeichnet gerade die *dogmatische* Ein-stellung.

Nietzsches Manifestationstheorie der Erkenntnis begreift den Intellekt „im Sinne Schopenhauers als ein Werkzeug im Dienste des Lebens" (216), setzt dabei aber besondere Akzente. Nietzsche unterscheidet zwischen der tatsächlichen Lebenssituation und deren *Beschönigung* durch den Intellekt. Demnach herrscht ein „‚entsetzliche[r] Existenzkampf‘, in dem sich alle Lebewesen notwendig ver-zehren"; würde das erkannt, so würde ein „Pessimismus" entstehen, „der das Leben in seiner Wurzel bedroht" (217). Um das zu verhindern, muss der Intellekt zum (Weiter-)Leben *verführen*, indem er „[d]ie Bildung einer lebenswerten Welt" (217) vornimmt.

Aber diese Gegenwelt des Seienden und Dauernden besitzt nur einen illusionären Charak-ter. Sie ist als ein Erzeugnis der Lebensnot ein Gebilde des Wahns, mit dessen Hilfe uns der Wille im Dasein festhält […]. „Wir leben nur durch Illusionen." So ist der Intellekt der Schöp-fer jener Illusionen, durch die das Leben erträglich wird. „Die Fundamente alles Großen und Lebendigen ruhen auf der Illusion. Das Wahrheitspathos führt zum Untergang." (217)

Aus der Sicht der kognitiven Ideologietheorie haben diese Überlegungen nur eine eingeschränkte Berechtigung; zwei Ebenen sind zu unterscheiden:

1. Wer unter diesen oder jenen Härten des Lebens leidet, kann durch bedürfniskonformes Denken dazu gelangen, eine Gegenwelt zu ersinnen, in der diese Härten nicht existieren – und an deren Existenz glauben. Es ist zwar *denkbar*, dass es eine solche ‚lebenswerte' Welt gibt, aber etwa die Annahme eines Jenseits, in dem alles besser ist als auf dieser Welt, steht zumindest unter dem Verdacht, eine vom Wunsch nach Überwindung der Lebenshärten gespeiste Fehleinschätzung zu sein – und damit eine Ideologie$_1$. Dann setzt der Intellekt hier „an die Stelle der wirklichen Welt des Werdens die scheinbare Welt des Seins" (218), die diesen Härten enthoben ist. Grundsätzlich ist es aber möglich, die Lebenshärten *auszuhalten* und ohne den Glauben an eine besser erträgliche Gegenwelt weiterzuleben.

2. Davon ist der Umgang mit der empirischen Realität abzugrenzen. Hier kommt es z.B. darauf an, tatsächliche Regelmäßigkeiten in der natürlichen Umwelt (z.B. bei vorbeiziehenden Tieren, die man jagen will) zu erkennen, um diese für die eigenen Zwecke nutzen zu können. Nietzsche tendiert dazu, die beiden Konstellationen gleichzuschalten. Doch das Bemächtigungsinteresse kann nur über die Erkenntnis der jeweiligen Wirklichkeitszusammenhänge befriedigt werden; daher darf nicht *generell* gesagt werden, dass der Intellekt durch Hinwegtäuschen über die tatsächlichen Verhältnisse zum Leben verführt, denn im Bereich des Erfahrungswissens geht es gerade nicht darum, den Beschwernissen des Lebens *auszuweichen*, sondern darum, die lebenswichtigen Wirklichkeitszusammenhänge zu *erfassen*. Die generelle These, dass die „Aufrichtung einer wahren Gegenwelt" (217) – z.B. in der Form des Glaubens an ein besseres Jenseits – auf das bedürfniskonforme Denken zurückzuführen und als in gewisser Hinsicht lebensdienliche Illusion einzuschätzen ist, bedarf zwar genauerer Prüfung, aber ihr kommt sicherlich eine Ausgangsplausibilität zu. Die generelle These jedoch, dass die vermeintliche Erkenntnis der empirischen Realität bloß dem Interesse an Bemächtigung folge, ist demgegenüber von vornherein eine Fehlkonstruktion.

Nietzsche versucht, die „Entstehung eines Triebes nach Wahrheit" (218) macht- und illusionstheoretisch zu erklären. Er behauptet, dass „der Trieb nach Wahrheit darum entsteht, weil die Menschen den Naturzustand des Krieges aller gegen alle zu überwinden streben durch die Begründung der Gesellschaft und des Staates" (219). Diese Konstruktion ist *überflüssig*, da das Streben nach empirischer Wahrheit für ein auf verlässliches Erfahrungswissen angewiesenes Lebewesen *grundlegend* ist; daher darf das Interesse an empirischer Wahrheit nicht als bloße Deckform eines anderen Interesses aufgefasst werden. Nietzsches defizitäre Konstruktion läuft auf die Behauptung hinaus, dass der Mensch ohne den illusionären Glauben, über die Wahrheit zu verfügen, nicht gesellschaftlich existieren könne. Zum menschlichen Zusammenleben ist demnach erstens „eine gleichmäßig gültige und verbindliche Bezeichnung der Dinge" (218) erforderlich (was unbestritten ist), zweitens aber deren *Hypostasierung zur definitiven Wahrheit* (was verfehlt ist). „Die Wahrheit ist ‚ein soziales Bedürfnis'." (219) „Nur auf Grund übereinstimmender Aussagen über Wirkliches lassen sich gemeinsame Arbeit und Verkehr denken." (228) Die Angewiesenheit auf zutreffende Informationen über Wirklichkeitszusammenhänge gerät dabei aus dem Blick – das Streben nach empirischer Wahrheit wird reduziert auf eine für das menschliche Zusammenleben angeblich notwendige Hypostasierung der durch und durch metaphorischen und anthropomorphen sprachlichen Bezeichnungen zum *adäquaten Ausdruck der Wirklichkeit selbst.* „Der Mensch will nicht Wahrheit als solche, sondern nur den Gewinn, den sie [die *vermeintliche* Wahrheit] ihm in Aussicht stellt." (219) Ohne die Illusion der „Wahrheit kann die menschliche Gesellschaft nicht bestehen" (219). „‚Es braucht den Glauben an die Wahrheit, aber es genügt dann die Illusion [...].'" (220)

Die Ausformung dieses Grundgedankens führt zu einer *subjektivistischen Theorie der Erkenntnis.* Zu dieser Konzeption gehört die von Friedrich Albert Lange ererbte Annahme, dass die Natur „für uns ‚ein unzugängliches und undefinierbares X'" (219) bleibt.

> Von Lange übernahm Nietzsche die Auffassung, daß unsere Sinnenwelt ein Produkt unserer Organisation ist, daß unsere sichtbaren körperlichen Organe gleich allen andern Teilen der Erscheinungswelt nur Bilder eines uns unbekannten Gegenstandes sind und daß die transzendente Grundlage unserer Organisation uns daher ebenso dunkel bleibt wie die Dinge, die auf uns einwirken. (216)

Die Abhängigkeit von Naturzusammenhängen, mit denen sich der Mensch arrangieren muss, verflüchtigt sich zur *vom Bemächtigungsinteresse gesteuerten Wirklichkeitskonstruktion, die keinerlei Einschränkungen durch reale Naturzusammenhänge unterliegt.* Letzteren wird *Nichtgleichheit* zugeschrieben und dem vom Willen zur Macht bestimmten Intellekt ein interessendienliches „Gleichsetzen des Nichtgleichen", ein „Übersehen des Individuellen und Wirklichen" (219). Das soll für jeden Begriff gelten. Die empirische Begriffsbildung ist demgegenüber darauf ausgerichtet, tatsächliche Gemeinsamkeiten unterschiedlicher Dinge herauszufiltern, um verlässliches Erfahrungswissen erlangen zu können. Die von Nietzsche eingeräumte „Gleichartigkeit des Perceptionsapparates" hängt eben doch mit dem Streben nach „Erkenntnis der Dinge" (220) zusammen.

Die formulierten Einwände treffen auch Nietzsches „Kritik der Logik" (220). Behauptet wird, dass die Logik „immer und überall von einer Fälschung ausgeht:

der Identifikation des Nichtgleichen" (221). Das impliziert, dass den realen Naturzusammenhängen eine *Nichtgleichheit* zuzuschreiben ist, die für den Menschen
nicht aushaltbar sei, sodass er sie durch die *Fiktion* einer durch die Logik erzeug-
ten Gleichheit geschönt darstellen müsse. Demnach ist der Glaube an die Logik,
genauer gesagt: der Glaube, dass die fiktiven logischen Prinzipien auf die Realität
anwendbar seien, dass es also eine *reale Gleichheit* gebe, „zum Leben notwendig"
(221). Das, was nach Nietzsche bloß eine „lebenerhaltende und lebenfördernde
Illusion" (220) darstellt, ist aus der Sicht der kognitiven Ideologietheorie als *Frei-
legen realer Gleichheiten* aufzufassen, das für die menschliche Existenzsicherung
unerlässlich ist. Die *Abstraktion* von individuellen Varianten, die das tatsächlich
Gemeinsame bzw. Gleiche akzentuiert, ist etwas anderes als die *Erfindung* des
Gleichen in einer Welt totaler Ungleichheit.

> [I]mmer gründet die Vergleichsmöglichkeit nach einer bestimmten Richtung in den Gegen-
> ständen selbst. Das heißt jedoch, daß das Gleichsetzen des Ungleichen, wodurch die
> Begriffe möglich werden, nicht ausschließlich in der Willkür des Erkennenden ruht. Bei
> Nietzsche herrscht die Neigung vor, im Erkenntnisvorgang hauptsächlich den Anteil des
> Subjekts herauszukehren. (231 f.)

Im Unterschied zu Barth sehe ich den Hauptfehler allerdings nicht darin, „daß
der gesamte Erkenntnisapparat und seine Funktionen aus den Notwendigkeiten
der Lebenserhaltung und Lebensförderung herzuleiten ist" (221), sondern darin,
dass diese Herleitung *auf eine verkürzte Weise vorgenommen wird*. Das „Erfassen
der Dinge und Geschehnisse" wird in dieser subjektivistischen Erkenntnistheo-
rie transformiert „in ein aktives und reaktives Verhalten, bei dem die einmalig-
individuelle psychische Veranlagung den Ausschlag gibt", sodass vielfältige
„individuell geprägte, unvergleichliche Weltbilder" entstehen, die sich auf das
vermeintlich „unzugängliche[] X" (221f.) beziehen, von dem Nietzsche aber zu
wissen glaubt, dass es sich durch wesenhafte Nichtgleichheit auszeichnet.

Wenn Nietzsche vom „ewige[n] Fluß aller Dinge" spricht, so kann dies auf
zweierlei Weise verstanden werden: Unproblematisch ist es festzustellen, dass es
in der empirischen Realität ständige Veränderungen gibt; gemeint ist aber, dass
die eigentliche, als unzugänglich geltende Realität eine „Welt der ewigen Veränderung" (222) ist, die der Mensch nicht auszuhalten vermag, sodass er sie sich
durch die *Fiktion einer beständigen, seienden Welt* erträglich machen muss. Nach
Nietzsche *postulieren* die Menschen somit eine zumindest „minimale Regelmäßigkeit im Ablaufe der Geschehnisse der Welt" (222), um überleben zu können.
Das erkennende Wesen operiert somit „bereits am Anfang seiner Tätigkeit mit
einer ursprünglichen Verfälschung der Wirklichkeit" (222). „Nur jene Ansicht
der Wirklichkeit siegte und ‚erhielt sich', bei der ‚das Fortleben möglich wurde'.

‚Nicht der am meisten wahre Glaube, sondern (der) am meisten nützliche Glaube' gibt den Ausschlag." (222) Diese Theorie ist jedoch widersprüchlich und unhaltbar:

1. Wird das x, die eigentliche Wirklichkeit für *unerkennbar* erklärt, so ist es unzulässig, mit Erkenntnisanspruch auftretende Aussagen über sie zu machen. Gilt die Unerkennbarkeitsthese, so kann vom x nicht gesagt werden, dass es sich um eine Welt der ewigen Veränderung handle, in der es keine Konstanten und Regelmäßigkeiten gebe; das ist dann eine unzulässige Grenzüberschreitung. Die Kritik lässt sich mit Barth auch folgendermaßen wenden:

> Aber alle Vorstellungen, wonach das Erkennen in einem Verfälschen, Zurechtdichten oder Umgestalten besteht, setzen voraus, daß wir ein Maß besitzen, welches die Verfälschung anzeigt. Denn eine Verfälschung läßt sich nur dann behaupten, wenn ihr Gegensatz in irgendeiner Weise zum Vorschein kommt. Sonst läge gar kein Grund vor, von einer Verfälschung zu reden. [...] Wenn Nietzsche vom „Verkennen" des Seins spricht, so impliziert er bereits ein Kennen des Seins. (230)

Das aber steht im Widerspruch zur Annahme eines unerkennbaren x. „Der Rückschluß auf den ‚ewigen Fluß aller Dinge' als den ‚wahren Tatbestand'" setzt voraus, dass „ein Wissen, um die Dinge, wie sie an sich sind" (230), möglich ist.

2. Nietzsche zieht aus der richtigen Feststellung, dass sich Menschen (und andere Lebewesen) in einer Welt des totalen Werdens und der Nichtgleichheit nicht zurechtfinden könnten, eine verfehlte Konsequenz. Anstatt festzuhalten, dass z.B. Naturzusammenhänge, in die der Mensch jeweils eingebettet ist, zumindest eine „minimale Regelmäßigkeit" aufweisen müssen, betrachtet er das Postulat einer solchen Regelmäßigkeit als *lebensdienliche Konstruktion ohne reales Fundament*. Damit wird das Problem jedoch offenkundig nicht gelöst: Wäre der Mensch in eine Welt der ewigen Veränderung geworfen, so würde er in ihr nicht überleben können, da Überleben auf verlässliche Informationen über Wirklichkeitszusammenhänge mit Regelmäßigkeitskomponenten angewiesen ist. Die *Fiktion* einer Regelmäßigkeit würde in einer solchen Welt gar nichts helfen, wenn es solche Regelmäßigkeiten nicht tatsächlich gibt. Barth weist mit Recht darauf hin,

> daß auch jene Berechenbarkeit der Geschehnisse und jene Verdinglichung des Werdens zu Körpern, mit deren Hilfe sich der Mensch in der Welt zurechtfindet, kaum denkbar wäre, wenn nicht in der Wirklichkeit ein wie immer gearteter Grund zu diesen „regelmäßigen" und daher voraussehbaren Abläufen liegen würde. Auch deutet die Vorstellung des Sichzurechtfindens in der Welt darauf hin, daß sich diese experimentierende Tätigkeit in einem Medium vollzieht, das eine möglicherweise minimale, aber immerhin eine Ordnung besitzt. [...] Die Welt, die sich der Mensch schafft und in der er lebt und wirkt, kann keine rein phantastische Welt sein, die ohne jegliche Beziehung zum „An-sich-der-Dinge" bleibt. [...]

> Die mannigfaltigen Grade des Widerstandes, den die Wirklichkeit der menschlichen Aktivität entgegenstellt, bilden mindestens ein Regulativ für rein subjektive Weltauslegungen. Es gibt eine Bewährung des Gedankens, die ihren Grund in der Verfassung der Welt selbst hat. (230 f.)

Hier besteht ein wesentlicher Unterschied z.B. zur Annahme eines besseren Jenseits: Auch wenn es keine solche zweite Welt geben sollte, kann sich die *Fiktion* dennoch als nützlich erweisen, z.B. dergestalt, dass die an sie Glaubenden durch sie dazu kommen, sich an bestimmte moralische Regeln zu halten, um dereinst in die bessere Welt gelangen zu können. Gibt es jedoch keine minimale Regelmäßigkeit in der Natur, so kann eben kein verlässliches Wissen über Naturzusammenhänge erlangt werden, wie es für die Lebenserhaltung erforderlich ist. Folglich wäre das fragliche Postulat in einer Welt der ewigen Veränderung *überhaupt nicht nützlich*.

Die starke Annahme „einer ursprünglichen Verfälschung der Wirklichkeit" muss daher zurückgefahren werden auf die Vermutung, dass sich im menschlichen Umgang mit der Natur auch *einige* Annahmen etablieren konnten, die als bedürfniskonforme Fehleinschätzungen zu betrachten sind. Die Theorie, der mit einer Welt des völlig Fließenden konfrontierte Mensch *erdichte* eine beharrende Welt, um überleben zu können, ist verfehlt, da in einer solchen Welt auf einer bloßen Fiktion beruhende Praktiken nicht ausreichen würden, um z.B. Getreide zu ernten oder Wildtiere zu erlegen. Der Hauptfehler besteht darin, dass die konstruktiven Leistungen, die bei der vorwissenschaftlichen und dann auch wissenschaftlichen Erfahrungserkenntnis am Werk sind, nach demselben Muster gedacht werden wie diejenigen, welche die Erfindung einer höheren Wirklichkeit steuern, die nicht den in dieser Welt wirksamen Lebenshärten unterworfen ist. Die „Annahme des Gleichen und des Beharrens" (223) ist eben kein *Irrtum*, sondern ermöglicht die *Entdeckung* des tatsächlich Gleichen und Beharrenden, wobei es sich auch um ein *relativ* Gleiches handeln kann. Die Annahme einer „Verfälschungstendenz, die aller menschlichen Erkenntnis primär und unvermeidlich anhaftet" (224), führt auch dazu, dass der menschliche Geist als durchgängig auf die Produktion von Ideologien$_1$ programmiert erscheint. Dann würde gelten: „Die ‚Zwangsformen' der Vernunft sind ‚Substanz, Gleichheit, Dauer'. Das ‚Vernunft-Vorurteil', welches ‚uns zwingt, Einheit, Identität, Dauer, Substanz, Dinglichkeit, Sein anzusetzen', ‚verstrickt' uns ‚in den Irrthum'." (223)

Aus Nietzsches „Einführung der Lehre vom Willen zur Macht" (224) in einer späteren Werkphase ergibt sich das Ziel, „jegliche Lebensäußerung als eine Form des Willens zur Macht zu begreifen" (225). Die früheren erkenntnistheoretischen Überlegungen werden in diesen Kontext eingefügt:

Da das Erkenntnisvermögen ursprünglich ein schaffendes, setzendes und „dichtendes" Vermögen ist, welches die Wirklichkeit verfälscht, indem es das Vielartige und Unzählbare in Gleiches, Ähnliches und Abzählbares umformt und sie auf diese Weise „zuverlässig" macht, kann, was den Namen Wirklichkeitserfassung verdiente, von ihm gar nicht gefordert werden. Erkennen und denken ist „fälschendes Umgestalten". Das Erkennen muß viel mehr als einem Aufnehmen und Ergreifen der Welt dem Vorgang einer Bemächtigung verglichen werden, dem eine Kraft der Assimilation zugrunde liegt, „welche ihrerseits einen Willen voraussetzt, Etwas uns gleichzumachen". (225)

Aus der Sicht der kognitiven Ideologietheorie ist indes nicht die „biologische [...] Interpretation des Menschen und der Welt" (226) als solche verfehlt, sondern es handelt sich um eine defizitäre Form eines solchen Ansatzes, die Elemente der condition humaine verkennt. In diesem Rahmen erscheint dann der „Wille zur Wahrheit" (226) als bloße Deckform des Willens zur Macht. „Die angebliche Wahrheitserkenntnis bleibt nichts anderes als der Versuch des Lebendigen, eine begrenzte Zahl von nützlichen, weil lebenerhaltenden Formen und Regeln zu schaffen, mit deren Hilfe ‚die Welt handlich und berechenbar' gemacht wird." (226)

Wendet man sich vom Grundansatz der deterministischen Manifestationstheorie ab, so wird auch Nietzsches allegorische Interpretation der Erkenntnis, die eine versteckte eigentliche Bedeutung des Erkenntnisprozesses postuliert, überflüssig. Damit entfällt ferner die Annahme, der menschliche Geist produziere von Anfang bis Ende nichts als Ideologien₁. Bezogen auf die ‚Hinterwelten' bleibt Nietzsches Ansatz, wenn man ihn von der Theorie des Willens zur Macht abkoppelt, jedoch weiterhin bedenkenswert: Es ist zu prüfen, ob die Annahme einer *höheren* Wirklichkeit auf den Wunsch nach einer Existenzform zurückzuführen ist, in der es die in dieser Welt existierenden Formen der Lebensnot nicht gibt.

Die deterministische Manifestationstheorie der Erkenntnis ist ein Irrweg – das gilt für die Variante Schopenhauers ebenso wie für die Nietzsches, die eine extreme Überbetonung des „Anteil[s] des Subjekts" (232) im Erkenntnisprozess zur Folge hat. Demgegenüber ist festzuhalten, dass „dem Menschen immer eigengesetzlich gestaltete Welt gegenüber" (232) steht, und es ist gerade die tatsächliche Regelmäßigkeiten hypothetisch erschließende Erkenntnis, welche sich als biologisch nützlich erweist. Zu beachten ist auch, dass sich Nietzsches biologische Manifestationstheorie der Erkenntnis selbst aufhebt, „indem sie die philosophischen Grundlagen ihrer eigenen Beweisführung untergräbt" (234 f.). Denn die Theorie tritt ja zumindest implizit mit dem Anspruch auf, die eigentliche Natur der menschlichen Erkenntnis entschlüsselt zu haben, d.h. ein bestimmter Wirklichkeitszusammenhang soll zutreffend erfasst werden. So verstandene wahre Aussagen, die „für eine unendliche Anzahl von Subjekten" (227) gelten, kann es nach der Manifestationstheorie aber grundsätzlich nicht geben. Die „Behauptung, das Wesen der Dinge sei der Wille zur Macht", müsste im Rahmen der Manifestationstheorie der Erkenntnis als „rein subjektive Weltdeutung des Denkers Nietzsche" (229) gewertet werden. Eine „sachliche Widerlegung" konkurrierender Auffassungen kann es nach dieser Theorie nicht geben, „sondern bloß die Überwindung durch eine neue Kraft" (229).

Während Nietzsche „in den Werken der mittleren Zeit seines Schaffens" berechtigterweise den Anspruch erhebt, „‚die Fahne der Aufklärung' weiterzutragen" (235)[18], führt die konsequente Ausformung der deterministischen Manifestationstheorie mit dem Willen zur Macht als letzter Instanz zu einem Rückfall hinter aufklärerische Traditionen der erkenntniskritischen Ideologie$_1$forschung. Eine Konzeption, die letztlich *alles* Denken für ideologisch$_1$ erklärt, ist nicht durchhaltbar – der Begriff der Ideologie benötigt als Gegenbegriff den der empirischen Wahrheit, d.h. der gut bestätigten, aber nicht definitiv gültigen Erschließung von Wirklichkeitszusammenhängen.

4.3 Erkenntniskritische Ideologietheorie im Rahmen der kognitiven Hermeneutik

Zur in Kapitel 3.1 vorgestellten kognitiven Hermeneutik gehört auch eine Komponente der erkenntniskritischen Ideologie$_1$theorie. Dabei geht es vor allem um die *kritische Analyse der Sekundärliteratur* zunächst zu literarischen, dann aber auch zu anderen Texten; vgl. Tepe/Rauter/Semlow 2009. In Kapitel 4.3 wird demonstriert, wie bei der ideologie$_1$kritischen Analyse von Interpretationstexten vorgegangen werden kann.

Die nach allgemeinen erfahrungswissenschaftlichen Prinzipien verfahrende kognitive Hermeneutik wendet die in Kapitel 4.2 dargelegten Gesichtspunkte der erkenntniskritischen Ideologie$_1$theorie an, um diejenigen Faktoren zu identifizieren, welche den Erkenntnisgewinn im Bereich der Textarbeit und insbesondere der Textinterpretation stören. Das führt zur Kritik des *projektiv-aneignenden Interpretationsstils*. Solange dieser Deutungsstil als normale wissenschaftliche Tätigkeit angesehen wird, kann eine empirisch-rational vorgehende Textwissenschaft nicht etabliert werden.

Die Thesen werden wie schon in Kapitel 3.1 in allgemeinerer Form als in den beiden Grundlagentexten zur kognitiven Hermeneutik formuliert, sodass nicht nur literarische, sondern auch wissenschaftliche, philosophische und speziell ideologietheoretische Texte einbezogen sind, die ja zu den Gegenständen dieses Buchs gehören. Die kritische These, die dem *Thesenkomplex 5* (vgl. Kapitel 4.2) zugeordnet werden kann, besteht aus drei Elementen:

These 5.5: Die Textwissenschaft als Teil der Literaturwissenschaft, der Philosophie und anderer Disziplinen befindet sich zwar nicht in allen Teilen, wohl aber im *Interpretationsbereich* in einer Dauerkrise, und zwar vor allem bei schwierigen Texten, wo vielfältige Deutungen eines Primärtexts miteinander konkurrieren, die in vielen Fällen logisch nicht miteinander vereinbar sind. Diese Krise ist darauf zurückzuführen, dass nicht zwischen den beiden Grundformen des Textzugangs – dem aneignenden und dem kognitiven – unterschieden wird und die Konsequenzen dieser Unterscheidung daher unbedacht bleiben. Dies führt dazu, dass sich Textinterpretationen ungehindert ausbreiten können, die Mechanismen des bedürfniskonformen Denkens folgen – die projektiv-aneignenden Interpretationen.

Die Interpretation eines literarischen oder ideologietheoretischen Textes[19] ist als projektiv-aneignend einzuordnen, wenn zwei Bedingungen erfüllt sind: Erstens halten die Aussagen über den jeweiligen Text einer kritischen Prüfung nach kognitiven Standards nicht stand, sie weisen also erkenntnismäßige Defizite auf, und zweitens lassen sich die wichtigsten Defizite auf ein *Selbstmissverständnis* zurückführen, das sich als Form des bedürfniskonformen Denkens erweist. Der Interpret tut hier etwas anderes, als er zu tun meint: Er projiziert unbemerkt die Hintergrundannahmen seiner Theorie bzw. seiner Weltanschauung in den Text und liest sie dann wieder aus ihm heraus. Er tritt daher zu Unrecht mit einem wissenschaftlichen Erkenntnisanspruch auf.

Die kognitive Hermeneutik geht aus von der Unterscheidung zweier Formen des Textzugangs, die sie auch als Formen des Interpretierens bezeichnet. Beide sind legitim und notwendig, sie müssen aber in ihrer Eigenart erkannt und voneinander abgegrenzt werden. Die Unterscheidung sei zunächst am Beispiel des Umgangs mit einem einzelnen literarischen Text, z.B. einem Roman, erläutert. Befasst man sich mit einem solchen Text, so folgt man immer – zumeist ohne darüber nachzudenken – einer bestimmten Perspektive oder auch mehreren Perspektiven, die auf näher zu bestimmende Weise zusammenwirken. Einer bestimmten Perspektive zu folgen ist gleichbedeutend damit, dass der Text mit einer bestimmten Leitfrage konfrontiert wird. Damit wird nicht behauptet, dass man sich stets dessen *bewusst* ist, mit welcher Leitfrage man jeweils an den Text herangeht; vielmehr wendet man eine bestimmte Perspektive einfach an, ist sich dessen in der Regel aber nicht bewusst. Das Aufklärungsziel besteht darin, die Perspektiven bzw. Leitfragen, mit denen intuitiv an literarische Texte herangegangen wird, erstens ins Bewusstsein zu heben und aus dieser Erkenntnis dann zweitens Konsequenzen zu ziehen.

Von einer *aneignenden Perspektive* oder *aneignender Interpretation* spricht die kognitive Hermeneutik, wenn die Beschäftigung mit dem jeweiligen Text explizit oder implizit der Leitfrage „Was sagt mir oder uns dieser Text?" bzw.

„Welchen Nutzen bringt mir oder uns dieser Text?" folgt. Häufig geht es beim aneignenden Textzugang darum, aus dem literarischen Text Nutzen zu ziehen für die Bewältigung lebenspraktischer Orientierungsprobleme. Bei wissenschaftlichen und philosophischen, speziell bei ideologietheoretischen Texten nimmt das aneignende Interpretieren oft die folgende Form an: X vertritt einen bestimmten Ansatz und nutzt Elemente aus einer früheren Ideologietheorie, um seinen eigenen Ansatz weiterzuentwickeln. Hier dient der aneignende Textzugang der Verbesserung einer bestimmten Theorie; das ist etwas anderes als die Bewältigung lebenspraktischer Orientierungsprobleme.

Neben dem weit verbreiteten aneignenden gibt es aber auch einen kognitiven Textzugang, der in Kapitel 3.1 bereits genauer charakterisiert worden ist. Dieser besteht aus zwei Elementen: aus der deskriptiv-feststellenden und der im engeren Sinn interpretierenden Textarbeit. Die deskriptiv-feststellende Textarbeit, die auch als *Basis-Analyse* bezeichnet wird, folgt explizit oder implizit der Leitfrage „Wie ist der Text beschaffen?". Bei einem literarischen Text sind z.B. zu erfassen: der Handlungsablauf, die Charaktereigenschaften der Figuren, die verwendeten Themen und Motive, die Art der sprachlichen Gestaltung. Bei einem ideologietheoretischen Text sind vor allem der Argumentationsgang und die Bedeutung der einzelnen Thesen zu erschließen.

Die im engeren Sinn interpretierende Textarbeit, die auch als *Basis-Interpretation* bezeichnet wird, folgt explizit oder implizit der Leitfrage „Worauf ist es zurückzuführen, dass der Text die festgestellte Beschaffenheit aufweist?". Andere Formulierungen für diese Untersuchungsperspektive lauten: „Wie kommt es, dass der Text so ist, wie er ist?" und „Warum weist der Text die festgestellten Eigenschaften auf?".

Das Nachdenken über die Perspektiven bzw. Leitfragen, an denen man sich explizit oder implizit orientiert, wenn man sich mit Texten beschäftigt, zeigt, dass die Aktivitäten sehr unterschiedlich sind. Es ist etwas deutlich anderes, das, was im Text geschieht, auf die persönliche Lebenssituation zu beziehen, Elemente des Textes für die Weiterentwicklung einer bestimmten Theorie zu benutzen oder zu ermitteln, worauf die festgestellte Textbeschaffenheit zurückzuführen ist. Die Unterscheidung zwischen dem aneignenden und dem kognitiven Textzugang trägt dazu bei, sich bewusst zu machen, was man tut, wenn man sich auf diese oder jene Weise mit literarischen oder ideologietheoretischen Texten befasst.

Die aneignende und die kognitive Perspektive sind häufig miteinander verbunden; sie schließen einander also nicht im Sinne einer Unkombinierbarkeit aus. Der Hauptpunkt ist vielmehr, dass es im Rahmen der Textwissenschaft einer Unterscheidung der *Interpretationsziele* bedarf, da nur die kognitive Perspektive zu einer wissenschaftlichen Textinterpretation führt.

Es ist ein zentrales Anliegen der kognitiven Hermeneutik, die Textwissenschaftler – also diejenigen Wissenschaftler, die, in welcher Disziplin auch immer, konkrete Textarbeit betreiben – dazu zu bringen, ein Bewusstsein ihres Tuns zu entwickeln. Ein *reflektierter* bzw. *aufgeklärter Textwissenschaftler*[20] weiß, welche seiner Arbeitsschritte kognitiver und welche aneignender Art sind, und ist bestrebt, diese entsprechend zu kennzeichnen und nicht miteinander zu vermengen. Die kognitive Hermeneutik spricht hier auch von einem *Diskursbewusstsein*; zu fragen ist stets, ob man sich mit bestimmten Überlegungen im kognitiven oder im aneignenden Diskurs bewegt.

Die kognitive Hermeneutik fordert aber nicht nur, ein Diskursbewusstsein zu entwickeln. Hat man erst einmal zwischen der aneignenden und der kognitiven Perspektive unterschieden, so drängen sich weitere Konsequenzen auf. Gibt es einen kognitiven Textzugang (was von einigen Theorien zumindest implizit bestritten wird), so muss es die Hauptaufgabe der Textwissenschaft sein – sofern sie es mit einzelnen Texten zu tun hat –, beschreibend-feststellende und interpretierende Textarbeit nach Kriterien zu vollziehen, die strikt auf Erkenntnisgewinn ausgerichtet sind.

Das aneignende Interpretieren hingegen ist durchaus legitim und lebenspraktisch unerlässlich; es ist beispielsweise nichts dagegen einzuwenden, wenn jemand von der Lektüre eines Textes für die Bewältigung seiner Orientierungsprobleme profitiert. Es stellt jedoch keine textwissenschaftliche Leistung dar. Eine Sonderstellung nimmt das aneignende Interpretieren zu *Erkenntniszwecken* ein, das z.B. der Verbesserung einer Ideologietheorie dient. Diese Art des Interpretierens ist zwar der Wissenschaft zuzuordnen, aber nicht der Sparte *Textwissenschaft*, sondern der Sparte *Theorieentwicklung*.

Ein reflektierter Textwissenschaftler wird also seine Aktivitäten nicht nur in kognitive und aneignende unterscheiden, sondern auch Letztere aus der Textwissenschaft auslagern und einer Spielart des aneignenden Diskurses zuordnen. So wird ein literarischer Text im *normativ-ästhetischen Diskurs* mit den vom Rezipienten akzeptierten ästhetischen Werten und Normen konfrontiert, um z.B. eine Antwort auf die Frage „Was hat uns Goethes *Faust* heute noch zu sagen?" zu geben. Da aber unterschiedliche ästhetische Werte und Normen vertreten werden, kommt es zwangsläufig auch zu unterschiedlichen Antworten auf diese Frage. Entsprechend verhält es sich bei der Frage „Was kann eine aktuelle Ideologietheorie von Bacon, Marx und anderen profitieren?". In der als Erkenntnisunternehmen aufgefassten *Textwissenschaft* geht es demgegenüber um die *Beschreibung* der Eigenschaften eines literarischen oder ideologietheoretischen Textes und um die *Erklärung* der festgestellten Eigenschaften, nicht aber darum, *direkt* einen Nutzen persönlicher, theoretischer oder anderer Art aus dem Text zu ziehen bzw. die eigenen Wertmaßstäbe auf den Text anzuwenden. Der aneignende Textzugang in seinen unterschiedlichen Varianten ist nicht zu diffamieren, sondern richtig einzuordnen.

Da viele Textwissenschaftler die Unterscheidung zwischen dem aneignenden und dem kognitiven Textzugang nicht kennen oder außer Acht lassen, ist es nicht verwunderlich, dass sie in ihren Arbeiten die beiden Diskurse miteinander vermengen. Ihre Arbeiten treten mit einem textwissenschaftlichen *Erkenntnisanspruch* auf; da einige Partien aber einem anderen Diskurs zuzuordnen sind, wird zumindest für diese *zu Unrecht* ein solcher Anspruch erhoben. Aus dem Ansatz der kognitiven Hermeneutik ergibt sich somit das Projekt, textwissenschaftliche Arbeiten (aus der Literaturwissenschaft, der Ideologieforschung usw.) kritisch daraufhin zu sichten, ob sie ganz oder teilweise dem aneignenden Textzugang zuzuordnen (und demgemäß nicht als textwissenschaftlich einzustufen) sind. Hier lassen sich wiederum zwei Formen unterscheiden: das aneignende Interpretieren in offener und in verdeckter Form.

Bei einer Passage aus einer textwissenschaftlichen Arbeit kann, wenn man nur im Licht der Unterscheidung zwischen dem aneignenden und dem kognitiven Textzugang darüber nachzudenken beginnt, schnell klar sein, dass sie der Leitfrage „Was sagt mir oder uns dieser Text?" bzw. „Welchen Nutzen bringt mir oder uns dieser Text?" folgt. Dann liegt ein aneignender Textzugang in *offener* Form vor. Man stelle sich eine solche Passage vor, die von der deskriptiv-feststellenden und der interpretierenden Textarbeit als eigenständiges Kapitel abgetrennt ist und in der der Verfasser die eigenen ästhetischen oder theoretischen Wertmaßstäbe auf den jeweiligen Text anwendet. Derartige Textteile sind als *nicht-textwissenschaftliche* Passagen zu kennzeichnen. Der Fehler besteht in diesem Fall nur darin, dass eine sinnvolle Unterscheidung nicht erfolgt ist, sodass der falsche Eindruck erweckt wird, es handle sich *durchgängig* um textwissenschaftliche Aussagen. Der kritisierte Textwissenschaftler kann einer solchen Diskursverlagerung relativ leicht zustimmen und mit Recht darauf insistieren, dass seine *anderen* Aussagen den Kern seiner textwissenschaftlichen Argumentation bilden.

Das aneignende Interpretieren tritt aber auch in *verdeckter* Form auf. Dann hat man es nicht nur mit einem *Nebeneinander* von kognitiv-wissenschaftlichen und andersartigen Aussagen zu tun, das durch einfache Arbeitsfeldzuordnung bestimmbar ist, sondern die den Kern der eigentlichen Argumentation bildenden Aussagen sind selbst aneignender Art. Die verdeckte Form der aneignenden Interpretation liegt dann vor, wenn diejenigen Partien, welche die eigentliche Erkenntnisleistung darstellen sollen, sich bei genauerer Analyse als aneignend erweisen. Der Interpret glaubt, eine wissenschaftliche Erkenntnisleistung zu erbringen, während er de facto eine aneignende Interpretation vollzieht. Der Textwissenschaftler tut hier, ohne dies zu bemerken, etwas anderes, als er zu tun meint. Der Interpret eines literarischen Textes verfährt dann ähnlich wie ein Theaterregisseur, der ein altes Stück einer aneignend-aktualisierenden Umdeutung unterzieht; hinzu kommt allerdings, dass diese Anpassung an gegenwärtig vertretene theoretische bzw. weltanschauliche Überzeugungen als textwissenschaftliche Aktivität *missverstanden* wird. Entsprechend nutzt der Interpret eines ideologietheoretischen Textes de facto einige seiner Elemente für die Weiterentwicklung seiner eigenen Theorie, erweckt jedoch den Eindruck, den Sinn des Textes *herausgefunden* zu haben. Die weite Verbreitung dieses defizitären Arbeitsstils, der eine *Form des bedürfniskonformen Denkens* darstellt, ist eine Hauptursache für die Krise der Textwissenschaft im Bereich der Textinterpretation.

Fälle dieser Art sind weitaus schwieriger zu erkennen als die zuvor behandelten. Aus dem Ansatz der kognitiven Hermeneutik und der erkenntniskritischen Ideologie$_1$theorie lassen sich indes Grundlagen gewinnen, die es ermöglichen, die insgeheim aneignend vorgehende – und deshalb als *pseudowissenschaftlich* zu betrachtende – Textarbeit als solche zu identifizieren. Auf der Aneignungsdimension zuzuordnende Fragen wie „Was hat uns Goethes *Faust* heute noch zu sagen?" und „Was kann eine aktuelle Ideologietheorie von Bacon, Marx und anderen profitieren?" gibt es viele verschiedene Antworten, die gleichermaßen *legitim* sind. So können Interpreten, die zu unterschiedlichen Zeiten bzw. in unterschiedlichen soziokulturellen Konstellationen leben, einem Text eine ganz unterschiedliche Relevanz für die Gegenwart abgewinnen oder auch seine Irrelevanz konstatieren. Die verdeckte Form der aneignenden Interpretation funktioniert nun in gewisser Hinsicht ähnlich: Der Interpret gewinnt dem Text vorrangig Relevanz für seine Überzeugungen weltanschaulicher, ästhetischer, theoretischer Art ab. Durch unsaubere Verfahren wird der Text allerdings den vom Interpreten akzeptierten Annahmen angeglichen, und es wird der Eindruck erweckt, er stehe mit der Sichtweise des Interpreten im Einklang. Interpreten gelangen so dazu, den Text als Stütze hier für diese, dort für jene Theorie oder Weltanschauung zu verbuchen. In der Aneignungsdimension sind unterschiedliche Sinnzuweisungen legitim. Hier gilt, anders als in der kognitiv-textwissenschaftlichen Dimension: *anything goes*.

Die verdeckte Form der aneignenden Interpretation geht häufig eine Verbindung mit der Annahme ein, dass der Text einen versteckten zusätzlichen oder auch eigentlichen Sinn besitzt, der sich mittels einer *allegorischen* Deutungsstrategie dieser oder jener Art herausfinden lässt. Die verdeckt aneignende allegorische Interpretation beruht auf zwei Prämissen: Erstens wird geglaubt, dass der Text einen versteckten tieferen Sinn besitzt, und zweitens wird insgeheim davon ausgegangen, dass der versteckte Tiefensinn mit den Auffassungen des Interpreten übereinstimmt. Dieser problematischen Prämissen ist er sich zumeist nicht bewusst; er wendet sie einfach an. Ein Interpret, der nach diesen Prinzipien verfährt, kann einen Text leicht als Stützungsinstanz der von ihm bevorzugten Sichtweise erscheinen lassen. Dabei bedient er sich aber unsauberer Verfahren, die durch eine kritische Analyse aufgedeckt werden können.

Das kognitiv fragwürdige Verfahren, auf dem die verdeckt aneignende Form allegorischen Interpretierens beruht, lässt sich auch folgendermaßen bestimmen: Der Interpret projiziert, den eben angeführten Annahmen folgend, seine Auffassungen – ohne dies zu bemerken – in den Text und liest sie dann wieder aus ihm heraus. Das kennzeichnet das *projektiv-aneignende* Interpretieren. Texte oder Textpassagen, die sich darauf zurückführen lassen, sind ebenso aus dem textwissenschaftlichen Diskurs auszulagern wie offen aneignende Passagen. Die kritische Analyse der Interpretationsliteratur auf Elemente hin, die als projektiv-aneignend zu bestimmen sind, ist ein zentrales Anliegen der kognitiven Hermeneutik. Solange dieser defizitäre Deutungsstil in der Textwissenschaft wirksam ist, werden Texte auf immer neue Weise willkürlich als Stützen der von den Interpreten vertretenen Theorien und Weltanschauungen, die freilich ständig wechseln, ausgegeben. Aufgrund des Stützungseffekts werden diese Deutungen von den Anhängern der jeweiligen theoretischen Auffassungen gern akzeptiert: „Der Sinn des Textes steht im Einklang mit dem, was auch wir denken", „Der Autor des Textes steht auf unserer Seite, ist einer von uns".

Selbstverständlich kann eine bestimmte Ideologietheorie in vielen Punkten z.B. mit Bacons Idolenlehre übereinstimmen und sich insofern *zu Recht* auf Bacon berufen. Darum geht es hier nicht, sondern nur um eine solche Interpretation, die Bacons Idolenlehre an die deutlich *anders* gelagerte eigene Ideologietheorie angepasst hat und das Ergebnis dieser *aktualisierenden Umdeutung* nun als Erkenntnis des (eigentlichen) Sinns der Idolenlehre präsentiert.

Hinter dem projektiv-aneignenden Deutungsstil steht das Bedürfnis, bestimmte Texte und Autoren, insbesondere solche, die ein hohes Prestige besitzen, für die eigenen Überzeugungen auch dort zu vereinnahmen, wo es keine größeren Übereinstimmungen gibt. Kognitiv-textwissenschaftliche Vorgehensweisen geraten immer wieder in Konflikt mit dem bedürfniskonformen Denken. Die Neigung, bestimmte Aussagen – hier solche interpretatorischer Art – direkt als wahr zu betrachten, weil sie mit den eigenen Überzeugungen, Zielen und Interessen übereinstimmen (und deshalb auch als emotional befriedigend empfunden werden), ist weit verbreitet und anthropologisch tief verankert; vgl. *These 5.2* in Kapitel 4.2.

Mit der Kritik des projektiv-aneignenden Interpretierens trägt die kognitive Hermeneutik zum Ausbau der erkenntniskritischen Ideologietheorie bei. Der *Thesenkomplex 5* kann daher durch eine weitere Unterthese ergänzt werden:

These 5.6: Der projektiv-aneignende Umgang mit Texten und anderen Phänomenen stellt eine Form des auf bedürfniskonforme Weise verzerrten Denkens dar. Es handelt sich um ein Denkmuster, das von jeder Position aus einsetzbar ist, um zu positionskonformen Ergebnissen zu gelangen und das eben deshalb kognitiv wertlos ist. Wer diesen Interpretationsstil praktiziert, gelangt *immer* zu Ergebnissen, die mit dem eigenen Überzeugungssystem im Einklang stehen. Die Vereinnahmung eines Textes für die jeweilige eigene Sache ist in der Aneignungsdimension ein legitimes Geschehen; man folgt ja der Leitfrage „Welchen Nutzen bringt mir oder uns dieser Text?". Unberechtigt ist es jedoch, für das Ergebnis einer solchen Vereinnahmung unmittelbar textwissenschaftliche Geltungsansprüche zu erheben. Die projektiv-aneignende Interpretation versteht eine Deutung, welche z.B. einen Text an den weltanschaulichen Rahmen des Interpreten *anpasst*, unzulässigerweise als *Erkenntnis*, sei es nun im vorwissenschaftlichen oder wissenschaftlichen Sinn.

Die kognitive Hermeneutik verbindet also auf spezifische Weise eine Interpretationstheorie und Methodologie der Textarbeit mit der erkenntniskritischen Ideologie$_1$theorie. Sind einige Formen der Textarbeit, die sich in der Textwissenschaft etablieren konnten, insgeheim aneignender Natur, so muss die Entwicklung einer Methodologie mit der Kritik an defizitären Verfahrensweisen und den sie stützenden Theorien kombiniert werden. Hat man erkannt, dass es sich um ein beliebig anwendbares und kognitiv wertloses Denk- und Argumentationsmuster handelt, so wird man bestrebt sein, dieses defizitäre Interpretationsspiel nicht mit immer neuen Hintergrundtheorien weiterzuführen, sondern mit ihm zu *brechen*.

Um Missverständnisse zu vermeiden, wird nun in allgemeiner Form geklärt, wie bei der Analyse und Kritik projektiv-aneignenden Interpretierens vorzugehen ist. Im ersten Schritt wird stets untersucht, ob eine Interpretation den auf textwissenschaftlichen Erkenntnisgewinn ausgerichteten Kriterien genügt oder nicht. Zeigt sich nun bei der sachlichen Auseinandersetzung, dass die Argumentation größere kognitive Defizite aufweist, so wird im zweiten Schritt überprüft, ob diese sich auf den angesprochenen Mechanismus zurückführen lassen. Im ersten Schritt wird also dargelegt, dass bestimmte Thesen und Argumentationsschritte fehlerhaft bzw. unbegründet sind; im zweiten Schritt hingegen wird – zumindest in einigen Fällen – nachgewiesen, dass die festgestellten Mängel in der Hauptsache daraus hervorgehen, dass der Interpret seine eigene Sicht der Dinge willkürlich auf den Text projiziert hat, wodurch dieser in eine Stützungsinstanz für seine Position verwandelt wird. Es wird somit nicht – wie bei dogmatischen Formen ideologie$_1$kritischer Argumentation – *sogleich* unterstellt, dass eine bestimmte Argumentation verfehlt ist, weil eine Projektion, die beispielsweise auf bestimmten Wünschen basiert, im Spiel ist. Denn die kritischen Überlegungen werden ja erst angestellt, *nachdem* eine Argumentation bereits als defizitär erwiesen worden ist. Grundsätzlich gilt, dass eine Idee, die auf bestimmten

Wünschen beruht, nicht kognitiv wertlos sein muss. Aus der Genese einer Idee darf nie direkt auf ihren kognitiven Wert geschlossen werden.

Die kognitive Hermeneutik fordert die Textwissenschaftler aller Disziplinen erstens dazu auf, ihre aneignenden Deutungen von ihren textwissenschaftlichen Anstrengungen zu unterscheiden und auszulagern. Sie fordert sie zweitens speziell dazu auf, mit dem projektiv-aneignenden Interpretationsstil zu brechen. Gerade dort, wo dieser wirksam wird, ist bei der wissenschaftlichen Beschäftigung mit literarischen, ideologietheoretischen und anderen Texten ein grundsätzliches Umdenken erforderlich. Dieses Plädoyer für ein Umdenken erklärt aber keineswegs alles bisher in der Textwissenschaft Geleistete für null und nichtig – insbesondere nicht die solide philologische Arbeit der Vergangenheit und Gegenwart. Die Kritik richtet sich nur gegen die nach wie vor verbreiteten weltanschauungs- und theoriegebundenen Interpretationsverfahren, die de facto aktualisierende Aneignung betreiben, dies aber als textwissenschaftliche Leistung erscheinen lassen.

Die Überlegungen zum aneignenden, kognitiven und projektiv-aneignenden Interpretieren können genutzt werden, um den *Thesenkomplex 1* (vgl. Kapitel 3.3 und 3.7.2) weiter auszubauen:

These 1.8: Menschen sind interpretierende Lebewesen, und dieses Interpretieren ist aneignender und kognitiver Art. In Bezug auf alle Phänomene im menschlichen Bereich[21] ist sowohl ein aneignender als auch ein kognitiver Zugang (sowie auch eine Kombination von beiden) möglich. Menschen sind Lebewesen, die vorrangig aneignend interpretieren. Ist ein Individuum mit einem menschlichen bzw. soziokulturellen Phänomen (z.B. mit einer mündlichen Äußerung, einem Text, einer Handlung) konfrontiert, so reagiert es darauf zunächst einmal im Rahmen seines Überzeugungssystems, dessen für die Einschätzung des Phänomens relevante Elemente, etwa die eigenen Wertüberzeugungen, *direkt* darauf angewandt werden. Menschen ordnen die jeweiligen Kulturphänomene in ihre Überzeugungssysteme ein und bewerten sie nach den darin geltenden Kriterien. Sie sind bestrebt, in diesen Bezugsrahmen einen Nutzen dieser oder jener Art aus den Phänomenen zu ziehen.

Menschen sind *angewiesen* auf aneignendes Interpretieren; sie benötigen es ebenso wie verlässliches Erfahrungswissen über Wirklichkeitszusammenhänge. So werden Traditionen durch aneignendes Interpretieren so verändert, dass sie mit dem jeweiligen Überzeugungssystem vereinbar sind. Weltanschauungsgebundene Lebewesen sind genötigt, auch die Ergebnisse erfahrungswissenschaftlicher Forschung durch aneignendes Interpretieren in ihre Überzeugungssysteme zu integrieren.

Die Dominanz aneignenden (und damit nutzenorientierten) Interpretierens ist mit bestimmten kognitiven Verstehensleistungen *verbunden*. So wird eine mündliche Äußerung zwar spontan nach den Prinzipien des eigenen Überzeugungssystems aneignend gedeutet, aber dabei wird der Mitteilungs-Sinn des Gesagten häufig *korrekt* verstanden, was eine kognitive Leistung darstellt.

Auf der einen Ebene bemüht sich X um eine aneignende Deutung eines literarischen Textes, der ihm persönlich sehr viel sagt, sodass er einen persönlichen Nutzen aus diesem Text z.b. für seine Lebensgestaltung ziehen kann; diese aneignende Deutung stellt immer einen Einklang mit den weltanschaulichen Überzeugungen von X her. Auf der anderen Ebene strebt X als erfahrungswissenschaftlich orientierter Textwissenschaftler aber die bestmögliche erklärende Interpretation dieses Textes an, wobei er seine persönlichen Überzeugungen und Aneignungsinteressen so weit wie möglich auszuklammern versucht. Hier rechnet X von vornherein damit, dass sich ein Überzeugungssystem als textprägend erweisen kann, das von seinem eigenen stark abweicht und mit dem er sich persönlich nicht anzufreunden vermag. In seinem individuellen Überzeugungssystem im weiteren Sinn (vgl. *These 3.1* in Kapitel 3.4) können beide Deutungen zwanglos nebeneinander bestehen; sie sind ja unterschiedlichen Diskursen zugeordnet, die – wenn man sie auseinander hält – nicht miteinander in Konflikt geraten.

Mit *These 1.8* korrespondiert im *Thesenkomplex 5*

These 5.7: Der Umgang mit *allen* menschlichen Phänomenen kann durch den projektiv-aneignenden Interpretationsstil gestört werden, der eine Form verzerrten Denkens darstellt. Menschen sind Lebewesen, deren Interpretieren ideologie$_1$-anfällig ist. Sie stehen auf allen Ebenen in der Gefahr, einen aneignenden Zugang zu einem bestimmten Kulturphänomen als kognitive Leistung misszuverstehen. Die Kritik dieser Art des Interpretierens ist daher für *alle* Formen der Erforschung menschlicher Phänomene relevant: Wissenschaftler, die sich mit soziokulturellen Phänomenen befassen, sollten den projektiv-aneignenden Interpretationsstil grundsätzlich vermeiden.

Die projektiv-aneignende Textinterpretation ist auf zumeist nichtbewusste Weise darauf ausgerichtet, eine *bedürfniskonforme* – z.B. eine zum eigenen Überzeugungssystem passende – Deutung eines Textes hervorzubringen, und diese Konformität wird durch Anwendung kognitiv fragwürdiger Mittel gewaltsam erzeugt; das Kriterium der Textkonformität wird mehr oder weniger stark missachtet. Ein besonderer Typ projektiv-aneignenden Interpretierens liegt vor, wenn die Deutung wissenschaftlicher Forschungsergebnisse gemäß einer bestimmten Weltanschauung explizit oder implizit mit dem Anspruch auftritt, den *eigentlichen* Sinn dieser Ergebnisse erfasst zu haben.

4.4 Zur vorwissenschaftlichen Erfahrungserkenntnis

Die alltägliche steht mit der wissenschaftlichen Erfahrungserkenntnis in einem inneren Zusammenhang: Das erfahrungswissenschaftliche Wissen lässt sich als *Fortsetzung* des alltäglichen Erfahrungswissens mit präzisierten, kognitiv ergiebigeren Mitteln begreifen; vgl. Kapitel 3.4.

Zur erfahrungswissenschaftlichen Grundhaltung gehört als zentrale Wertüberzeugung die *Hochschätzung empirischer Erkenntnis*. Diese kann aber bereits im vorwissenschaftlichen Raum auftreten:

These 5.8: Das Interesse am empirischen Wissen im Alltagsleben führt ebenfalls zu dem Bestreben, Störfaktoren dieses Erkenntnistyps zu identifizieren, um ihren Einfluss deutlich zu verringern. Das ist auch dort praktizierbar, wo erfahrungs*wissenschaftliche* Verfahren weitgehend oder gänzlich unbekannt sind. Vertreter dieser Einstellung bemühen sich im Alltagsleben um den Gewinn verlässlicher Erkenntnis – im Hinblick auf Naturphänomene, andere Menschen, soziale Zusammenhänge. Ihnen geht es z.B. im Berufsleben oder in einer Partnerschaft nicht nur darum, die eigenen Werte, Ziele und Interessen möglichst effektiv zur Geltung zu bringen, sondern immer auch darum, Wirklichkeitszusammenhänge adäquat zu erfassen; dazu gehört auch, die Sichtweisen der Menschen, mit denen man es zu tun hat, angemessen zu verstehen. Die Direktanwendung des eigenen Überzeugungssystems führt demgegenüber häufig zu *Verkennungen* von Sachzusammenhängen und Perspektiven anderer Menschen.

Die vorwissenschaftliche Erfahrungserkenntnis stellt einen relativ eigenständigen Bereich innerhalb des Alltagslebens dar, und es ist ein sinnvolles Ziel, diese Eigenständigkeit zu schützen, um die Weiterentwicklung durch Hinweis auf die Fehlerquellen dieses Wissenstyps zu fördern. Mit der Einbeziehung des Alltagsdenkens in die erkenntniskritische Ideologie$_1$theorie wird nicht primär das Ziel verfolgt, den Mann und die Frau auf der Straße zu *Wissenschaftlern* zu machen.

Zur reflektierten erfahrungswissenschaftlichen Einstellung gehört das Denken in Alternativen. Auch dieses kann bereits im Alltagsleben praktiziert werden. Bei der Beschäftigung mit kognitiven Problemen bemüht man sich dann, mehrere Problemlösungen, die im jeweiligen Fall denkbar sind, miteinander zu vergleichen, um herauszufinden, welche die Schwierigkeit am besten bewältigt. Man fixiert sich nicht von vornherein auf einen bestimmten Lösungsweg, der zu Beginn am meisten zusagt. Die erstbeste Lösung entpuppt sich bei genauerer Analyse häufig als die zu den eigenen Überzeugungen (und den damit verbundenen Wünschen und Bedürfnissen), nicht aber zu den Phänomenen am besten passende Lösung. Der den Prinzipien empirisch-rationalen Denkens folgende Mensch bemüht sich im Alltagsleben um die kritische Prüfung der zur Debatte stehenden Hypothesen nach den kognitiven Standards des Alltagsdenkens. Im

Vergleichstest der Optionen zeigt sich in der Regel, dass eine bestimmte Vorgehensweise den Alternativen in kognitiver Hinsicht überlegen ist. Beim Bestreben, die beste Lösung eines im Alltagsleben auftretenden Erkenntnisproblems zu gewinnen, ist man auch an kritischen Einwänden gegen die eigenen Annahmen interessiert und verfährt nach dem Motto: „Prüfe jede sachbezogene Kritik – sie könnte ganz oder teilweise zutreffend sein, sodass du sie zur Verbesserung deines Lösungsansatzes nutzen kannst".

Bacon hat bezogen auf die Naturwissenschaft einige Irrtumstendenzen des menschlichen Denkens herausgearbeitet und auch die bedürfniskonformen Verzerrungen ansatzweise erkannt. Die erkenntniskritische Ideologie$_1$theorie systematisiert und verallgemeinert diese Einsichten. Die „anthropologisch bedingte[n] Erkenntnisschwächen" (Schneiders 1983: 54) müssen bewusst gemacht und korrigiert werden, um erstens auf wissenschaftlicher und zweitens bereits auf vorwissenschaftlicher Ebene Erkenntnisfortschritte erzielen zu können. Dabei geht es selbstverständlich nicht um eine Rückkehr zur historischen Position Bacons.

These 5.9: Menschen sind dazu in der Lage, kognitiv-rationale Kriterien in einem mühsamen und ständig von Rückfällen bedrohten Prozess gegen mächtige – und gattungsgeschichtlich ältere – Gegentendenzen zur Geltung zu bringen. Sie sind in diesem Sinne nicht von Haus aus vernünftige Lebewesen, aber zur Vernunft *fähig.* Über weite Strecken der historischen Entwicklung ist das Erkenntnisstreben den Gesichtspunkten der Bedürfniskonformität untergeordnet; die Zurückdrängung dieser Art des Denkens ist daher von erheblicher Bedeutung für die weitere Entwicklung.

Die Vernunft ist nicht dazu verurteilt, dauerhaft eine „relativ schwache Instanz im Seelenleben" (Lenk 1984: 24) zu sein. Die „aufklärerische Ideologie$_{[1]}$-kritik [verbündet sich] auch dann mit der menschlichen Vernunft, wenn es sich erweist, daß diese relativ ohnmächtig ist" (35). Dabei ist es nicht darum zu tun, die Wünsche, Befürchtungen, Willenstendenzen; Interessen zu *eliminieren,* es geht vielmehr darum, die Erkenntnisprozesse so zu steuern, dass die Ideen und Argumente, die aus diesen Faktoren *erwachsen* sind, einer Prüfung nach kognitiven Standards unterzogen werden. Bedürfnisse, aber auch Affekte und Emotionen sind für Erkenntnisprozesse wichtig, nicht zuletzt als Motivationserzeuger, aber sie dürfen keinen *direkten* Einfluss auf die Denk*resultate* haben.

Nicht der leidenschaftslose, von allen Affekten, Wünschen usw. befreite Mensch ist in Erkenntnisdingen das Leitbild, sondern der Mensch mit Affekten und Emotionen, der aber bestrebt ist, die Erkenntnisprozesse nach *kognitiven* Kriterien zu organisieren. Primäre Leidenschaften können sich in eine Leidenschaft des Erkennens verwandeln, aus einem handfesten Interesse kann ein Interesse für die Erkenntnis selbst werden; elementare Kräfte des Menschen lassen sich auch für Erkenntnisbestrebungen nutzen. Hier spielt das Wissen über die Irrtums- und

Verzerrungstendenzen des alltäglichen Denkens eine wichtige Rolle. Das Ideal der *vollständigen* Befreiung von diesen die Erkenntnis störenden Faktoren lässt sich als eine regulative Idee im Sinne Kants auffassen; das normative Leitbild fordert somit nur dazu auf, Schritt für Schritt auf diesem Weg voranzukommen. Auch ein Mensch ohne wissenschaftliche Ausbildung und ohne spezifische Interessen, die in diese Richtung weisen, kann sich um die Verbesserung seines *alltäglichen* Erfahrungswissens bemühen.

Die Thesen zur wissenschaftlichen Dimension lassen sich auf die vorwissenschaftliche übertragen. So kann man die in *These 5* formulierte Unterscheidung zwischen der *Erforschung von Denkfehlern* und der *Theorie des bedürfniskonformen Denkens* auch auf die vorwissenschaftliche Erfahrungserkenntnis beziehen. Insbesondere lässt sich zeigen, dass viele Fehlurteile im Alltag scheinhafte Befriedigungen menschlicher Bedürfnisse darstellen (*These 5.1*). Menschen tendieren gerade auch im vorwissenschaftlichen Bereich dazu, bestimmte Annahmen, die bedürfniskonform sind, direkt für wahr zu halten; sie sind in ihrem Denken über weite Strecken nicht auf *Phänomenkonformität nach kognitiven Kriterien* ausgerichtet (*These 5.2*). Ferner kann der Gewinn verlässlicher vorwissenschaftlicher Erkenntnis dadurch gestört werden, dass die jeweilige Weltanschauung die zu erlangenden Ergebnisse inhaltlich vorgibt, sich also der Wunsch nach weltanschauungskonformen Ergebnissen durchsetzt (*These 5.3*). Das in der vorwissenschaftlichen Dimension für bedürfniskonformes Denken in besonderem Maß empfängliche Lebewesen Mensch kann jedoch auch hier sowohl die Denkfehler als auch die Mechanismen des bedürfniskonformen Denkens erkennen und vermeiden, was jedoch mit erheblichen Schwierigkeiten verbunden ist (*These 5.4*).

4.5 Selbst- und Fremdtäuschung

Die kognitive Ideologietheorie unterscheidet zwischen Selbsttäuschung (Ideologie$_1$) und Fremdtäuschung (Betrug); die Ausdrücke „Selbsttäuschung" und „Illusion" werden hier synonym verwendet. Das auf bedürfniskonforme Weise verzerrte Denken hat *immer* den Charakter der Selbsttäuschung; man hält etwas aufgrund bestimmter Wünsche, Bedürfnisse, Interessen für wahr, was nach empirisch-rationalen Kriterien unzutreffend oder zumindest problematisch ist. Die Fremdtäuschung gehört demgegenüber in eine andere Kategorie: Man stellt anderen als zutreffend dar, was man selbst für unzutreffend hält; dabei kann das, was der Betrüger für wahr hält, wiederum falsch sein. Man macht den anderen, um das x tatsächlich oder vermeintlich wissend, ein x für ein u vor – und erweckt dabei auch den Anschein, dass man an das u glaubt. Die Täuschungen anderer sind also kein Gegenstand der Ideologie$_1$theorie, sondern werden in einer eigenständigen Disziplin behandelt – der Manipulationsforschung.

Die Priester- und Herrentrugtheorie der französischen Aufklärung wird in den meisten Einführungen und historischen Darstellungen als wichtige Etappe der Ideologieforschung eingeordnet – im weiten Sinn, da das Wort „Ideologie" ja noch nicht verwendet wird. Berücksichtigt man jedoch die in Kapitel 1 eingeführte Differenzierung des Ideologiebegriffs, so ergibt sich ein anderes Bild. Natürlich bewegen sich auch diese Aufklärer innerhalb eines weltanschaulichen Rahmens und vertreten ein soziopolitisches Programm, aber die Priestertrugtheorie ist – wie der Name schon andeutet – eine Betrugs- und keine Ideologie$_1$theorie. So wirft z.B. Paul Thiry d'Holbach (1723–1789) „den Priestern vor, mit Hilfe der von ihnen erfundenen religiösen Ideen die Ungerechtigkeit von staatlichen Ordnungen metaphysisch zu rechtfertigen und sich aus purem Machtinteresse heraus zu Helfershelfern von tyrannischen Monarchen zu machen" (Topitsch/ Salamun 1972: 29).

Die Theorie des Ideologie$_1$ deckt auf, wie Wünsche, Bedürfnisse, Interessen sich in theoretischen Konstruktionen *auf undurchschaute Weise* erkenntnisdeformierend auswirken. Die Manipulationstheorie zeigt demgegenüber, wie und zu welchem Zweck für unwahr gehaltene Auffassungen als wahr ausgegeben und damit die eigenen Wünsche, Bedürfnisse, Interessen *gezielt verschleiert* werden. Das Ideal ist im ersten Fall die Ideologie$_1$freiheit als Überwindung sämtlicher bedürfniskonformer Fehleinschätzungen, im zweiten Fall hingegen die Manipulationsfreiheit als Überwindung aller Fremdtäuschungen – die „Immunisierung gegen Techniken der Manipulation und Verdummung" (Lenk 1984a: 359). Beides sind *Annäherungsideale*, die ein Ziel vorgeben, das zwar wahrscheinlich nie erreicht werden, dem man sich aber durchaus schrittweise annähern kann.

Die Ideologie$_1$theorie ist der Manipulationstheorie in systematischer Hinsicht *übergeordnet*, denn der Glaube an eine bestimmte Ideologie$_{2/3}$ ist das primäre Phänomen. Nur vor dem Hintergrund *geglaubter* Annahmen kann man andere betrügen: Der Betrüger hält *einige* Annahmen für zutreffend, und zusätzlich stellt er andere, an die er selbst *nicht* glaubt, als zutreffend dar. Einen ‚reinen' Betrüger, der an gar nichts glaubt, kann es, da Menschen weltanschauungsgebundene und auf Erfahrungswissen angewiesene Lebewesen sind, gar nicht geben. Wird die Bindung an eine *geglaubte* Ideologie$_{2/3}$ vom Theoretiker vernachlässigt, so kommt es leicht zu einer *zynischen* Position, die jede Manipulation der Bevölkerung, die im Interesse der jeweiligen Elite liegt, für gerechtfertigt hält.

Zunächst ein paar Worte zur Entwicklung der Manipulationstheorien:

> List und Betrug bilden für Hobbes und seine Nachfolger die Mittel der Mächtigen, das unwissende Volk nach ihrer Willkür zu beherrschen und ihre Macht über die Menschen auszudehnen. Während jedoch Hobbes, ähnlich wie Machiavelli, davon ausgeht, daß ein Staatswesen zu seiner Erhaltung stets der Unterdrückung freier Meinungsäußerungen bedürfe, haben manche Philosophen des 18. Jahrhunderts dieses apologetische Votum zugunsten der Forderung nach Befreiung von jeglichem Gewissenszwang preisgegeben. (Lenk 1984: 16)

Beim Aufbau einer *soziopolitischen* Manipulationstheorie gibt es zwei Möglichkeiten:

Option 1: Man betrachtet die Manipulation der Bevölkerung als unerlässlich, um die bestehende Gesellschafts- und Staatsordnung, die als im Kern *vernünftig* angesehen wird, zu erhalten. Mögen manche Formen des Betrugs bzw. der Manipulation auch moralisch bedenklich sein – der zum guten soziopolitischen Zweck der Erhaltung der vernünftigen Gesellschaftsordnung eingesetzte Betrug der Bevölkerung ist legitim und positiv zu bewerten.

Option 2: Man betrachtet die Manipulation der Bevölkerung als vermeidbar. Hier wird zwischen der *bestehenden unvernünftigen* und der *künftigen vernünftigen* Gesellschaft unterschieden. Der Volksbetrug wird nach dieser Auffassung angewandt, um die bestehende *unvernünftige* Gesellschaft zu stabilisieren. Um sie überwinden zu können, müssen auch die zu ihrer Rechtfertigung verwendeten Manipulationsstrategien aufgedeckt werden. Der zur Verteidigung einer unvernünftigen Gesellschaftsordnung eingesetzte Betrug ist illegitim und negativ zu bewerten. Nach Helvétius gilt: „Die Herrschenden verbreiten die Vorurteile bewußt zum Zwecke ihrer Machtkonsolidierung und sie sind sich des Charakters der Vorurteile als Vorurteile auch bewußt. Ihr Tun steht damit in der Dimension bewußter, herrschaftssichernder Lüge – modern gesprochen: verfälschender Manipulation." (Lieber 1985: 30)

Während nach Option 1 die „Unterdrückung freier Meinungsäußerungen" der Bevölkerungsmehrheit notwendig und gerechtfertigt ist, ist sie nach Option 2 unnötig und nur für die Herrschenden nützlich, die eine veraltete Herrschaftsform erhalten wollen. Beide Optionen können mit einer areligiösen Position verbunden werden. Nach Option 1a ist die Verbreitung der nicht mehr geglaubten Religion im Volk legitim, sofern diese dazu beiträgt, die bedrohte vernünftige Gesellschaftsordnung zu erhalten. Für Option 2a ist dieses Vorgehen hingegen illegitim, da es eine unvernünftige Gesellschaftsordnung stützt und die Entstehung einer vernünftigen verhindert. Hier gilt die Religion nicht mehr als „eine die Gesellschaft integrierende, sondern eher die das Glück und die Wohlfahrt der Bürger gefährdende geistige Macht" (Lenk 1984: 16). Vertreter von Option 1a stilisieren die bestehende vernünftige zur gottgewollten Ordnung hoch, da das unwissende Volk nur so dazu gebracht werden kann, das Vernünftige zu akzeptieren. Die Vermittlung der nicht geglaubten Religion dient den Herrschenden auf diese Weise auch zur Sicherung ihrer *berechtigten* Privilegien. Nach Option 2a hingegen wird die bestehende unvernünftige als gottgewollte Ordnung verklärt, um das Volk in dauerhafter Unwissenheit zu erhalten und die Entstehung einer vernünftigen Gesellschaft zu verhindern. Die Vermittlung der nicht geglaubten Religion dient den Herrschenden auf diese Weise auch zur Sicherung ihrer *unberechtigten* Privilegien. „Die Theorie vom Priestertrug sollte in dieser gesellschaftlichen Situation die Machtinteressen bloßlegen, welche der Verklärung geschichtlich gewordener Verhältnisse zugrunde liegen." (17)

Die Gebildeten, insbesondere die Herrschenden, die Option 1a vertreten, erblicken „in den tradierten religiösen Vorstellungen eine Quelle vernunftwidriger Vorurteile" (16). Sind sie nun davon überzeugt, dass die bestehende Ordnung in der Hauptsache vernünftig ist, so ergibt sich durch die folgende Gedankenkette die Berechtigung einer manipulativen Verbreitung von religiösen Vorstellungen: Das Volk ist unwissend und irrational, insbesondere denkt es religiös. – Da es die Rationalität der bestehenden Ordnung nicht einzusehen vermag, besteht die Gefahr, dass es diese Ordnung zerstört und eine definitiv unvernünftige errichtet. – Deshalb ist es sinnvoll, der tumben Bevölkerung diese Ordnung als *gottgewollt* darzustellen, denn das hat zur Folge, dass diese als gut und richtig empfunden wird. – Nur wenn man sich an das religiöse Denken des Volks anpasst und vorgibt, selbst genauso zu denken, kann man es dazu bringen, das, was nach areligiös-vernünftigen Kriterien gut und richtig ist, zu akzeptieren.

Die areligiöse Weltanschauung wird hier in dogmatischer Form vertreten, sie gilt als die definitiv wahre. Im Umgang mit dem religiös denkenden Volk ergeben sich dann wiederum zwei Möglichkeiten: Umerziehung oder Manipulation. Gilt eine Umerziehung des Volks grundsätzlich oder zumindest unter den gegebenen Umständen als unmöglich, so bleibt nur der Betrug. Dieser nützt letztlich auch der Bevölkerung, denn die Zerstörung der bestehenden Ordnung würde, so meint man, zur Verschlechterung der Lebensumstände führen.

Auf vergleichbare Weise kann Option 2a ausgeformt werden, was jetzt aber nicht im Einzelnen geschehen soll. Die Priester haben „zwar die Unwahrheit der von ihnen verbreiteten Dogmen durchschaut", streuen „im Interesse ihrer Privilegien jedoch dem unwissenden Volk Sand in die Augen" (19). Ein Hauptunterschied besteht darin, dass die *altruistische* durch eine *egoistische* Manipulation ersetzt wird. Nach Option 1a will der Betrüger auch für die Bevölkerung das Beste – er hält sie durch eine vorgeblich vertretene religiöse Argumentation davon ab, im Chaos zu versinken. Nach Option 2a hingegen will der Betrüger hingegen primär seine eigenen Pfründe sichern; das Wohl des Volks ist ihm egal.

Eine andere Konstellation entsteht hingegen, wenn der Betrüger Anhänger einer religiösen Weltanschauung ist (Option 1b). Es ist denkbar, dass X einige Grundannahmen z.B. der christlichen Religion akzeptiert, aber nicht glaubt, die bestehende Ordnung sei gottgewollt. Ein solcher Fall dürfte aber relativ selten auftreten: Wer eine übernatürliche Dimension bestimmter Art annimmt, glaubt meistens auch, dass in ihr ein Ur- und Vorbild der gerechten Gesellschaftsordnung verankert ist; dann aber liegt gar keine Manipulation vor. Option 1b verteidigt eine bestimmte Ordnung mit für wahr gehaltenen religiösen Argumenten, während Option 2b auf dieselbe Weise für den Übergang zu einer neuen Ordnung plädiert. Behauptet wird dann eine Verschwörung der Mächtigen gegen das Volk, dem der Wille Gottes *vorenthalten* wird.

Einige spätere Manipulationstheorien bringen neue Varianten hervor. So kann postuliert werden, dass gerade zur angestrebten *Überwindung* der bestehenden Gesellschaft eine Manipulation der Massen unerlässlich sei: Nur dann, wenn man ihnen einen Idealzustand als erreichbar vorgaukelt, der de facto gar nicht realisierbar ist, sind sie nach dieser Auffassung bereit, für eine neue Gesellschaft zu kämpfen. Das von Georges Sorel (1847–1922) entwickelte Konzept des (politischen) Mythos kann in diesem Sinne manipulationstheoretisch verwendet werden, es enthält aber auch Elemente, die zunächst einmal in die erkenntniskritische Ideologie$_1$theorie gehören. Sorel

> subsumiert unter seinem Zentralbegriff, dem „Mythos", ideologische$_{[1]}$ Vorstellungskomplexe, die sich der Mensch aus Bequemlichkeit und Denkfaulheit über gesellschaftliche Sachverhalte macht. Zu bequem, um sich wissenschaftlich exakte Vorstellungen zu erarbeiten, *schaffen sich die Menschen durch Projektion von vertrauten und allzu einfachen Vulgärbegriffen auf gesellschaftliche Sachverhalte wirklichkeitsinadäquate Phantasievorstellungen über die sozialen Beziehungen.* Gerade *weil* diese Phantasievorstellungen oder „Mythen" die gesellschaftliche Realität nicht objektiv, sondern einseitig verzerrt wiedergeben, können sie den Menschen zu großen Taten veranlassen, die dieser nie wagen würde, wenn ihm die wirklichen Sachverhalte bekannt wären und er seine Handlungsalternativen rational abwöge. *Sorel* ist voll und ganz politischer Aktivist und sieht die proletarische Massenaktion als das erstrebenswerte Ziel, das es mit Hilfe der Mythen zu erreichen gilt. Wenn er ideologischen$_{[1]}$ Vorstellungen daher einen positiven Wert zuspricht, so geschieht dies in erster Linie auf Grund ihrer *psychologischen Motivationskraft,* die sie wirksame Instrumente zur Aktivierung der Massen sein läßt. Dieser Standpunkt, der für das Erreichen politischer Ziele eine gewisse Emotionalisierung und Fanatisierung der Massen für erforderlich hält, ist natürlich unvereinbar mit jenen Aufklärungstheorien, die politische Ziele über einen möglichst breiten Konsens zu verwirklichen trachten, der durch weitgehend emotionsfreie, sachliche Argumentationen, rationale Überlegungen und die vernünftige Einsicht möglichst vieler zustandekommt. (Topitsch/Salamun 1972: 36 f.)

Die Theorie der Fremdtäuschung befasst sich mit allen Phänomenen der oben beschriebenen Art. Das absichtliche Belügen des Volks, um es besser kontrollieren und damit die eigene Herrschaft sichern zu können, ist nur eine Variante. Fremdtäuschungen treten bereits in den zwischenmenschlichen Beziehungen des Alltagslebens auf. Dass man Selbst- und Fremdtäuschungen häufig in einen Topf wirft, hängt damit zusammen, dass beide in einigen Fällen dieselben *Funktionen* erfüllen. So kann z.B. die Stabilisierung einer bestimmten Herrschaftsform sowohl durch den festen Glauben, diese sei gottgewollt, erreicht werden, als auch durch geschickte Vermittlung der für unwahr gehaltenen Behauptung, diese sei gottgewollt.

Bei der Untersuchung von *Wandlungen* in der Dimension der Ideologie$_{2/3}$ sind vier Fälle zu unterscheiden:

Fall 1: Eine *dogmatische* Ideologie$_{2/3}$ wird durch eine andere ersetzt.

Fall 2: X hat zuvor eine bestimmte Ideologie$_{2/3}$ für *absolut* wahr bzw. richtig gehalten; diesen Glauben hat er verloren, betrachtet diese Konstruktion aber weiterhin als der Konkurrenz überlegen und hält damit auch an ihrer Problemlösungskompetenz fest. Ein Sozialist, der nicht mehr daran glaubt, dass sein Gesellschaftsideal das definitiv richtige ist, kann weiterhin von einem soziopolitischen Programm sozialistischer Art überzeugt sein. Ein Christ kann seine zuvor in *dogmatischer* Form vertretene religiöse Weltanschauung nunmehr auf *undogmatische* Weise vertreten, usw.

Fall 3: X geht (wie in Fall 2) von einer dogmatischen zu einer undogmatischen Einstellung über, hält aber nicht an der früher vertretenen Ideologie$_{2/3}$ in neuer Form fest, sondern betrachtet nun eine *andere* Auffassung als der Konkurrenz überlegen.

Fall 4: X wendet sich (wie in den Fällen 1 und 3) *ganz* von der zuvor in dogmatischer Form vertretenen Ideologie$_{2/3}$ ab, gibt aber erstens vor, weiterhin an sie zu glauben, und verkündet sie außerdem als definitiv wahr bzw. richtig – z.B. um seine Machtstellung und bestimmte Privilegien nicht zu verlieren oder um gravierende Sanktionen zu vermeiden. Man stellt anderen, insbesondere den Untergebenen, das, woran man selbst nicht mehr glaubt, weiterhin als definitiv gültig dar. Ein nicht mehr vom Christentum, vom Sozialismus usw. Überzeugter kann so tun, als würde er noch an die jeweilige dogmatische Ideologie$_{2/3}$ glauben, und diese Lehre auch weiterhin verbreiten. Eine andere Ideologie$_{2/3}$ – die auch implizit bleiben und die sowohl dogmatisch als auch undogmatisch sein kann – nimmt die Stelle der alten ein, aber die zum bisherigen Glauben gehörende Praxis, die mit den neuen Überzeugungen im Widerspruch steht, wird in der Form der Fremdtäuschung fortgesetzt. Wird ein solcher Übergang von vielen Vertretern einer Ideologie$_{2/3}$ vollzogen, so ist das häufig der Anfang vom Ende eines institutionalisierten Glaubens bzw. eines etablierten Gesellschaftssystems. Versucht nämlich jemand die anstehenden Probleme mittels eines Konzepts zu bewältigen, an dessen Problemlösungskompetenz er nicht mehr glaubt, so kommt in aller Regel auch keine befriedigende Problembewältigung zustande.

Wer überzeugt ist, dass die bestehende, als vernünftig angesehene Ordnung über kurz oder lang zusammenbrechen und durch einen chaotischen Zustand ersetzt werden würde, falls die Bevölkerung nicht an deren Gottgewolltheit glaubt, fühlt sich häufig *ethisch verpflichtet*, diesen Glauben zu verkünden – auch wenn er ihn selbst nicht teilt. Entsprechendes gilt für die Annahme, alles würde zusammenbrechen, wenn das Volk nicht an ein besseres Leben im Jenseits glauben würde. Weltanschauungen dieser Art zeichnen eine dramatische Situation und entwerfen ein pessimistisches Menschenbild: Demnach ist die Mehrheit der Menschen *unabänderlich* so beschaffen, dass sie nur durch eine gutartige Manipulation vor ihren destruktiven Tendenzen geschützt werden kann. Die mit der undogmatischen Aufklärungsphilosophie verbundene Anthropologie berücksichtigt demgegenüber zwar auch die destruktiven Tendenzen, nimmt aber an, dass Menschen prinzipiell lernfähig sind.

4.5.1 Dieter Birnbacher über Selbst- und Fremdtäuschungen im ökologischen Spektrum[22]

In der anfangs diskutierten Option 1a dient die soziopolitische Manipulation in guter Absicht dazu, das Schlimmste zu verhindern und die ungebildete Bevölkerung durch geschickte Nutzung ihres religiösen Glaubens vor ihren destruktiven Tendenzen zu schützen. Hinzu kommt, dass der Volksbetrug dazu beiträgt, der vermeintlich definitiv wahren bzw. richtigen Ideologie$_{2/3}$ zum Sieg zu verhelfen. X meint, eine Auffassung, an die er selbst nicht glaubt, „aus funktionalen Gründen verbreiten zu müssen [...], etwa weil er davon überzeugt ist, daß die mit ihr zu verfolgenden Ziele wichtig genug sind, um ihren mangelnden Wahrheitsgehalt und den Täuschungscharakter des Ganzen aufzuwiegen" (Birnbacher 1996: 53). In der Gegenwart kommt es z.B. im Bereich der ökologischen Bewegung sowohl zu neuen Formen der dogmatischen Ideologie$_{2/3}$ als auch zu neuen Formen der Fremdtäuschung in guter Absicht:

> Nicht immer sind diese Öko-Philosophien, nach denen die Natur der „Partner" des Menschen ist oder werden soll, Pflanzen bestimmte Interessen und moralische Rechte gegen den Menschen haben oder sogar zu Schmerzen und psychischen Leidenszuständen fähig sind, für ihre Autoren – zumeist Aktivisten der ökologischen Szene – bloße Mittel zum Zweck. Einige meinen es offensichtlich ernst [...] (55).

Zwei Varianten sind zu unterscheiden:

Variante 1: Man redet ernsthaft „von ‚Schöpfung‘, ‚Mitgeschöpflichkeit‘, ‚Partnerschaft‘, ‚Zwecken der Natur‘ usw." (55). Dann liegt ein religiöses Überzeugungssystem bestimmter Art vor, es findet keine Manipulation statt.

Variante 2: Man funktioniert „[d]ie Begrifflichkeit der abendländischen Metaphysik" um „zu einem strategisch einzusetzenden Instrument in einem aus praktischen Gründen für notwendig gehaltenen Bewußtseinswandel" (55). Dann liegt ein areligiöses Überzeugungssystem bestimmter Art vor, und es findet eine Manipulation statt.

Die einen *glauben* an einen „allen menschlichen Bewertungen vorausliegenden Eigenwert[] der Natur", die andern geben nur vor, daran zu glauben, um ihre soziopolitischen Ziele besser erreichen zu können – sie praktizieren eine „strategische[] Theorieproduktion" (55). Ein solcher Theoretiker entwickelt „möglichst motivierende, bildkräftige und suggestive Mythen […], ganz gleichgültig, ob er diese mit seinem intellektuellen Gewissen vereinbaren kann" (56). Darum geht es in der Theorie der Fremdtäuschung bzw. Manipulation. Diese Art des Denkens

> läuft auf eine bewußte Verzerrung der Wahrheit hinaus, die ihre erhoffte Wirkung nur dann entfalten kann, wenn sie für die Wahrheit genommen wird und ihr rein funktionaler Charakter undurchschaut bleibt. Daß die Natur kein Subjekt ist, mit dem der Mensch wortwörtlich eine Partnerschaft aufnehmen kann, daß sie moralisch indifferent ist, daß Pflanzen und andere Naturwesen ohne Subjektivität keine Interessen im wörtlichen Sinn haben, daß es keinen Wert ohne Bewertung gibt, wissen die Autoren dieser Konstruktionen selbst gut genug. (56)

Immer dann, wenn in der weltanschaulichen oder der soziopolitischen Dimension eine große Wende angestrebt wird, besteht die Gefahr, dass sich einerseits bedürfniskonforme Konstruktionen herausbilden (die von der erkenntniskritischen Ideologieforschung zu analysieren sind), und dass andererseits das, was man nicht selbst glaubt, aber für der guten Sache förderlich hält, als wahr propagiert wird (was von der Manipulationsforschung zu untersuchen ist). Im Rahmen der undogmatischen Haltung können solche Konstruktionen nur „uneigentlich, metaphorisch oder im Sinne eines Als-ob verstanden" (56) werden, wodurch sie zwangsläufig an Durchschlagskraft einbüßen. Undogmatisch Denkende, die „den ökologischen Umbau nicht nur der Industriegesellschaft, sondern unserer Umgangsweisen mit der Natur insgesamt voran[...]treiben" wollen, sind bestrebt, auf Verhaltensmotivationen einzuwirken, ohne sich „über herkömmliche Ansprüche an Rationalität und Wissenschaftlichkeit großzügig hinweg[zu]setzen" (55). Dabei ist allerdings der folgende Zusammenhang zu beachten: Wer z.B. Anhänger einer bestimmten *religiösen* Weltanschauung zum ökologischen Umdenken motivieren will, wird dann besonders erfolgreich sein, wenn er eine auf genau diese

Religion rekurrierende Begründung liefert. Im Hinblick auf religiös Denkende ist es nicht falsch zu behaupten, dass nur, wer *im religiösen Sinn* „an den Eigenwert der Natur glaubt, umsichtig und vorsorglich mit ihr umgehen wird" (55).

Eine Kooperation zwischen konkurrierenden Weltanschauungen hinsichtlich bestimmter Werte, Normen und Ziele ist möglich (z.B. hinsichtlich des Ziels eines ökologischen Umbaus), *nicht* aber hinsichtlich der theoretischen Konstruktionen, mit denen ein solches Ziel gerechtfertigt wird, denn diese sind weltanschauungs-abhängig. Undogmatische Aufklärer nehmen hier eine Sonderstellung ein, denn sie verschmähen es, um die Mechanismen bedürfniskonformen Denkens wissend, diese anzuwenden. Um ein bestimmtes soziopolitisches Ziel zu erreichen, müssen sie jedoch, da sie häufig in der Minderheit sind, Kompromisse mit denen schlie-ßen, die anders ‚ticken'. Ist hingegen ein bestimmtes Ziel erreicht, so werden die problematischen theoretischen Konstruktionen, die dazu beigetragen haben, häufig überflüssig, sie landen „in der metaphysischen Rumpelkammer" (57).

Auf Probleme der Manipulationstheorie wird in diesem Buch nicht weiter eingegangen. Die Manipulationsforschung stellt eine eigenständige Disziplin dar, die sich mit heiklen Fragen auseinandersetzen muss. Die zunächst nahe lie-gende Position, die *alle* Manipulationen kritisiert und für überflüssig hält, bedarf selbst einer Überprüfung. So muss geklärt werden, ob die von Option 1a vertre-tenen Thesen zutreffend sind oder nicht. Wäre die Alternative zur bestehenden Ordnung tatsächlich das Chaos, und wäre zur Aufrechterhaltung der bestehen-den Ordnung die Manipulation des Volks, wie Option 1 sie denkt, erforderlich, so wäre es *geboten*, „eine Macht nur um der Erhaltung geordneter Verhältnisse willen auch dann zu stützen, wenn sie zu ihrem Fortbestand der Unwahrheit bedarf" (Lenk 1984: 35). Erfreulicherweise besteht der von Option 1 behauptete Zusammenhang nicht, zumindest nicht durchgängig. Auch dann, wenn man nicht unterstellt, das Volk sei *wesenhaft* unvernünftig und könne immer nur durch geschickte Manipulation dazu gebracht werden, das Vernünftige zu akzeptieren, besteht jedoch die Möglichkeit, dass *einige* Situationen nach diesem Muster zu interpretieren sind. Es darf nicht a priori ausgeschlossen werden, dass es Konstel-lationen geben kann, in denen sich nur dadurch gravierende negative Folgen ver-meiden lassen, dass man die Bevölkerung im Allgemeinen oder eine bestimmte Gruppe im Besonderen in guter Absicht manipuliert. Das gilt auch für Situatio-nen, die im Alltagsleben auftreten können. So kann z.B. beim Ausbrechen eines Feuers die Mitteilung der Wahrheit zu einer Panik führen, die sich durch eine in guter Absicht erfolgende Manipulation verhindern lässt; vgl. Karstedt 1979: 156 ff. Als eine weitere anthropologische These kann daher formuliert werden:

These 7: Menschen sind Lebewesen, die aufgrund ihrer nichtrationalen Kompo-nenten leicht dazu gelangen können, Dinge zu tun, die für sie selbst und andere schädlich sind; das gilt insbesondere für Extremsituationen. In solchen Konstellationen *kann* eine Manipulation in guter Absicht dazu beitragen, diese negativen Folgen zu verhindern.

In der Manipulationsforschung sind solche Fälle genauer zu untersuchen.

4.6 Wissenschaft und Ideologie

In Kapitel 1.4 ist gezeigt worden, dass die These vom Ende *der* Ideologie in dieser allgemeinen Form nicht sinnvoll ist; die zugehörige Frage muss, bezogen auf die Ideologie$_{1/2/3}$, in drei Fragen differenziert werden, die einzeln zu beantworten sind. Entsprechend ist auch die Frage nach dem *Verhältnis von Wissenschaft und Ideologie* in dieser allgemeinen Form falsch gestellt. Sie ist ebenfalls in (mindestens) drei Fragen aufzugliedern.

Zuvor ist jedoch der hier verwendete Wissenschaftsbegriff zu klären. Die kognitive Ideologietheorie gebraucht das Wort „Wissenschaft" in einem engeren und strengeren Sinn als vielfach üblich; in diesem Zusammenhang geht es nur um sich auf Wirklichkeitszusammenhänge beziehende *Realwissenschaften*, nicht um *Formalwissenschaften* wie Logik und Mathematik. Unter einer Wissenschaft im engeren Sinn wird eine Disziplin verstanden, die *empirisch-rationalen* Prinzipien folgt. Nicht alles, was als Wissenschaft auftritt bzw. zu einer bestimmten Zeit als Wissenschaft akzeptiert wird, nicht jede Wissenschaft *i.w.S.* stellt demnach eine Wissenschaft *i.e.S.* dar. So gibt es z.B. in der Textwissenschaft nicht nur Ansätze, die in kognitiver Hinsicht relativ unergiebig sind, sondern auch solche *pseudowissenschaftlicher* Art; vgl. die Kritik des projektiv-aneignenden Interpretierens in Kapitel 4.3. Die Ausgangsfrage wird also aufgefasst als Frage nach dem Verhältnis von *Erfahrungswissenschaft* und Ideologie. Nun zur Aufgliederung:

1. Wie verhalten sich die Erfahrungswissenschaften zur Ideologie$_2$? Bewegt sich jeder Wissenschaftler innerhalb eines bestimmten weltanschaulichen Rahmens, so lässt sich dessen Einfluss nie völlig eliminieren. Es kommt somit darauf an, ihn *sinnvoll zu gestalten*. Der weltanschauliche Rahmen erweist sich für die empirische Erkenntnis zunächst einmal als *produktiv*: Aus ihm ergibt sich innerhalb der jeweiligen Disziplin (Physik, Soziologie, Textwissenschaft usw.) ein *Interesse*, sich mit bestimmten Gegenständen näher zu beschäftigen und verlässliche Einsichten über sie zu erlangen. Aus Überzeugungssystemen – sowohl aus Weltbildannahmen als auch aus Wertsystemen – entwickeln sich spezifische *Erkenntnisinteressen*, die dann mit empirisch-rationalen Mitteln befriedigt werden können. Ohne diese Motive würden erfahrungswissenschaftliche Erkenntnisprozesse gar nicht in Gang kommen oder nicht nachhaltig betrieben werden.

2. Wie verhalten sich die Erfahrungswissenschaften zur Ideologie$_3$? Die Ausführungen über Weltanschauungen lassen sich weitgehend auf soziopolitische Programme übertragen, sodass es keiner Wiederholung bedarf.

3. Wie verhalten sich die Erfahrungswissenschaften zur Ideologie$_1$? Der weltanschauliche Rahmen wirkt nicht nur als Scheinwerfer (der bestimmte Gegenstände ins Licht rückt) und als Motivator (der ein Interesse an der Erkenntnis bestimmter Wirklichkeitszusammenhänge weckt), er kann auch *negative* Folgen haben. Dominiert das bedürfniskonforme Denken, so entstehen Wissenschaften i.w.S., die nicht oder nur in sehr eingeschränktem Maß erfahrungswissenschaftlichen Prinzipien folgen, d.h. die nicht ergebnisoffen nach der bestmöglichen Lösung kognitiver Probleme suchen, sondern bei denen die zentralen Ergebnisse eigentlich von vornherein feststehen. Wissenschaft wird hier zum bloßen Instrument der jeweiligen Ideologie$_{2/3,}$ die sie ganz für ihre Zwecke vereinnahmt. Derartige Störungen der Erkenntnisprozesse lassen sich durch Einsicht in die Fehlerquellen prinzipiell vermeiden. Da jedoch mit einer generellen Überwindung *der* Ideologie$_1$ nicht zu rechnen ist, kann nur angestrebt werden, ihren Einfluss innerhalb der empirisch-rational vorgehenden Wissenschaften so weit wie möglich zu verringern. Den Gegensatz zur durch Formen der Ideologie$_1$ massiv gestörten bildet die vom bedürfniskonformen Denken freie Theorie. Deren Vertreter sind zwar innerhalb eines bestimmten soziokulturellen Kontextes an eine bestimmte Ideologie$_{2/3}$ gebunden, aber innerhalb dieser Bindungen ist es ihnen gelungen, sich in der wissenschaftlichen Dimension vom bedürfniskonformen Denken zu emanzipieren.

Um Fehlentwicklungen der wissenschaftlichen Erkenntnisprozesse aufdecken zu können, ist es von entscheidender Bedeutung, *Ansprüche* auf Wissenschaftlichkeit nicht einfach als berechtigt hinzunehmen. Bedürfniskonforme Konstruktionen, welche eine bestimmte Ideologie$_{2/3}$ und damit immer auch bestimmte Interessen direkt bedienen, treten häufig als wissenschaftliche Theorien – und meistens in dogmatischer Form als die definitiv wahren wissenschaftlichen Theorien – auf. Die Berechtigung eines Anspruchs auf Wissenschaftlichkeit ist dadurch zu prüfen, dass die fragliche Theorie nach Kriterien empirisch-rationalen Denkens getestet wird.

These 8: Wissenschaftler sind häufig geneigt, ihre Erkenntnisaktivität ganz in den Dienst der von ihnen akzeptierten Ideologie$_{2/3}$ zu stellen; sie sind daher für das folgenreiche Missverständnis anfällig, die völlig ideologie$_{2/3}$konforme sei zugleich die wissenschaftliche Kriterien am besten erfüllende Theorie, und die Unterwürfigkeit gegenüber den Repräsentanten der jeweiligen dogmatischen Ideologie$_{2/3}$ sei zugleich die wahrhaft wissenschaftliche Einstellung.

Eine mit wissenschaftlichem Anspruch auftretende Theorie kann erstens *von vornherein* durch bedürfniskonformes Denken deformiert sein, zweitens kann eine Theorie, die Standards empirisch-rationalen Denkens weitgehend genügt, *nachträglich* von einer bestimmten Ideologie$_{3/2}$ vereinnahmt werden, sodass erst die *modifizierte* Theorie erheblich durch Ideologien$_1$ gestört wird. Aneignendes Interpretieren, das die Theorie an den jeweiligen weltanschaulichen Rahmen anpasst, kann zu problematischen Thesen führen; vgl. Kapitel 4.3. Eine auf diese Weise vereinnahmte Theorie wird in der Regel auch dogmatisiert.

> Der Anspruch auf Wissenschaftlichkeit scheint zu den wichtigsten Bausteinen vieler Ideo-
> logien$_{[3/2]}$ zu gehören. Wenn etwas „wissenschaftlich erwiesen" ist, läßt sich der Wahr-
> heitsanspruch der damit verbundenen – oder daran angehängten – Ideologien$_{[3/2]}$ offenbar
> leichter reklamieren. Das hängt damit zusammen, daß man Wissenschaft vielerorten als ein
> „System letzter Wahrheiten" zu betrachten geneigt ist (Wuketits 1992: 186).

Hier ist wiederum zwischen Selbst- und Fremdtäuschung zu unterscheiden, wobei die Erstere von größerer Bedeutung ist: Dass man das, was man tut, für echte Wissenschaft hält, ist die Regel; dass man sich in betrügerischer Absicht das Mäntelchen der Wissenschaftlichkeit umhängt, die Ausnahme.

Die einzelnen Wissenschaften sind

> in unterschiedlichem Maße für eine Ideologisierung$_{[1]}$ anfällig. Je weiter die Forschungsob-
> jekte einer Wissenschaft von sozialen Belangen des Menschen entfernt sind, um so weniger
> wird die betreffende Disziplin einer Ideologisierung$_{[1]}$ zugänglich sein. So wird etwa die
> Mineralogie weniger von einer Ideologisierung$_{[1]}$ betroffen sein als beispielsweise die Bio-
> logie, die unter den Naturwissenschaften die dem menschlichen Leben am nächsten ste-
> hende Disziplin ist. Daher findet sich auch die Verbindung von Biologie und Ideologie$_{[1]}$ in
> der Geschichte (und natürlich auch heutzutage) besonders häufig. (186).

Mit wissenschaftlichem Anspruch auftretende Theorien, die im perfekten Einklang mit bestimmten Wünschen, Bedürfnissen, Interessen stehen, sind besonders kritisch zu prüfen, da sie unter dem Verdacht stehen, bedürfniskonforme Fehleinschätzungen zu sein. Zu den *problematischen* Annahmen, die bestimmte Wünsche befriedigen, gehört z.B. in der Biologie „[d]er Glaube an ein Gesetz des Fortschritts in der Evolution" (192). Damit ist häufig die ebenfalls problematische Vorstellung verbunden, „daß es in der Evolution so etwas wie eine naturgesetzlich bestimmte Tendenz zum Guten gibt" (192).

Immer ist zu unterscheiden zwischen der wissenschaftlichen Theorie und ihrer Nutzung für soziopolitische und weltanschauliche Zwecke. So kann z.B. differenziert werden zwischen der Totalitarismustheorie als wissenschaftlicher Konzeption und deren politischer Instrumentalisierung unter „Bedingungen eines sich verschärfenden Ost-West-Konflikts" (Lieber 1985: 137) für eine antikommunistische Haltung, die den Nationalsozialismus weitgehend ausblendet oder sogar verteidigt. Entsprechend wird im linken politischen Spektrum der Anwendungsbereich der Totalitarismustheorie aus ideologischen$_{3/2}$ Gründen dergestalt relativiert, dass „nur noch oder doch fast ausschließlich von faschistischen oder postfaschistischen bzw. quasifaschistischen oder faschistoiden Selbstgefährdungen" gesprochen wird; „die Gefährdung der liberalen Demokratie durch totalitäre Diktaturen" (137 f.) sozialistisch-kommunistischer Art gerät so aus dem Blickfeld.

Ideologie$_{3/2}$ kann grundsätzlich erkenntnisfördernd wirken – das gilt auch für die *vorwissenschaftliche* Erfahrungserkenntnis. Verbündet sie sich jedoch mit dem bedürfniskonformen Denken (Ideologie$_1$), so lässt sie keine freie empirisch-rationale Erkenntnistätigkeit zu oder zerstört sie, sofern sie vorhanden ist. Menschen haben jedoch die Möglichkeit, „aus den aus der Ideologisierung$_{[1]}$ der Wissenschaft entsprungenen Fehlleistungen zu lernen und zu versuchen, sie in Zukunft zu vermeiden" (Wuketits 1992: 202) – vgl. *These 5.4* in Kapitel 4.2.

In gewisser Hinsicht stellt die erkenntniskritische Ideologie$_1$forschung eine *Sisyphosarbeit* dar: Hat man die im Kontext einer bestimmten Ideologie$_{2/3}$ auftretenden Ideologien$_1$ kritisiert und zurückgedrängt, so breitet sich eine andere Ideologie$_{2/3}$ aus, in deren Kontext neue Ideologien$_1$ entstehen, usw. Dass mit dem Entstehen immer neuer und der Revitalisierung alter Ideologien$_1$ zu rechnen ist, schließt jedoch nicht aus, dass durch erkenntniskritische Ideologie$_1$forschung und deren praktische Anwendung einerseits die Menge der bedürfniskonformen Fehleinschätzungen insgesamt *abnimmt* und dass andererseits *mehr Individuen als zuvor* sich dem Ideal des ideologie$_1$freien Lebensvollzugs anzunähern bestrebt sind.

4.7 Das Gewissheitsverlangen

Die in Kapitel 3.5 eingeführte Unterscheidung zwischen der dogmatischen und der undogmatischen Haltung wird nun aus erkenntniskritischer Sicht vertieft; das geschieht im *Thesenkomplex 9*.

These 9: Menschen sind auf irrtumsanfälliges Erfahrungswissen angewiesene Lebewesen, die nicht *zusätzlich* die Möglichkeit haben, nichtempirisches Wissen über Wirklichkeitszusammenhänge zu erlangen, das endgültige Gewissheit verschaffen würde – *höheres* bzw. *absolutes Wissen*. Das ist die zentrale Antwort auf die Frage „Was kann ich wissen?". An Überzeugungssysteme gebundene Lebewesen müssen ihr Leben mithilfe von Weltbildern und Wertsystemen gestalten, die wie die hypothetischen Konstruktionen der vorwissenschaftlichen und wissenschaftlichen Erfahrungserkenntnis nie definitiv gesichert sind.

Jeder *Anspruch* auf Gewissheit und damit auch auf Letztbegründung ist daher zu kritisieren. Der Hauptfehler besteht darin, dass eine bloße Setzung als Begründung ausgegeben bzw. das eigentlich zu Erweisende als gültig vorausgesetzt wird. *These 9* ist daher außerordentlich folgenreich: Es wird der Anspruch erhoben, in jedem Einzelfall zeigen zu können, dass die Überzeugung, man verfüge über ein absolut sicheres Fundament der Erkenntnis, unbegründet ist.

These 9.1: Menschen sind Lebewesen, die dazu neigen, der als belastend empfundenen *Ungewissheit* ihrer Grundannahmen über die Wirklichkeit und ihrer Wertüberzeugungen dadurch *auszuweichen*, dass eine *vermeintliche* Gewissheit produziert wird – ein angeblich endgültiges höheres Wissen. Man ersehnt eine Erkenntnis, die es ermöglicht, immer Recht zu haben. Die Dogmatisierung ist ein *beliebig anwendbares* Denkmuster, das kognitiv wertlos ist. Das geht daraus hervor, dass *jede* Position auf diese Weise ihren Grundannahmen den Status höheren Wissens verleihen kann. Menschen können nur schwer der an die dogmatische Haltung gebundenen Neigung widerstehen, die ihre Lebenspraxis bestimmenden Hintergrundannahmen für definitiv gesichert zu halten. Die dogmatische Haltung gibt dem Gewissheitsverlangen nach, während die undogmatische es zu zügeln versucht.

Der Wunsch nach Gewissheit, beziehe er sich nun auf die Grundannahmen des eigenen Weltbilds und Wertsystems oder auf speziellere Überzeugungen, führt zu einer Verkennung des in *These 9* formulierten Elements der condition humaine. Setzt dieser Wunsch sich ungebrochen durch, so wird aus „Ich *wünsche* mir höheres, nichtempirisches – und damit immer auch bombensicheres – Wissen" allgemein „Höheres Wissen *liegt vor* oder ist zumindest *erreichbar*" und speziell „*Meine* Theorie stellt ein solches höheres Wissen dar". Doch man *gibt nur vor*, über höheres Wissen bzw. über eine letztgültige Begründung von Handlungsanweisungen zu verfügen. Jeder derartige Anspruch lässt sich, so die Behauptung, erstens als unbegründet erweisen und zweitens auf den *Wunsch* nach Gewissheit oder andere lebenspraktische Interessen zurückführen, d.h., es handelt sich um eine Form bedürfniskonformen Denkens.

Menschen sind Lebewesen, die auch in ihrer *wissenschaftlichen* Arbeit dazu tendieren, der als belastend empfundenen Ungewissheit ihrer Grundannahmen dadurch auszuweichen, dass eine vermeintliche Gewissheit produziert wird, d.h., sie neigen dazu, ihre theoretischen Prämissen zu dogmatisieren. Aus dem *Wunsch* nach absolut sicheren theoretischen Grundlagen wird dann „Die Grundlagen meiner Theorie *sind* definitiv wahr". Entsprechendes gilt aber auch für das Alltagsleben. Wer den Ausweichmechanismus erkannt hat, wird nicht länger nach höherem, überempirischem Wissen streben, sondern sich darauf konzentrieren, das empirische Wissen über die Wirklichkeit zu verbessern, eine dazu passende Weltbildkonstruktion zu entwickeln, möglichst ideologie frei zu leben sowie die gesellschaftlichen Lebensbedingungen nach bestimmten Kriterien zu optimieren.

Einige Definitionen des *kritischen* Ideologiebegriffs beziehen sich auf die dogmatische Haltung. So plädiert Christian Duncker für „eine Definition von Ideologie$_{[1]}$ als ein System von Vorstellungen, das explizit oder implizit Anspruch auf absolute Wahrheit erhebt" (Duncker 2006: 34). Er nimmt dabei an, „dass es keine letztbegründete Wahrheit gibt" (35). Daraus lässt sich ein weiterer Ideologiebegriff gewinnen:

Ideologie$_6$ = Eine Theorie oder Weltanschauung, für die ein Absolutheitsanspruch erhoben wird

Diese Definition ist *unvorteilhaft*, vor allem dann, wenn sie – wie bei Duncker – mit einer essenzialistischen Vorgehensweise verbunden ist:

Sprachempfehlung 6: Um begriffliche Vermengungen zu vermeiden, sollte der Ausdruck „Ideologie" nicht verwendet werden, um das Erheben eines absoluten Wahrheitsanspruchs zu bezeichnen. Hierfür reicht der Begriff des Dogmatismus bzw. der dogmatischen Haltung völlig aus.

Bei Duncker geraten die Arbeitsfelder der weltanschauungs- und der programmanalytischen Ideologieforschung gar nicht in den Blick und im erkenntniskritischen Bereich wird die gesamte Kritik des bedürfniskonformen Denkens vernachlässigt.

Aus der Sicht der kognitiven Ideologietheorie ist die Dogmatismuskritik – als eine Form der Irrtumskritik – der Ideologie$_1$kritik noch *vorgelagert*: Sie stellt erstens fest, dass tatsächlich ein absoluter Geltungsanspruch erhoben wird, und sie bemüht sich zweitens darum, diesen *argumentativ zu entkräften* – was teilweise mit erheblichem Aufwand verbunden ist. Die erkenntniskritische Ideologie$_1$theorie zeigt dann, dass die als problematisch erwiesene Dogmatisierung auf den *Wunsch nach Gewissheit* zurückzuführen ist und somit eine bedürfniskonforme Konstruktion darstellt. Ansprüche auf definitive Wahrheit sind sowohl in der wissenschaftlichen als auch in der weltanschaulichen Dimension ernsthaft zu prüfen, denn es ist *denkbar*, dass sie berechtigt sind. Werden diese Auffassungen *direkt* als Ideologien$_1$ eingeordnet, so wird ein ähnliches Spiel wie bei Napoleon gespielt: Die eigene (hier die undogmatische) Position wird als das richtige Bewusstsein *vorausgesetzt*, und die Gegenseite erscheint dann automatisch als *falsches Bewusstsein*. Im argumentfreien Raum kann die Gegenseite den Spieß einfach umdrehen, d.h., es handelt sich ebenfalls um ein beliebig anwendbares Denkmuster. Duncker begnügt sich mit einer solchen generellen Kritik an Absolutheitsansprüchen, die angeblich schon aufgrund der – wie es unter Bezug auf Hans-Georg Gadamers Hermeneutik heißt – „endlich-geschichtlichen Faktizität des menschlichen Daseins" (53) unberechtigt sein sollen.

5 Soziopolitische Programme als Gegenstand der Ideologietheorie

In Kapitel 3 ging es vorrangig um die Bindung menschlichen Lebens an Weltanschauungen (Ideologien$_2$). Kapitel 4 befasste sich mit Formen bedürfniskonformen Denkens, den Ideologien$_1$ als Störfaktoren der Erkenntnis vorwissenschaftlicher und wissenschaftlicher Art. Kapitel 5 wendet sich nun den soziopolitischen Programmen, den Ideologien$_3$ und den Gesellschaftsordnungen als ihren praktischen Umsetzungen zu.

5.1 Soziopolitische und weltanschauliche Dienertheorien

These 10: Der Ideologietheoretiker ist wie jeder andere Wissenschaftler zwar stets an einen weltanschaulichen Rahmen wie auch an bestimmte soziopolitische Auffassungen gebunden, aber er kann sich innerhalb der jeweiligen Ideologie$_{2/3}$ auf die bestmögliche Lösung von Erkenntnisproblemen konzentrieren und so zu verlässlichem Wissen vordringen. Empirisch-rationale Ansätze in den drei Arbeitsfeldern der Ideologieforschung sind daher von *Theorien, die bereits von der Anlage her im Dienst bestimmter Ideologien$_{2/3}$ stehen,* zu unterscheiden. Das bedeutet nicht, dass solche *Dienertheorien* unzulässig oder wertlos sind: Sie haben durchaus eine wichtige Funktion, die jedoch einem anderen Bereich zuzuordnen ist. Ist man bestrebt, ein bestimmtes soziopolitisches Programm zu verwirklichen, so tritt die praktische Frage auf: „Wie müssen wir vorgehen, um unser Ziel zu erreichen?". So ist z.B. im Rahmen der sozialistischen Ideologie$_3$ die folgende Frage relevant: „Wie werden die Menschen dazu gebracht, das bestehende Gesellschaftssystem zu akzeptieren, und wie kann man sie zu einer prosozialistischen Einstellung bringen?" Die für die Anhänger des jeweiligen soziopolitischen Programms relevanten Fragen werden durch eine *Theorie* beantwortet; nicht in allen Fällen kommt es jedoch zu einer expliziten und systematischen Theoriebildung.

Eine solche Theorie ist an die jeweilige Ideologie$_3$ als Option der Gesellschaftsgestaltung gebunden und *dient* ihr. Deshalb wird sie hier als *soziopolitische Dienertheorie* bezeichnet. Der Ausdruck ist nicht abwertend zu verstehen. Wer eine bestimmte Ideologie$_3$ vertritt und die gesellschaftlichen Verhältnisse entsprechend gestalten will, benötigt immer auch eine soziopolitische Dienertheorie, welche Antworten auf die Verwirklichungsfragen und andere Probleme gibt, die bei der jeweiligen Zielsetzung zu berücksichtigen sind.

Dass eine soziopolitische Dienertheorie an eine bestimmte Ideologie$_3$ *gebunden* ist, schließt ein, dass sie sich mit ihren Aussagen de facto nur an *einige* Menschen richtet. Die Befürworter einer anderen Ideologie$_3$ haben *andere* Fern- und Nahziele. Die Antwort auf die Frage „Wie müssen wir vorgehen, um *unser* Ziel zu erreichen?" wendet sich somit an diejenigen, welche an genau dieses Ziel gelangen wollen – nicht an die Andersdenkenden und -wollenden. So ist für Vertreter einer konservativen oder liberalen Ideologie$_3$ die Beantwortung der Frage „Wie kann man die Menschen zu einer prosozialistischen Einstellung bringen?" nicht unmittelbar praxisrelevant, aber vielleicht als Information über die Vorgehensweise eines soziopolitischen Gegners von Interesse.

These 10.1: Erfahrungswissenschaftliche Theorien, die sich auf soziopolitische Phänomene beziehen, richten sich mit ihren Aussagen an *alle* Menschen, nicht nur an die Anhänger bestimmter Ideologien$_3$. Insbesondere ist eine empirisch-rationale *Ideologietheorie* nicht fest an eine bestimmte Ideologie$_3$ gebunden. Ihre Ergebnisse können dann aber von Vertretern unterschiedlicher Ideologien$_3$ aufgegriffen und für ihre Zwecke genutzt werden. Soziopolitische Dienertheorien haben somit eine andere Ausrichtung als erfahrungswissenschaftliche Theorien, sie folgen einer anderen Perspektive.

Man denke an politische Parteien, die bei bestimmten Instituten Gutachten in Auftrag geben; sehr häufig werden dann Resultate abgeliefert, welche mit den Auffassungen der Auftraggeber im Einklang stehen. Konkurrierende Parteien werden so durch parteilinienkonforme, aber mit wissenschaftlichem Anspruch auftretende Gutachten gestützt, die einander widersprechende Aussagen machen. Bei genauer Prüfung nach erfahrungswissenschaftlichen Standards zeigen sich dann häufig kognitive Defizite.

Eine soziopolitische Dienertheorie, welche Fragen aufwirft, die sich auf die Verwirklichung eines durch die zugrundeliegende Ideologie$_3$ vorgegebenen Ziels beziehen, *kann* zu Ergebnissen gelangen, die erfahrungswissenschaftlichen Maßstäben genügen. So vermag z.B. eine an die sozialistische Ideologie$_3$ gebundene Dienertheorie Mechanismen der Vermittlung einer prokapitalistischen Haltung zutreffend zu erkennen. Diese Einsichten sind aber stets auch für eine erfahrungswissenschaftliche Theorie erreichbar.

Bezieht man die in Kapitel 4 dargestellte erkenntniskritische Ideologie$_1$theorie auf die soziopolitischen Dienertheorien, so ergeben sich weitere Thesen:

These 10.2: Soziopolitische Dienertheorien sind für das bedürfniskonforme Denken besonders anfällig. Das Bestreben, die Gesellschaft gemäß einer bestimmten Ideologie$_3$ zu gestalten, verführt leicht dazu, Annahmen zu akzeptieren, die sich auf das soziopolitische Engagement beflügelnd auswirken können.

Das betrifft mehrere Ebenen, auf die sich die folgenden Unterthesen beziehen. Dabei wird auf den *Thesenkomplex 9* (vgl. Kapitel 4.7) zurückgegriffen: Menschen als auf irrtumsanfälliges Erfahrungswissen angewiesene Lebewesen haben nicht *zusätzlich* die Möglichkeit, nichtempirisches Wissen über Wirklichkeitszusammenhänge zu erlangen (*These 9*). Sie neigen jedoch dazu, der als belastend empfundenen Ungewissheit ihrer Grundannahmen dadurch *auszuweichen*, dass eine *vermeintliche* Gewissheit produziert wird (*These 9.1*).

These 10.3: Der überschwängliche Wunsch nach Gewissheit wirkt sich auch in der soziopolitischen Dimension aus. Setzt sich das Gewissheitsverlangen ungebrochen durch, so wird aus „Ich *wünsche* mir, dass die Grundlagen meiner Ideologie$_3$ definitiv gültig sind" die illusionäre Annahme „Die Grundlagen meiner Ideologie$_3$ *sind* definitiv gültig". Der hypothetische Charakter der eigenen Grundannahmen wird so zum Verschwinden gebracht. Soziopolitische Programme werden, durch den *Wunsch nach Gewissheit* angetrieben, häufig in dogmatischer Form vertreten. Es ist jedoch auch in dieser Dimension möglich und sinnvoll, zur undogmatischen Einstellung überzugehen und damit das Gewissheitsverlangen zu zügeln.

These 10.4: Um die Grundlagen des jeweiligen soziopolitischen Programms als definitiv gültig darstellen zu können, wird ein defizitäres Denkmuster verwendet, mit dem eine *vermeintliche* Gewissheit erzeugt wird. Es wird erstens eine höhere Instanz religiöser oder areligiöser Art postuliert, und es wird zweitens angenommen, dass die eigene Ideologie$_3$ in dieser höheren Instanz verankert und damit absolut gültig ist. Auf diese Weise wird das jeweilige soziopolitische Programm mit höheren Weihen religiöser oder areligiöser Art ausgestattet. Dieses Denkmuster lässt sich (vergleichbar dem des projektiv-aneignenden Interpretierens) von jeder Ideologie$_3$ anwenden, um der eigenen Position eine erschlichene höhere Weihe zu verleihen. Der Nachweis der beliebigen Anwendbarkeit ist *zugleich* der Nachweis dafür, dass das Denk- und Argumentationsmuster in kognitiver Hinsicht defizitär ist und daher überwunden werden sollte. Ein solcher Überwindungsprozess ist jedoch schwierig und langwierig.

Alle soziopolitischen Programme lassen sich durch eine derartige Dogmatisierung in den Status vermeintlicher Gewissheit versetzen. Die Dogmatisierung ermöglicht es auch, sich vor unliebsamer Kritik zu schützen. Das, was als definitiv wahr gilt, wird zugleich als etwas angesehen, das nicht in Zweifel gezogen werden *darf*. Als höhere Instanzen können z.B. fungieren: der Wille Gottes, die Natur, die Vernunft, das Wesen des Menschen, das Entwicklungsgesetz der Geschichte. Einzelfallprüfungen zeigen, dass es kein überprüfbares kognitives Verfahren gibt, um die These zu stützen, bestimmte soziopolitische Werte und Ziele seien in eine höhere Instanz mit Ewigkeitsstatus eingraviert.

Hat man die eigenen soziopolitischen Werte und Ziele in *die* Vernunft, *das* Wesen des Menschen oder eine andere Instanz projiziert, sodass sie als die definitiv richtigen Werte und Ziele erscheinen, so glaubt man das *vermeintlich erkannte* richtige Gesellschaftsideal verwirklichen zu müssen. Die Letztbegründung festigt die Überzeugung, dass die Vertreter der konkurrierenden soziopolitischen Programme ein definitiv falsches Bewusstsein (Ideologie₄) haben, also in der *Unwahrheit* leben: Sie verfolgen Ziele, die mit dem ‚wahren' Ideal nicht im Einklang stehen.

Unter Bezug auf die in Kapitel 2.2 dargelegte Bedeutungsveränderung des Worts „Ideologie" kann eine weitere erkenntniskritische These hinzugefügt werden:

These 10.5: Beliebig anwendbare Muster, die stets zu positionskonformen Ergebnissen führen, gibt es nicht nur im Denken, sondern auch in der Sprache. Zu den beliebig anwendbaren *Sprachmustern* gehört die Verwendung von Wörtern wie „Ideologie" und „Ideologe" als Mittel zur Bezichtigung politischer Gegner. Die Ideologen – das sind hier diejenigen, welche die gesellschaftlichen Realitäten verkennen – sind dann immer *die anderen*; für sich selbst reklamiert man ein nichtideologisches Denken. Dass damit in kognitiver Hinsicht nichts gewonnen ist, geht wiederum daraus hervor, dass der soziopolitische Gegner den Spieß einfach umdrehen kann. „Du denkst ideologisch, du hast das falsche, ich hingegen habe das richtige (soziopolitische) Bewusstsein": Dieses Schema kann jeder nutzen, um seine Position auf- und die des Kontrahenten abzuwerten.

Der Vorwurf, jemand sei ein Ideologe, besagt somit isoliert betrachtet *gar nichts*. Kommen inhaltliche Argumente hinzu, so sind diese natürlich zu diskutieren. Der von Napoleon initiierte Sprachgebrauch eröffnet die Linie dogmatischer Kritik. Das hängt auch damit zusammen, dass er offenbar überzeugt ist, das definitiv richtige soziopolitische Programm zu vertreten.

Zurück zum Vertreten eines soziopolitischen Programms in dogmatischer Form und den zu dessen Letztbegründung eingesetzten Denkmustern. Damit hängen weitere Formen des bedürfniskonformen Denkens zusammen:

These 10.6: Wer annimmt, er vertrete das definitiv richtige soziopolitische Programm, strebe also das absolut gültige Gesellschaftsideal an, kann leicht auch zu der Überzeugung gelangen, die *Verwirklichung dieses Ideals* sei ebenfalls definitiv gesichert, obwohl das empirisch-rationale Denken keine Begründung dafür hergibt. Die dogmatische Haltung begünstigt den Glauben an eine *Verwirklichungsgarantie*. Das hängt mit der Verankerung des eigenen Gesellschaftsideals in einer höheren Instanz zusammen: Wird eine solche postuliert, so liegt auch die Annahme nahe, dass diese höhere Instanz dafür sorgen wird, dass das definitiv gültige Ziel am Ende tatsächlich erreicht wird. Soziopolitische Dienertheorien dogmatischer Art sind daher in besonders hohem Maß für bedürfniskonformes Denken anfällig.

Mit dem Übergang von der dogmatischen zur undogmatischen Haltung ist ein verändertes Wissenschaftsverständnis verbunden. Nach dogmatischer Auffassung gehört es zu den wichtigsten Aufgaben der Sozialwissenschaft, das jeweilige Gesellschaftsideal als das definitiv richtige zu erweisen. Aus undogmatischer Perspektive handelt es sich hier um Dienertheorien, die Mechanismen des illusionären Denkens erliegen: Sie treten zu Unrecht mit einem wissenschaftlichen Erkenntnisanspruch auf.

Im undogmatischen Kontext wird unterschieden zwischen erfahrungswissenschaftlichen Theorien, die auf die bestmögliche Lösung kognitiver Probleme ausgerichtet sind, und soziopolitischen Dienertheorien, welche die praktischen Fragen, die sich bei der Realisierung einer Ideologie$_3$ ergeben, zu beantworten suchen. Beide Theorietypen werden benötigt. Das Konzept des kognitiven Ideologieforschers lässt sich im Anschluss an diese Überlegungen um einen Aspekt erweitern: Er betreibt Ideologieforschung nach erfahrungswissenschaftlichen Prinzipien, nutzt aber eine soziopolitische Dienertheorie dort, wo es um die Verwirklichung des von ihm befürworteten Programms geht. Er ist sich dessen bewusst, dass jede Ideologie$_3$ eine zu ihr passende Dienertheorie braucht. Für die Aussagen der von ihm akzeptierten Dienertheorie erhebt er keinen *generellen* Anspruch auf Wissenschaftlichkeit, und er ist in der Lage, deren wissenschaftlich relevante Einsichten auch in empirisch-rationaler Form zu formulieren.

Von den *legitimen* sind die *illegitimen* soziopolitischen Dienertheorien abzugrenzen, die pseudowissenschaftliche Konstruktionen darstellen. Im Einzugsbereich der dogmatischen Haltung treten sie als die ‚eigentlichen‘ wissenschaftlichen Theorien auf, welche den normalen erfahrungswissenschaftlichen Theorien dadurch überlegen seien, dass sie angeblich über das definitiv richtige soziopolitische Bewusstsein verfügen. Wird eine Ideologie$_3$ in einer solchen dogmatischen Form vertreten, so bildet sich auch eine entsprechende Dienertheorie heraus. Deren Vertreter sind, sofern sie mit konkurrierenden Auffassungen konfrontiert sind, über kurz oder lang genötigt, die für möglich gehaltene Letztbegründung auch tatsächlich zu liefern. Alle Begründungen dieser Art weisen jedoch kognitive Defizite auf. Glaubt man nicht mehr an die *Möglichkeit* einer absoluten Begründung, so verschwindet damit auch das *Bedürfnis* nach einer expliziten Letztbegründung. Verfährt man beim Aufbau einer erkenntniskritischen, weltanschauungs- und programmanalytischen Ideologietheorie also erstens undogmatisch und zweitens nach erfahrungswissenschaftlichen Prinzipien, so muss man diese Theorie von soziopolitischen Dienertheorien abgrenzen, vor allem aber von *dogmatischen* Theorien dieser Art.

Die sich auf die soziopolitische Dimension beziehenden Überlegungen können auf die weltanschauliche übertragen werden. Nur einige Aspekte sollen erneut zur Sprache kommen. Zu jeder Ideologie$_2$ gehören bestimmte Weltbildannahmen und Wertüberzeugungen, aus denen sich konkrete Ziele ergeben, z.B. die Absicht, möglichst viele Menschen für das eigene religiöse Ideen- und Wertsystem zu gewinnen. Das führt dazu, dass Fragen der folgenden Art durch eine an die Ideologie$_2$ gebundene weltanschauliche Dienertheorie beantwortet werden: „Wie werden die Menschen dazu gebracht, andersartige religiöse oder sogar areligiöse Ideen zu akzeptieren, und wie kann man sie zu einer Einstellungsänderung bringen?". Eine weltanschauliche Dienertheorie, welche Fragen aufwirft, die sich auf die Verwirklichung eines durch die zugrundeliegende Ideologie$_2$ vorgegebenen Ziels beziehen, *kann* zu Ergebnissen gelangen, die erfahrungswissenschaftlichen Maßstäben genügen; sie ist z.B. in der Lage, Mechanismen der Vermittlung einer bestimmten religiösen Haltung zutreffend zu erkennen. Aber auch Dienertheorien dieser Art sind für illusionäre Denkweisen anfällig. Dann entwickelt sich eine Form des bedürfniskonformen Denkens, die z.B. ohne hinlängliche empirische Stützung annimmt, dass der Sieg der eigenen religiösen Ideologie$_2$ über die Konkurrenten von vornherein *gesichert* sei.

Für den *Thesenkomplex 10* besagt das: Auch weltanschauliche Dienertheorien sind für das bedürfniskonforme Denken anfällig (*These 10*). Setzt sich das Gewissheitsverlangen ungebrochen durch, so wird aus „Ich *wünsche* mir, dass die Grundlagen meiner Ideologie$_2$ definitiv gültig sind" die illusionäre Annahme „Die Grundlagen meiner Ideologie$_2$ *sind* definitiv gültig" (*These 10.3*). Um die Grundlagen des jeweiligen Überzeugungssystems als absolut wahr darstellen zu können, wird erstens eine höhere Instanz religiöser oder areligiöser Art postuliert, und es wird zweitens angenommen, dass die eigene Ideologie$_2$ in dieser höheren Instanz verankert ist. Dieses Denkmuster lässt sich von *jeder* Ideologie$_2$ anwenden, um der eigenen Position eine erschlichene höhere Weihe zu verleihen (*These 10.4*). Wer annimmt, er vertrete die definitiv wahre Weltanschauung, kann leicht auch zu der Überzeugung gelangen, deren Sieg sei ebenfalls definitiv gesichert, obwohl das empirisch-rationale Denken keine Begründung dafür hergibt (*These 10.6*).

Die kognitive Ideologietheorie vertritt im Hinblick auf die soziopolitische und die weltanschauliche Dimension somit die folgenden Auffassungen:

1. Dienertheorien, die direkt an eine Ideologie$_{3/2}$ gebunden sind, sind legitim und lebenspraktisch unerlässlich, sie stellen jedoch keine primär kognitiv-wissenschaftlichen Leistungen dar. Sie sind hinsichtlich der grundsätzlichen Ausrichtung von erfahrungswissenschaftlichen Theorien zu unterscheiden, obwohl sie echte Erkenntnisse enthalten *können*. In der Hauptsache handelt es sich um Versuche, die jeweils praxisrelevanten Fragen ideologie$_{3/2}$konform zu beantworten.

2. Soziopolitische und weltanschauliche Dienertheorien sind für bedürfniskonformes Denken besonders anfällig. Der wissenschaftliche Anspruch, mit dem solche Dienertheorien häufig auftreten, ist daher stets mit Vorsicht zu genießen und immer eigens zu prüfen. Die von soziopolitischen und weltanschaulichen

Dienertheorien aufgestellten Thesen halten in vielen Fällen einer kritischen Prüfung nach Kriterien empirisch-rationalen Denkens nicht stand, und die entkräfteten Thesen und Argumente lassen sich in der Regel auf das Bedürfnis zurückführen, ideologie$_{3/2}$konforme Ergebnisse zu erlangen, die geeignet sind, die Anhänger zu beflügeln.

3. Ideologieforschung erkenntniskritischer, weltanschauungs- und programmanalytischer Art kann und sollte nach erfahrungswissenschaftlichen Prinzipien praktiziert werden. Es ist wissenschaftlich unzureichend, wenn sie *nur* aus der Perspektive einer bestimmten Ideologie$_{3/2}$ betrieben wird; dann fallen alle Bereiche, die z.B. für das jeweilige soziopolitische Programm nicht unmittelbar relevant sind, unter den Tisch. So interessieren sich soziopolitische Dienertheorien kaum für grundsätzliche Fragen der weltanschauungs- und programmanalytischen Ideologieforschung, die nicht *direkt* mit ihren Zielen zusammenhängen, und verständlicherweise *überhaupt nicht* für diejenigen Ergebnisse der erkenntniskritischen Ideologie$_1$forschung, aus denen sich eine Problematisierung zentraler eigener Thesen – und insbesondere der absoluten Geltungsansprüche – ergeben würde.

Die *theoretische Ausarbeitung* einer Ideologie$_3$, z.B. in Form einer Gesellschaftskritik, führt niemals direkt zur Verwirklichung, zur praktischen Umsetzung des jeweiligen Programms. Diese ist stets ein langwieriger und mühevoller Prozess, der nicht ohne die engagierte Beteiligung vieler Menschen auf den unterschiedlichen Ebenen gelingen kann. Die Ausarbeitung einer soziopolitischen Dienertheorie kann diesen Prozess jedoch beschleunigen und begünstigen. Zumindest für einige Fälle gilt, dass eine bestimmte soziopolitische Richtung sich ohne eine bestimmte Dienertheorie nicht durchgesetzt hätte; dadurch, dass diese klar aufzeigte, was zu tun war, gab sie den Anhängern eine konkrete Richtschnur für ihr Handeln, und dieses konsequente Handeln führte dann zum Erfolg.

Ebenso führt die *theoretische Ausarbeitung* einer Ideologie$_2$, z.B. in Form der Kritik an einer konkurrierenden Weltanschauung, niemals direkt zu ihrer *praktischen Umsetzung* in den gesellschaftlichen Institutionen. Auch dies ist stets ein langwieriger Prozess, der nicht ohne die engagierte Beteiligung vieler Menschen auf den unterschiedlichen Ebenen gelingen kann. Eine weltanschauliche Dienertheorie – z.B. in Form einer Theologie – kann diesen Prozess jedoch beschleunigen und begünstigen, indem sie klar aufzeigt, was zu tun ist.

In der wissenschaftlichen Dimension finden sich spezifische Dienertheorien. Ist man bestrebt, ein bestimmtes Erkenntnisprogramm zu verwirklichen, so tritt die praktische Frage auf: „Wie müssen wir vorgehen, um unser Ziel zu erreichen?". Diese Frage und weitere praxisbezogene Probleme werden durch eine *wissenschaftsbezogene* Dienertheorie beantwortet. Sie ist an das jeweilige Erkenntnisprogramm gebunden und dient ihm. Wer ein Programm dieser Art vertritt, benötigt immer auch eine wissenschaftsbezogene Dienertheorie. Die Bindung der wissenschaftlichen Forschung an ein Erkenntnisprogramm ist jedoch von der an ein soziopolitisches Programm bzw. eine Weltanschauung zu unterscheiden. Insbesondere gilt das für *erfahrungswissenschaftliche* Erkenntnisprogramme: Die zugehörige Dienertheorie fragt, wie sich der ergebnisoffene und nicht an eine bestimmte Ideologie$_{3/2}$ gebundene empirische Erkenntnisprozess schützen lässt – einerseits vor Vereinnahmungstendenzen, die aus Ideologien$_{3/2}$ erwachsen, und andererseits vor Dogmatisierungstendenzen, die aus den Wissenschaften selbst hervorgehen.

Man denke sich eine Theorie, z.B. soziologischer oder ökonomischer Art, die allgemeinen erfahrungswissenschaftlichen Ansprüchen genügt. Wird eine solche Theorie nun von einer bestimmten Ideologie$_{3/2}$ genutzt, beruft sich etwa eine politische Partei auf sie und strebt sie an, Thesen dieser Theorie praktisch anzuwenden, so ist immer zu untersuchen, ob die genutzte mit der Ausgangstheorie identisch ist. Die durch aneignendes Interpretieren vollzogene *Anpassung* der Theorie an die jeweilige Ideologie$_{3/2}$, die für diese in verschiedener Hinsicht vorteilhaft ist, kann z.B. mit einer *Fehldeutung* verbunden und in kognitiv-wissenschaftlicher Hinsicht ein Verlust sein. Die beiden Ebenen sind daher immer zu unterscheiden. Nie darf der *Anspruch*, man folge konsequent der Ausgangstheorie, ungeprüft als *berechtigt* behandelt werden; vgl. Kapitel 4.6.

5.2 Erkenntnis- und Gestaltungsunternehmen

These 10.7: Die Unterscheidung zwischen erfahrungswissenschaftlichen Theorien und soziopolitischen bzw. weltanschaulichen Dienertheorien impliziert die zwischen Erkenntnis- und Gestaltungsunternehmen.

Diese Unterscheidung wird zunächst am Beispiel von Kunstphänomenen (literarischen Texten, Gemälden, Filmen, Musikstücken usw.) verdeutlicht. Die *Untersuchung* von Kunstphänomenen nach wissenschaftlichen Kriterien ist ein Erkenntnisunternehmen; hier geht es primär darum, verlässliches Wissen über Kunst zu erlangen. Die *Hervorbringung* von Kunstphänomenen ist demgegenüber ein Gestaltungsunternehmen bzw. ein kreativer Akt. Die wissenschaftliche Analyse von Kunstphänomenen ist etwas *grundsätzlich anderes* als deren praktische Hervorbringung. Das zeigt sich unter anderem daran, dass ein Künstler nicht automatisch auch ein zur wissenschaftlichen Untersuchung von Kunstphänomenen fähiges Individuum sein muss – und umgekehrt.

Dass die Erzeugung von Kunstphänomenen von deren wissenschaftlicher Analyse zu unterscheiden ist, schließt nicht aus, dass der Schaffensprozess Elemente der Erkenntnis enthält. So verfügen Künstler über Wissen darüber, welche technischen Mittel (z.B. Schreib- oder Maltechniken) geeignet sind, bestimmte künstlerische Ziele zu verwirklichen. Der Gewinn und die Anwendung dieses Wissens erfolgt jedoch nicht wie bei einem Erkenntnisunternehmen primär um des Wissensgewinns willen, sondern um künstlerische Ziele zu erreichen, d.h. die Erkenntniselemente sind hier dem kreativen Prozess untergeordnet.

Auf vergleichbare Weise kann nun hinsichtlich des Bestrebens argumentiert werden, ein bestimmtes soziopolitisches Programm zu verwirklichen. Die Untersuchung solcher Aktivitäten nach wissenschaftlichen Kriterien ist ein *Erkenntnisunternehmen*, während diese Aktivitäten selbst Versuche darstellen, die gegebenen Verhältnisse nach bestimmten Prinzipien zu gestalten. Die wissenschaftliche Analyse von soziopolitischen Phänomenen ist etwas *grundsätzlich anderes* als deren praktische Hervorbringung. Das zeigt sich auch daran, dass ein Politiker nicht automatisch auch ein zur wissenschaftlichen Untersuchung der zugehörigen Phänomene fähiges Individuum sein muss – und umgekehrt. Der politische Gestaltungsprozess enthält wiederum Elemente der Erkenntnis. So benötigen Politiker z.B. Wissen über wirtschaftliche Zusammenhänge und die zu erwartenden Folgen bestimmter Entscheidungen. Dessen Anwendung erfolgt jedoch nicht wie bei einem Erkenntnisunternehmen primär um des Wissensgewinns willen, sondern um politische Projekte zu verwirklichen.

Entsprechend lässt sich schließlich auch das Eintreten für eine bestimmte Weltanschauung behandeln. Die Untersuchung eines Ideen- und Wertsystems nach wissenschaftlichen Kriterien ist ein *Erkenntnisunternehmen*, während das ‚Leben' einer bestimmten Weltanschauung ein *Gestaltungsunternehmen* darstellt; so wird z.B. das eigene Verhalten gegenüber anderen Menschen nach bestimmten Prinzipien modelliert. Die wissenschaftliche Analyse von weltanschaulichen Phänomenen ist etwas *grundsätzlich anderes* als deren praktische Hervorbringung. Das zeigt sich daran, dass ein Vertreter einer bestimmten Ideologie$_2$ nicht automatisch auch ein zur wissenschaftlichen Untersuchung der zugehörigen Phänomene fähiges Individuum sein muss – und umgekehrt. Der weltanschauliche Gestaltungsprozess enthält wiederum Elemente der Erkenntnis. So benötigen Vertreter einer bestimmten Weltanschauung z.B. Wissen über andere Personen und ihre Verhaltensweisen. Dessen Anwendung erfolgt jedoch nicht wie bei einem Erkenntnisunternehmen primär um des Wissensgewinns willen, sondern um eine bestimmte Weltanschauung durchzusetzen.

Eine Dienertheorie, die einer bestimmten Ideologie$_{3/2}$ zuarbeitet, ist eben damit an ein *Gestaltungsunternehmen* gebunden, während eine erfahrungswissenschaftliche Theorie – insbesondere eine solche undogmatischer Art – primär ein *Erkenntnisunternehmen* darstellt, das wiederum durch eine wissenschaftsbezogene Dienertheorie unterstützt werden kann. Das eine darf nicht mit dem anderen vermengt werden, insbesondere ist zu verhindern, dass eine in ein

Gestaltungsunternehmen soziopolitischer oder weltanschaulicher Art eingefügte Dienertheorie als die ‚eigentliche' wissenschaftliche Theorie auftritt. Es verhält sich indes nicht so, dass *nur* Gestaltungsunternehmen auf werthaft-normativen Prämissen beruhen. Das gilt auch für Erkenntnisunternehmen. So fußen die Erfahrungswissenschaften z.B. auf der *Hochschätzung* des Erfahrungswissens.

Die dogmatische Haltung nimmt bei Erkenntnisunternehmen eine andere Form an als bei Gestaltungsunternehmen. Im ersten Fall werden die *Grundannahmen der eigenen Theorie*, im zweiten Fall hingegen die *eigenen werthaft-normativen Überzeugungen*, die z.B. auf ein bestimmtes soziopolitisches, ästhetisches oder moralisches Ideal hinauslaufen, als definitiv gesichert angesehen.

Noch einmal zum Konzept des reflektierten Ideologieforschers. Auf der Ebene der komplexen Ideologieforschung gilt: Er weiß um den Unterschied zwischen den drei Arbeitsfeldern; er ist bestrebt, seine Argumentationsschritte entsprechend zu kennzeichnen und nicht miteinander zu vermengen. Innerhalb der kognitiven Ideologietheorie kommen nun weitere Elemente hinzu: Er vertritt grundsätzlich eine undogmatische Haltung, ist sich des Unterschieds zwischen Erkenntnis- und Gestaltungsunternehmen bewusst und folgt beim Aufbau einer Ideologietheorie erfahrungswissenschaftlichen Prinzipien.

Der *Thesenkomplex 10* kann noch durch eine weitere Unterthese ergänzt werden:

These 10.8: Dass Menschen für bedürfniskonformes Denken anfällig sind, hängt auch damit zusammen, dass zur condition humaine die Grundspannung zwischen *Gestaltungs- und Erkenntnisinteressen* gehört. Bei dem Bestreben, ein bestimmtes soziopolitisches Programm zu verwirklichen oder eine bestimmte Weltanschauung durchzusetzen, können sich Überzeugungen als förderlich erweisen, welche die Vertreter dieser Ideologie$_{3/2}$ mit einem Sendungsbewusstsein ausstatten und so besonders motivieren. Folgt man hingegen in der erkenntniskritischen Ideologie$_1$forschung dem *empirisch-rationalen Erkenntnisinteresse*, so zeigt sich, dass der Glaube an eine höhere Sendung darauf zurückzuführen ist, dass man die eigenen Werte und Ziele mithilfe eines beliebig anwendbaren Denkmusters in einer höheren Instanz verankert hat. Die Annahme dient der jeweiligen Ideologie$_{3/2}$ somit auf eine Weise, die unbegründet und kognitiv wertlos ist. Menschen tendieren dazu, bestimmte Aussagen oder Annahmen direkt für wahr zu halten, weil sie mit ihren *Gestaltungsinteressen* und *-zielen* im Einklang stehen.

Dass Menschen dazu neigen, ihre Sicht der Dinge für die definitive Wahrheit zu halten, hängt somit auch damit zusammen, dass sie immer auch Gestaltungsziele verfolgen. Der Glaube, die jeweils relevanten Überzeugungen seien gewiss, ist geeignet, erstens deren Verbreitung und zweitens deren Realisierung zu befördern. Der Glaube, über das definitiv wahre bzw. richtige Bewusstsein zu verfügen, verleiht einen starken Halt und ein großes Selbstbewusstsein – er hat also *lebenspraktische Vorteile* bei der Realisierung überzeugungssystemgebundener Gestaltungsinteressen.

Die Spannung, die zwischen dem aneignenden und dem kognitiven Interpretieren besteht (vgl. *These 5.6* in Kapitel 4.3), hängt mit der Grundspannung zwischen Gestaltungs- und Erkenntnisinteressen zusammen. So stellt die aneignende Interpretation eines literarischen Textes oder eines anderen Kulturphänomens immer einen Einklang mit dem Überzeugungssystem des *Interpreten* her und stützt so dessen weltanschauungsgebundene Gestaltungsinteressen.

In diesem Zusammenhang kann auch das Verhältnis zwischen Erkenntnis- und Gesellschaftskritik genauer bestimmt werden; weiterführende Auskünfte finden sich dann in Kapitel 5.7.4. Die erkenntniskritische Ideologie$_1$theorie nimmt an, dass der Erkenntnisgewinn im vorwissenschaftlichen und wissenschaftlichen Bereich ständig in der Gefahr steht, durch das bedürfniskonforme Denken gestört zu werden. Hier gibt es somit einen *eindeutigen* Kritikmaßstab – und auch ein wissensbezogenes Erkenntnisideal bzw. eine Utopie, nämlich die vom bedürfniskonformen Denken *vollständig* befreite Erkenntnis. Die Gesellschaftskritik ist hingegen in der Regel an eine bestimmte Ideologie$_3$ gebunden, sodass verschiedene Positionen mit *unterschiedlichen* Kritikmaßstäben arbeiten, die sich aus ihren soziopolitischen und allgemeinen Werten, Normen und Zielen ergeben. Das bedeutet auch, dass es bezogen auf das soziale Zusammenleben *mehrere* Gesellschaftsideale bzw. Utopien gibt. Es ist nicht möglich, ein bestimmtes Gesellschaftsideal als das definitiv richtige zu erweisen; die ideologie$_3$gebundene Kritik an einem bestimmten Gesellschaftssystem ist daher von der kognitiven Ideologie$_1$kritik grundsätzlich zu unterscheiden.

Sprachempfehlung 7: Eine *sozialkritische* Argumentation sollte nicht als Ideologiekritik bezeichnet werden. Es ist aber möglich, beide Diskurse zu *kombinieren*.

Diese Verbindung ist nun genauer zu charakterisieren. Der Nachweis, dass bestimmte politische Aussagen, die mit Erkenntnisanspruch auftreten, erstens sachlich falsch sind und dass sich die Fehleinschätzung zudem auf politische Interessen des Urteilenden zurückführen lässt, ist erkenntniskritischer und nicht politischer Natur. Derartige Argumente können aber vom Vertreter einer bestimmten Ideologie$_3$ *aufgegriffen* und *benutzt* werden, z.B. um das konkurrierende soziopolitische Programm des Urteilenden zu schwächen. Eine der eigenen Ideologie$_3$ dienstbar gemachte Ideologie$_1$kritik erfüllt jedoch häufig keine strengeren kognitiv-wissenschaftlichen Ansprüche. So werden z.B. den Repräsentanten eines abgelehnten Gesellschaftssystems leicht Vorgehensweisen unterstellt, die sie gar nicht praktizieren. Die wissenschaftliche, primär auf Erkenntnisziele verpflichtete Ideologie$_1$kritik ist daher von der einem bestimmten soziopolitischen Programm dienenden Ideologie$_1$kritik abzugrenzen.

Wenn gesagt wird, dass unter bestimmten Bedingungen „Erkenntniskritik zur Sozialkritik werden" (Lieber 1985: 27) müsse, so bedarf diese These der Reformulierung, da es keinen *direkten* Übergang von der Ideologie$_1$kritik zur Sozialkritik gibt. De facto geht es darum, dass eine bestimmte Art der ideologie$_3$gebundenen Gesellschaftskritik durch erkenntniskritische Überlegungen *ergänzt und gestützt* wird.

5.3 Marx und Engels: Materialistische Geschichtsauffassung und Ideologietheorie

Der frühe Karl Marx (1818–1883) knüpft an Feuerbach an und radikalisiert dessen Position auf spezifische Weise:

> „Dieser Staat, diese Sozietät produzieren die Religion, ein *verkehrtes Weltbewußtsein*, weil sie eine *verkehrte Welt* sind. Die Religion ... ist die *phantastische Verwirklichung* des menschlichen Wesens, weil das *menschliche Wesen* keine wahre Wirklichkeit besitzt. [...] Das *religiöse Elend* ist in einem der *Ausdruck* des wirklichen Elends und in einem die *Protestation* gegen das wirklicher Elend." [...] Religion als Ideologie$_{[1]}$ ist nicht nur falsches, also verkehrtes Bewußtsein einer verkehrten Welt, sondern zugleich Protest gegen diesen Sachverhalt; Protest gegen eine solche Welt, die ein verkehrtes Bewußtsein nötig hat, und sie ist in dieser Protestation zugleich Antizipation, Vorwegnahme einer Welt ohne solches falsches Bewußtsein. (Lieber 1985: 39)

Religion ist für Marx wie für Feuerbach definitiv falsches, verkehrtes Bewusstsein. Marx' Schritt über Feuerbach hinaus besteht darin, dass er das falsche religiöse Bewusstsein als durch eine *„verkehrte Welt"*, d.h. letztlich durch defizitäre sozioökonomische Strukturen verursacht begreift. Die primäre sozioökonomische zieht eine sekundäre religiöse Verkehrung nach sich. Religion als „verkehrtes Bewußtsein einer verkehrten Welt" festigt die bestehende unvernünftige Ordnung, indem sie diese z.B. als gottgewollt verklärt und die Menschen auf eine jenseitige bessere Welt vertröstet; dieser Gedanke findet sich bereits bei den französischen Aufklärern. Marx schreibt der Religion aber darüber hinaus zu, *in verdrehter Form* die an sich richtige Vorwegnahme einer vernünftigen Welt zu leisten.

> Was Marx dabei an solcher Ideologie$_{[1]}$ als falschem gesellschaftlichen Bewußtsein interessiert, ist vor allem die Tatsache, daß unter bestimmten gesellschaftlichen Verhältnissen diese Falschheit des Bewußtseins sich gleichsam mit Notwendigkeit aus objektiven Gründen und Zwängen ergibt, also nicht mehr aus subjektivem Unvermögen oder bewußter und partieller Täuschungsabsicht von einzelnen oder Gruppen erklärt werden kann. Ideologie$_{[1]}$ also ist bei Marx aus objektiven Gründen gesellschaftlicher Verhältnisse *notwendig falsches Bewußtsein*. Aber nicht nur das. Ideologie$_{[1]}$ trägt nach Marx bei aller notwendigen

Falschheit doch Elemente möglicher Wahrheit in sich: sie ist der Falschheit nicht bedingungslos ausgeliefert, sie birgt Wahrheit als eine erst noch zu verwirklichende in sich. (37 f.)

Hier kommt die sozialistisch-kommunistische Ideologie$_3$ ins Spiel, die Marx' Gesellschaftskritik trägt: Das falsche religiöse Bewusstsein mit seiner Leitvorstellung eines besseren Jenseits verweist demnach indirekt auf das Ziel der klassenlosen Gesellschaft, das es praktisch zu verwirklichen gilt – auf die ‚wahre' Gesellschaft. Gegen Feuerbach bedeutet das: „Die Religionskritik als bloße Kritik an der Religion kann die Wahrheit, die in ihrem Protestcharakter als Möglichkeit und Anspruch liegt, nicht einlösen." (39)[23] Aus diesem Ansatz ergibt sich das Projekt,

> die realen gesellschaftlichen Ursachen freizulegen, die die Ideologisierung$_{[1]}$ bewirken. Weil für Marx die in der Religion stattfindende Entäußerung und Entfremdung des Menschen nur ein Moment der totalen Entfremdung ist, die in der kapitalistischen Gesellschaft vorherrscht und ihr Signum ist, müssen die Bedingungen, die realen Ursachen dieser totalen Entfremdung kritisch analysiert und mittels Analyse real überwunden werden. (Lieber 1985: 39 f.)

Marx vertritt gegen Feuerbach gerichtet

> die Auffassung, daß es zur Aufhebung der menschlichen Selbstentfremdung nicht genügt, wenn der Mensch die Religion als Projektion seines eigenen Wesens durchschaut, sondern daß es dafür vielmehr einer revolutionären Veränderung der sozial-ökonomischen Bedingungen bedarf, die letztlich dafür verantwortlich sind, daß der Mensch in Form religiöser und anderer Ideen ein „falsches Bewußtsein" entwickelt. (Topitsch/Salamun 1972: 32 f.)

Auf strukturell vergleichbare Weise verfährt Marx dann auch in seiner *Kritik der politischen Ökonomie*. Er behauptet, einen der kapitalistischen

> Gesellschaft eigentümlichen Widerspruch entdecken zu können zwischen dem, was die in ihr vorhandenen Produktivkräfte an unentfremdeter, humaner Existenz aller Menschen schon ermöglichen, und dem, was die Produktionsverhältnisse, also die gesellschaftlich-rechtlich-ökonomische Ordnung, an möglicher, unentfremdeter Humanität noch immer verhindern. Er erblickt schließlich die Funktion von Ideologie$_{[1]}$ in der Selbsttäuschung der Gesellschaft über diesen Widerspruch und meint, alles dieses habe seinen Grund im historischen Ursprung dieser bürgerlichen Gesellschaften selber. (Lieber 1985: 40)

Der frühe Marx hält implizit an einem *durch Erkenntnis erschließbaren* Ideal der vernünftigen Gesellschaft fest, das auf „die Idee einer gesellschaftlichen Emanzipation des Menschen als Menschen" (41) gerichtet ist – ähnlich wie die französischen Aufklärer. Mit dieser Idee ist z.B. das Privateigentum an Produktionsmitteln nicht vereinbar. „Es ist die politisch-rechtliche Absicherung des Prinzips des

Privateigentums an Produktionsmitteln, die nach Marx die bürgerliche Gesellschaft als neue Klassengesellschaft gleichheits- wie freiheitsgefährdender Art sich entfalten läßt" (43). Nach dieser Auffassung hat die bürgerliche Revolution zwar die vernünftige Gesellschaft angestrebt, sie aber nur teilweise realisieren können, sodass eine weitere soziale Revolution erforderlich ist. Das Bürgertum

> vermeint, daß mit der Erringung politisch-rechtlicher Freiheit und Gleichheit der Staatsbürger unter gleichzeitiger Garantie des Privateigentums Freiheit und Gleichheit der Menschen als solcher schon verwirklicht sei. Dieses bürgerliche Selbstbewußtsein ist Ideologie[1] [...]: Gesellschaftlich notwendiges *falsches* Bewußtsein, das jedoch im bisher uneingelösten Versprechen voller Gleichheit und Freiheit aller Menschen Elemente oder Perspektiven einer erst noch zu findenden und zu verwirklichenden *Wahrheit* in sich enthält. (43)

Marx gelangt daher „zum Konzept einer notwendigen weiteren Revolution [...], die alles unerfüllt Gebliebene am Versprechen der bürgerlichen Revolution vollenden soll" (49).

> Die späteren politisch-historischen, aber auch die ökonomischen Analysen bis hin zum „Kapital" gelten weniger Phänomenen der Ideologie[1] als dem Bemühen, die tatsächlichen ökonomischen Entwicklungsgesetzlichkeiten und historisch-gesellschaftlich-politischen Prozesse in der bürgerlichen Gesellschaft freizulegen, die zu ihrer revolutionären Überwindung zwingen. (44)

Kurt Lenk wendet sich zunächst der von Marx kritisierten junghegelianischen Philosophie zu. In dieser erscheint die Geschichte

> als das Werk von Ideen und nicht als das Ergebnis des Verhaltens und Zusammenlebens wirklicher Menschen. Diese Verkehrung im Bewußtsein der deutschen Ideologen[1] ist für Marx der theoretische Ausdruck einer realen Verkehrung in der kapitalistischen Warengesellschaft: In ihr hat sich der Prozeß der Produktion und Reproduktion des materiellen Lebens den Bedürfnissen der Menschen gegenüber verselbständigt. (Lenk 1984: 27)

Die von Marx angenommene *reale Verkehrung* wird genauer bestimmt:

> Die Gesetze des anonymen Marktes erscheinen als blinde, naturhafte Gewalten, hinter denen sich in Wahrheit gesellschaftliche Machtverhältnisse verbergen. Alle auf dem kapitalistischen Markt zirkulierenden Güter hören auf, anschaulich konkrete Gegenstände zu sein und erstarren zu Waren. Deren Wertform wird nicht als ein Ausdruck gesellschaftlicher Verhältnisse, sondern als Eigenschaft der Dinge selbst erfahren. In Analogie zu dieser Fetischisierung der Warenwelt werden die Produkte des menschlichen Denkens zu selbständigen Mächten, die die Geschichte zu lenken scheinen, verdinglicht. Die Marxsche Ideologie[1]-kritik besteht nun darin, die fetischisierten ökonomischen Formen und die scheinbar autonomen Ideen auf ihren spezifisch menschlichen, das heißt gesellschaftlichen Ursprung hin

zu analysieren. [...] „Das Bewußtsein kann nie etwas Andres sein als das bewußte Sein, und das Sein der Menschen ist ihr wirklicher Lebensprozeß." (27)

Die Transformation des feuerbachschen Ansatzes besteht in dieser Hinsicht darin, dass der systematische Ort, den bei Feuerbach die „Setzung eines allmächtigen Gottes" innehat, nun besetzt wird durch „das tote Kapital, das in der kapitalistischen Tauschwirtschaft über die lebendige Arbeit die Herrschaft gewinnt" (27 f.).

Die Marxsche Ideologie[1]kritik geht insofern weit über die Feuerbachs hinaus, als für sie die im Bewußtsein der Menschen herrschende Entfremdung nur eine Seite der totalen Entfremdung des wirklichen menschlichen Lebens in der kapitalistischen Gesellschaft ist, deren Hauptmerkmal die ökonomische Entfremdung darstellt: „Die religiöse Entfremdung als solche geht nur in dem Gebiet des Bewußtseins des menschlichen Innern vor, aber die ökonomische Entfremdung ist die des wirklichen Lebens – ihre Aufhebung umfaßt daher beide Seiten." (28)

Das „ideologische[1] Bewußtsein" religiöser und anderer Art ist „innerhalb einer antagonistischen Klassengesellschaft" nur durch „praktisch-revolutionäre[s] Verhalten[]" zu überwinden: „Nur wenn die objektiven gesellschaftlichen Bedingungen, deren Korrelat die theoretischen Gebilde darstellen, sich durch menschliche Tätigkeit verändern lassen, wird es möglich, den über die realen Verhältnisse gebreiteten ideologischen[1] Schleier aufzulösen." (28) Die Ideologie₁haftigkeit des Denkens bildet so „das Ergebnis der aus der Klassenstruktur sich reproduzierenden sozialen Widersprüche", und „die entfremdeten Bewußtseinsformen [sind] der gesellschaftlich notwendige Schein, dessen das kapitalistische System auf einer bestimmten Entwicklungsstufe zu seinem Fortbestand bedarf. An dieser ideologischen[1] Scheinwelt partizipieren die Kapitalisten sowohl als auch die proletarischen Arbeiter." (28) Durch „[d]ie reale Verkehrung" entsteht „im menschlichen Bewußtsein die Illusion, als seien die Handlungen der Individuen das Resultat freier Entscheidungen und nicht erzwungene Formen der Anpassung an die vorgegebenen sozialen Zustände" (28). Mit der realen Verkehrung

geht nach Marx in der klassischen Ökonomie die Tendenz zur theoretischen Verewigung dieser gegenüber den menschlichen Bedürfnissen verselbständigten Produktionsformen einher. Die von den Klassikern der Nationalökonomie entdeckten Gesetzmäßigkeiten, welche das Marktgeschehen beherrschen, sollen unabhängig vom geschichtlichen Wandel als ewige Naturgesetze gelten. (29)

Marx begreift

> Smiths und Ricardos Lehre von den kapitalistischen Gesetzmäßigkeiten als die richtige Widerspiegelung einer falschen Wirklichkeit. Die Marxsche Ideologie[1]kritik führt von innertheoretischen Auseinandersetzungen zur Kritik der gesellschaftlichen Wirklichkeit, deren Ausdruck und zugleich Verschleierung die Ideologien[1] sind. (29)

In *Das Kapital* wird die kapitalistische Form des Wirtschaftens „als Wurzelboden der entfremdeten Bewußtseinsformen begriffen" (29) – gerade auch der Bewusstseinsformen der ökonomischen Theorien. „Als ideologisch[1] gilt Marx jenes Denken, dem die Fähigkeit zur Einsicht in den unauflöslichen Zusammenhang seiner eigenen Bewegungen mit denen der sozialen Kräfte abgeht"; so stellt z.B. bereits die „Scheidung zwischen theoretischer und praktischer Tätigkeit" einen „historisch gewordenen Tatbestand" (29) dar. „Ideologie[1] dient zur Absicherung des einmal Gewordenen gegenüber dem neu Werdenden. Sie drängt daher auf Verewigung historisch bedingter Machtverhältnisse." (30) In diesem Prozess „verschwindet auch der Klassencharakter der herrschenden Ideen" (30).

> Eine „Ideologie" ist ein „falsches Bewußtsein", das kein richtiges Bild von den sozialökonomischen Verhältnissen und den Entwicklungsgesetzen einer Gesellschaft gibt. Im ideologischen[1] Bewußtsein wird die sozial-ökonomische Wirklichkeit (im besonderen die Produktions- und Eigentumsverhältnisse) und die sie bedingenden Gesetzmäßigkeiten durch den Einfluß einseitiger Klasseninteressen verfälscht wiedergegeben. Ideologisches[1] Denken ist – als Folge der gesellschaftlichen Arbeitsteilung (des Auseinanderfallens von Kopfarbeit und Handarbeit) – dazu noch ein praxisfernes, abstraktes Denken, das die gesellschaftliche Wirklichkeit „mystifiziert". Der ideologische[2/3] Überbau von Gesellschaften, das sind im besonderen die dominierenden Vorstellungen auf den Gebieten des Rechts, der Moral, der Politik, der Religion, der Kunst und der Philosophie, bringt stets nur die Interessen der jeweils herrschenden Klasse zum Ausdruck. Er dient in erster Linie dazu, die Herrschaft dieser Klassen zu rechtfertigen und aufrechtzuerhalten. (Salamun 1992: 7)

Das ideologische[1] Denken gelangt erstens zu einer Fehlbeurteilung der sozioökonomischen Zusammenhänge, die sich nach Marx zweitens als *klasseninteressenkonformer* Irrtum dechiffrieren und erklären lässt.

Die Kritik der Ideologie[1] spielt im theoretischen Konzept zwar eine wichtige, aber letztlich eine untergeordnete Rolle. „Sie muß übergeführt werden in eine Kritik der Gesellschaft, die die Ideologie[1] erzeugt, und diese Gesellschaftskritik muß schließlich einmünden in praktischer Veränderung dieser Gesellschaft, also Revolution." (Lieber 1985: 44) Der „Gedanke einer revolutionären Gesetzlichkeit, auf die es zu setzen, die es zu erkennen und der es zu folgen gelte, ist konstitutiv geblieben bis ins Spätwerk hinein"; Marx postuliert ein „zur Revolution hindrängendes Entwicklungsgesetz der bürgerlichen Gesellschaft" (44). „Das Bürgertum ist und bleibt der ideologischen[1] Selbsttäuschung verfallen, es kann sie weder durchschauen noch tatsächlich durchbrechen. Anders das Proletariat. Es ist aus seiner objektiven Klassenlage heraus sowohl Bedingung des Funktionierens bürgerlich-kapitalistischer Produktion als auch in seiner ausgebeuteten Existenz reale Negation dieser Produktionsweise." (45) Das Proletariat birgt „in sich die Kraft, die objektiven Verhältnisse der bürgerlichen Gesellschaft in Bewußtsein und Aktion zu durchbrechen" – die proletarischen Massen werden aufgrund der

> zunehmenden Bewußtwerdung der Bedingungen ausgebeuteter Existenz zu einer einheit-
> lich revolutionär handelnden Klasse zusammenwachsen, zum „revolutionären Subjekt"
> werden und in der tatsächlichen revolutionären Selbstbefreiung als Klasse zugleich die
> soziale Befreiung der Menschheit leisten und damit den Sinn bisheriger Menschheitsge-
> schichte erfüllen. (45)

Besondere Akzente setzt Marx in der Wirtschaftstheorie:

> Mit dem „Fetischcharakter der Ware" bezeichnet Marx den Tatbestand, dass in der privat-
> arbeitsteiligen Warenproduktion der gesellschaftliche Zusammenhang der Produzenten
> nicht bewusst geplant werden kann, sondern sich erst beim Verkauf der Ware und damit
> im Nachhinein als fremde, „dingliche" Macht hinter ihrem Rücken durchsetzt. (Rehmann
> 2008: 37)

„Dass die Produzenten erst beim Warenverkauf über den Wert ihrer Arbeit unter-
richtet werden […], ist keineswegs auf eine Einbildung zurückzuführen"; hier liegt also keine „aufs ‚Bewusstsein' fixierte[] Ideologiekritik[1]" (38) vor. Die Verkehrung liegt in diesem Fall nicht primär im Bewusstsein, sondern im gesell-
schaftlichen Sein – es handelt sich um ein Element der *verkehrten Welt.*

> Als „objektive Gedankenform" ist der Waren-Fetisch also sowohl eine Form des sozialen
> Lebens in der bürgerlichen Gesellschaft als auch eine ihr entsprechende Form des bewuss-
> ten Handelns, und beide sind untrennbar. Von einer naiven Ideologie[1]kritik, die meint,
> die „Verkehrungen" mithilfe wissenschaftlicher Aufklärung loszuwerden, ist Marx hier weit
> entfernt: die wissenschaftliche Entdeckung, dass die Waren-Werte in Wirklichkeit nicht
> „Dinge", sondern verdinglichte Ausdrücke menschlicher Arbeit sind, „verscheucht keines-
> wegs den gegenständlichen Schein der gesellschaftlichen Charaktere der Arbeit" (38).
> Die marxsche Kritik wendet sich gegen diese „Normalität" der sozialökonomischen Reali-
> tät selbst, die sie mithilfe des Fetisch-Begriffs „verfremdet": die „Verkehrtheit" sitzt in der
> grundlegenden Struktur ungeplant-privater Warenproduktion und -zirkulation selbst; „ver-
> kehrt" ist ihre selbstverständlich erscheinende Funktionsweise, die statt durch bewusste
> Vorausplanung „hinterrücks" durch die Austauschbewegung der Dinge gesteuert wird. Das
> ihr angepasste Denken ist insofern verkehrt, als es die Verdinglichung der Praxisformen als
> „natürlichen" und „selbstverständlichen" Tatbestand hinnimmt, als der sie sich unmittel-
> bar darstellt. (39)

Diese Überlegungen sind nicht der erkenntniskritischen Ideologie$_1$forschung, sondern der *Gesellschaftskritik*, speziell der Kritik an einer bestimmten Wirtschaftsform zuzuordnen. Jede solche Kritik wird von einer bestimmten Ideologie$_3$ getragen, hier der sozialistisch-kommunistischen. Im Licht einer bestimmten Vision des ‚wahren' Zustands erscheint die bestehende Wirtschafts- und Gesellschaftsform als definitiv ‚falsch'. Das soziopolitische Programm des Marxismus strebt „eine grundlegende Veränderung der Produktionsverhältnisse und der Arbeitsorganisation" (40) an. Rehmann betont daher, dass man bei der „bürgerlichen ‚Religion des Alltagslebens' mit dem Aufweis falschen Bewusstseins" nicht weit komme: „Auch wenn sie wissenschaftlich ‚widerlegt' ist, ist ihre alltägliche Wirksamkeit ungebrochen, da ‚die wirklichen Produktionsagenten in diesen entfremdeten und irrationalen Formen von Kapital-Zins, Boden-Rente, Arbeit-Arbeitslohn sich völlig zu Hause fühlen [...]'." (42) Die marxistisch-sozialistische Ideologie$_3$, die den Kapitalismus überwinden will, muss daher die „freiwillige[] Unterstellung unter die bürgerliche Herrschaft" (43) aufzubrechen versuchen. Die zugehörige Dienertheorie kann daher „die Analyse einer solchen aktiven Selbst-Unterstellung unter entfremdete Verhältnisse zu ihrer Hauptaufgabe" (43) machen.

Aus der Sicht der kognitiven Ideologietheorie ist festzuhalten, dass Marx den historischen Materialismus, der eine Variante der deterministischen Manifestationstheorie darstellt, mit einer Theorieanlage kombiniert, die sich im definitiven Wahrheitsbesitz wähnt. Die eigene Interessenlage wird als eine gedacht, die – anders als die der Gegenseite – zur Erkenntnis der objektiven Wahrheit führt.

5.4 Die marxistische Ideologietheorie als soziopolitische Dienertheorie

In Kapitel 3.7.2 ist im Rahmen der weltanschaulichen Ideologie$_2$forschung eine erste Abgrenzung von marxistischen Ansätzen erfolgt: Das mit dem historischen Materialismus verbundene deterministische Konzept vermag nicht zu erfassen, dass Ideologien$_{2/3}$ wie auch wissenschaftliche Theorien kreative geistige Leistungen darstellen, die nicht aus den jeweiligen wirtschaftlichen Rahmenbedingungen hergeleitet werden können. Konstatiert werden kann z.B. eine bestimmte Krise (die in einigen Fällen mit wirtschaftlichen Veränderungen zusammenhängt); bei der Art der Krisenbewältigung aber gibt es immer mehrere Optionen, einschließlich der Möglichkeit, dass die Krise gar nicht gemeistert wird.

Die folgende Abgrenzung von der marxistischen Denktradition, die innerhalb der Ideologieforschung – und das gilt auch noch für die Gegenwart – quantitativ das Übergewicht hat, erfolgt vor dem Hintergrund der letzten Kapitel:

These 10.9: Die marxistischen und marxismusnahen Ideologietheorien sind erstens in der Hauptsache soziopolitische Dienertheorien; diese sind von einer erfahrungswissenschaftlich ausgerichteten Ideologietheorie zu unterscheiden. Zweitens handelt es sich in den meisten Fällen um *dogmatische* Dienertheorien, die mit dem problematischen Anspruch auftreten, das *definitiv richtige* soziopolitische Programm und Gesellschaftsideal zu vertreten.

Die kognitive Ideologietheorie koppelt die Fragestellungen der Dienertheorie vom Engagement für eine bestimmte Ideologie$_3$ ab und transformiert sie in erfahrungswissenschaftliche Fragen erkenntniskritischer, weltanschauungs- und programmanalytischer Art. So kann es z.B. mehrere empirisch-rationale Theorien darüber geben, „wie der Übergang zur hochtechnologischen Produktionsweise mit ihren transnationalen Produktionsverhältnissen" (Haug 1995: 60) zu beschreiben und zu erklären ist; dabei ist auch zu untersuchen, mit welcher Konstellation der Ideologien$_{3/2}$ dieser Übergang verbunden ist. Darüber hinaus wird aufgezeigt, dass und wie sich soziopolitische Programme in undogmatischer Form vertreten lassen. Grundsätzlich sind mehrere Ideologien$_3$ legitim, und die sich aus ihnen ergebenden Lösungsvorschläge für konkrete Probleme sind einem Vergleichstest zu unterziehen. *Sozialistische* Ideologien$_3$ werden also keineswegs grundsätzlich abgelehnt. Die generelle Kritik an *dogmatischen* Ideologien$_3$ trifft aber natürlich auch die sozialistischen Varianten.

5.5 Totalitäre Ideologien alter und neuer Art[24]

Ziel dieses Kapitels ist es, in Anknüpfung an und Auseinandersetzung mit Liebers Ausführungen das Totalitarismuskonzept der kognitiven Ideologietheorie ansatzweise zu entfalten.

[M]it Beginn und Ausbreitung des Faschismus und dem Sieg des Nationalsozialismus in Deutschland [gewann] jene Form moderner Diktatur ein besonderes wissenschaftliches Interesse, die für längere Zeit in politischer Wissenschaft und Soziologie als Totalitarismus bezeichnet wurde. Die Festigung des bolschewistischen Herrschaftssystems unter Stalin in der Sowjetunion in den 30er Jahren und seine Ausbreitung und Konsolidierung als Folge des 2. Weltkrieges in Ost- und Ostmitteleuropa verstärkte dieses Interesse zunehmend, und dies fand seinen wissenschaftlichen Niederschlag in einer sich immer mehr ausbreitenden Totalitarismusforschung. (Lieber 1985: 16)
[I]m Zusammenhang mit den großen Säuberungsprozessen in den 30er Jahren entwickelte sich in der Sowjetunion die diktatorische Herrschaftsstruktur eines totalen Staates, der von seinen Machtansprüchen keinen gesellschaftlichen Lebensbereich aussparte und zu dessen Strukturmerkmal ebenfalls die Denunziation, gnadenlose Verfolgung, Deportation und Massenvernichtung von „Andersdenkenden" oder als „Klassenfeind" bzw. „Staatsfeind" deklarierter einzelner oder Gruppen gehörte. (102 f.)

Diejenigen Teile der Totalitarismusforschung gehören zur komplexen Ideologieforschung, die sich mit den Ideologiebegriffen$_{1/2/3}$ und den ihnen zugrundeliegenden Fragestellungen in Verbindung bringen lassen:

Verhältnis zur Ideologie$_3$: Welche soziopolitischen Programme sind in den so genannten totalitären Gesellschaften realisiert?

Verhältnis zur Ideologie$_2$: Mit welchen Weltbildannahmen und Wertüberzeugungen sind diese Ideologien$_3$ verbunden?

Verhältnis zur Ideologie$_1$: Welche speziellen Formen bedürfniskonformen Denkens sind in den totalitären Ideologien$_{3/2}$ und den nach ihren Prinzipien gestalteten Gesellschaftsformen wirksam?

Andere Aufgaben wie z.B. die genaue Beschreibung dieser Gesellschafts- und Herrschaftsformen sowie die Aufarbeitung ihrer Entstehung sind hingegen nicht der Ideologieforschung, sondern z.B. der Soziologie und der Geschichtswissenschaft zuzuordnen, die jedoch mit ihr kooperieren können.

Die differenzierte Sichtweise der komplexen Ideologieforschung ist von vornherein dagegen gefeit, die den als totalitär bezeichneten Gesellschaften zugrundeliegenden Ideologien$_{3/2}$ mit *den* Ideologien schlechthin gleichzusetzen, um nach dem Ende des Faschismus bzw. Nationalsozialismus sowie später nach dem Zusammenbruch des Sowjetimperiums das Ende *des* ideologischen Zeitalters zu verkünden.

Sind die totalitären Ideologien$_{3/2}$ und die nach ihren Prinzipien gestalteten Gesellschaften völlig *neuartige* Phänomene?

These 11: Beim Nationalsozialismus und beim Stalinismus liegen *strukturell* alte Denkmuster von Ideologien$_{3/2}$ vor, die erstens mit neuen Inhalten gefüllt und zweitens an die im 20. Jahrhundert vorliegenden soziokulturellen Lebensbedingungen angepasst werden. Es handelt sich demnach keineswegs um völlig neuartige Phänomene, wie häufig behauptet wird, sondern nur um neuartige *Ausformungen* alter Strukturen des Denkens und der Sozialordnung. Die „Strukturähnlichkeit, ja Strukturgleichheit in Herrschaftsaufbau, Herrschaftstechnik und Herrschaftslegitimierung" (103) reicht demnach viel weiter, als die herkömmliche Totalitarismusforschung annimmt.

Der Begriff der totalitären Diktatur ist auf die „modernen Diktaturen wie Nationalsozialismus, Faschismus und Bolschewismus" zugeschnitten, die „von klassischen Ausprägungen als Despotie oder Tyrannis" (103) abgegrenzt werden. Es gibt aber auch *frühe Formen der totalitären Diktatur*, wenn man diesen Begriff nicht zu eng definiert.

Nach Auffassung einiger Theoretiker sollte „von totalitärer Diktatur nur dann [...] gesprochen werden können, wenn und wo folgende typische Strukturmerkmale erfüllt waren" (108):

> Erstens, eine von einem einzelnen oder einer Minderheit autoritär geführte und beherrschte sogenannte Massenbewegung erhebt einen durch die Beherrschten grundsätzlich nicht kontrollierbaren Ausschließlichkeitsanspruch auf die politische Herrschaft. Sie verfügt durch eine zentralistisch aufgebaute, bürokratische Herrschaftsapparatur über das Mittel zur realen Durchsetzung dieses Herrschaftsanspruches. (108)

Man stelle sich eine Jahrhunderte oder sogar Jahrtausende früher aufkommende religiöse Ideologie$_2$ vor, die erstens wie die meisten anderen Religionen in dogmatischer Form vertreten wird und in deren Umkreis zweitens ein starkes Interesse an der Umgestaltung der soziopolitischen Verhältnisse aufkommt. Das führt zum Aufbau einer dazu passenden Ideologie$_3$, die z.B. den soziopolitischen Willen Gottes zu realisieren vorgibt. In diesem Fall erhebt ebenfalls „eine von einem einzelnen oder einer Minderheit autoritär geführte und beherrschte sogenannte Massenbewegung [...] einen durch die Beherrschten grundsätzlich nicht kontrollierbaren Ausschließlichkeitsanspruch auf die politische Herrschaft". Setzt diese religiös-politische Strömung sich durch, so wird sie, um ihren Herrschaftsanspruch auch einlösen zu können, ebenfalls „eine zentralistisch aufgebaute [...] Herrschaftsapparatur" etablieren, aber natürlich nicht in der Form einer modernen Bürokratie. Von diesem Herrschaftstyp, zu dem sich leicht historische Beispiele finden lassen, unterscheidet sich z.B. der Stalinismus als Ideologie$_{3/2}$ und als Gesellschaftssystem primär auf *inhaltlicher* Ebene: In dogmatischer Form wird eine dezidiert *areligiöse* Ideologie$_{3/2}$ vertreten und das Gesellschaftsideal speziell aus *sozialistisch-kommunistischer* Sicht bestimmt. Die Herrschaftsapparatur dient ebenfalls der Durchsetzung des absoluten Herrschaftsanspruchs; der Unterschied besteht in der Hauptsache darin, dass man zu diesem Zweck im 20. Jahrhundert diverse Mittel einsetzen kann, die es früher noch nicht gab.

> Zweitens, das auf diese Weise zentral gelenkte und beherrschte politische Machtsystem erstreckt sich rückhaltlos und unbegrenzt in alle gesellschaftlichen Lebensbereiche (z.B. Familie, Sport, Urlaub, Nachbarschaft, Betrieb, Verein usw.). Es schaltet diese Lebensbereiche dem politischen Herrschafts- und Planungsgefüge entsprechend gleich und durchdringt die Gesamtgesellschaft so, daß es grundsätzlich keine von der politischen Macht unbeeinflußten Freiräume gesellschaftlichen Handelns und Verhaltens gibt. (108)

Auch im konstruierten Typ wird das „zentral gelenkte und beherrschte politische Machtsystem" bestrebt sein, die gegebenen gesellschaftlichen Lebensbereiche so weit wie möglich zu durchdringen und damit gleichzuschalten, d.h. auf die religiöse Ideologie$_{3/2}$ zu verpflichten. Der Unterschied z.B. zum Stalinismus besteht darin, dass es zu früheren Zeiten erstens bestimmte Lebensbereiche wie Sport, Urlaub, Betrieb, Verein usw. gar nicht oder in einer deutlich anderen Form gab und dass sich das Gleichschaltungsbestreben auf moderne Techniken zu stützen vermag. Diese können zur Folge haben, dass in totalitären Gesellschaften des 20. Jahrhunderts eine andere Form der „Uniformierung der Gesamtgesellschaft" (108) zu konstatieren ist als früheren Varianten. Weder „die Ausschließlichkeit des Herrschaftsanspruches" noch die intendierte „Unbegrenztheit des Herrschaftsbereiches" (108), die allerdings faktisch immer an gewisse Grenzen gelangt, stellen jedoch spezifisch moderne Phänomene dar.

Lieber spricht in diesem Zusammenhang von einer „totale[n] Ideologisierung der Gesamtgesellschaft" (101). Daraus lässt sich ein weiterer Ideologiebegriff gewinnen:

Ideologie$_7$ (Ideologisierung) = Mehr oder weniger umfassende Verpflichtung einer Gesellschaft auf eine bestimmte Ideologie$_{3/2}$

Dazu gibt es auch eine kritische Variante:

Ideologie$_{7a}$ (Ideologisierung) = Mehr oder weniger umfassende Verpflichtung einer Gesellschaft auf eine bestimmte Ideologie$_{3/2}$, die *abzulehnen* ist

Zurück zu den Aspekten des totalitären Denkens und der totalitären Gesellschaft.

> Das Kernstück der politischen Machtordnung ist die zumeist aus einer revolutionären [...] Massenbewegung hervorgegangene und zum zentralistischen Herrschaftsinstrument einer bevorrechteten Minderheit umgeformte totalitäre Partei. Sie beherrscht alle anderen, der Durchsetzung der politischen Macht in der Gesellschaft dienenden Apparate, wobei in der Regel die obersten Spitzen dieser Partei zugleich in Personalunion die Schlüsselpositionen in den Herrschaftsapparaten (Staatsbürokratie, Militär, Justiz, Wirtschaft usw.) innehaben. (108 f.)

Der konstruierte Typ lässt sich durch die Annahme weiter ausgestalten, dass es der aus einer religiösen Ideologie$_2$ erwachsenden revolutionären Massenbewegung gelingt, eine neue Machtordnung zu errichten, in der eine bevorrechtete Minderheit, die den soziopolitischen Willen Gottes zu kennen beansprucht, die führende Rolle spielt – eine Partei im modernen Sinn gibt es hier noch nicht, ein zentralistisches Herrschaftsinstrument aber sehr wohl. Sofern andere „der Durchsetzung der politischen Macht in der Gesellschaft dienende[] Apparate" existieren, werden diese so weit wie möglich dienstbar gemacht. Außerdem ist zu erwarten, dass die religiös-politischen Führer sich „die Schlüsselpositionen in den Herrschaftsapparaten" sichern; welche Apparate dieser Art es gibt, hängt dann wiederum von den soziokulturellen Rahmenbedingungen ab.

Ferner ist in beiden Konstellationen damit zu rechnen, dass „die Auslese der in die Schlüsselpositionen der verschiedenen Herrschaftsapparate nachrückenden" Personen so organisiert ist, dass sie möglichst vollständig „der Leitung, Lenkung und Kontrolle von oben" (109) untersteht. Das hat eine große „Machtanhäufung in den Händen der Führungsgruppen zur Folge" (109), die in der Regel auch dazu führt, dass diese sich erhebliche Privilegien sichern.

Der Begriff der totalitären Diktatur bzw. des Totalitarismus ist, wie man sieht, nicht nur auf Herrschaftsformen des 20. Jahrhunderts anwendbar, sondern auch auf einige frühere. Die kognitive Ideologietheorie unterscheidet deshalb zwischen dem *alten* und dem *neuen* Totalitarismus. Dabei handelt es sich um *in dogmatischer Form und mit einem umfassenden soziopolitischen Gestaltungswillen auftretende Ideologien*$_{3/2}$. Außerdem wird behauptet, dass der alte, religiöse Totalitarismus auch in neuer Form wiederauferstehen kann – und dass sich im Umkreis des so genannten religiösen Fundamentalismus tatsächlich derartige moderne Ideologien$_{3/2}$ finden; vgl. Tepe 1999.

Weitere in der Fachliteratur genannte Strukturmerkmale lassen sich auf entsprechende Weise wie die bisherigen behandeln. So etwas wie eine „Geheimpolizei" (109) kann es auch im konstruierten Typ geben; zu ihren vorrangigen Aufgaben gehört es, Abweichler von der als definitiv wahr geltenden religiösen Ideologie$_{3/2}$ aufzuspüren und auszuschalten. Diese Geheimpolizei kann Mittel anwenden, die im weiteren Sinn als terroristisch zu bezeichnen sind. Sie ist in beiden Gesellschaftstypen von „den Machtkadern abhängig[]" (109). Ferner ist in beiden Fällen „ein Nachrichten- und Informationsmonopol durch politische [und weltanschauliche] Gleichschaltung der Medien" der Kommunikation zu erwarten, während nur der neue Totalitarismus über moderne „Medien der Massenkommunikation" (109) verfügt. Ein „Erziehungsmonopol" beansprucht auch der alte Totalitarismus; die vorhandenen „Erziehungs- und Bildungsinstitutionen" (109) werden auf die religiöse Ideologie$_{3/2}$ eingeschworen, und es werden neue Institutionen geschaffen, die zu diesem Zweck noch besser geeignet sind. Auch die Vertreter des alten Totalitarismus sind bestrebt, „jede[] Möglichkeit bewaffneten Widerstands" zu verhindern, was z.B. durch „ein Waffenmonopol" (109) erreichbar ist; ob und in welchem Maß dieses auch durchgesetzt wird, hängt wiederum von den soziokulturellen Rahmenbedingungen und den technischen Mitteln ab. Eine „zentralgelenkte, bürokratisch gleichgeschaltete Wirtschaftsverfassung" (109) stellt eine Option dar, die nicht in allen Varianten genutzt wird.

Totalitarismusforscher weisen häufig auf folgende „zentrale Funktion der Ideologie$_{[3/2]}$" hin:

> Eine totalitäre Sozialordnung vollendet sich nämlich erst darin als totalitär, daß die Philosophie in ein bestimmt geartetes Dienstverhältnis zur politischen Ordnung tritt. Es wird nicht einfach schrankenlos Macht ausgeübt, die auf der Seite der Beherrschten ebenso schrankenlos Furcht als entsprechendes Verhalten erzeugt, sondern es wird schrankenlos ausgeübte politische Macht den Beherrschten gegenüber philosophisch gerechtfertigt. (109)

In diesem Punkt schlägt die kognitive Ideologietheorie ein differenziertere Analyse vor: Die totalitäre Sozialordnung alter und neuer Art stellt bereits die *Umsetzung* der jeweiligen Ideologie$_{3/2}$ dar, die mit dem Anspruch auf absolute Wahrheit und umfassende soziopolitische Gestaltung auftritt. Die *Rechtfertigung* der Sozialordnung kommt zu dieser daher nicht als ein Zweites, Sekundäres hinzu, sondern ist in sie bereits eingebaut: Diese Ordnung erscheint als gerechtfertigt, weil sie als die Realisierung der im definitiv richtigen soziopolitischen Programm enthaltenen Gestaltungsprinzipien angesehen wird. Damit ist auch „schrankenlos ausgeübte politische Macht den Beherrschten gegenüber […] gerechtfertigt". Hinzu kommt nur die *systematisch ausgebaute* Rechtfertigung, die zumeist erst nach der revolutionären Umwälzung erarbeitet wird. Im alten Totalitarismus erfolgt diese systematische Rechtfertigung meistens durch eine *Theologie*, welche die zugehörige religiöse Ideologie$_{3/2}$ auslegt und verwaltet; im neuen Totalitarismus *kann* an diese Stelle eine bestimmte Art der *Philosophie* treten, z.B. der dialektische Materialismus oder die Rassentheorie. Lieber unterscheidet nicht zwischen einer *dogmatischen* und einer *totalitären* Ideologie$_{3/2}$. Für jede dogmatische Ideologie$_{3/2}$ gilt, dass sie „den Anspruch auf alleinige Geltung ihrer Aussagen erhebt" und – sofern die ihr entsprechende Herrschaftsordnung realisiert ist – „als für jeden Beherrschten verbindlich verkündet wird" (110). Nicht jede dogmatische ist jedoch auch eine totalitäre Ideologie$_{3/2}$, d.h. durch einen umfassenden soziopolitischen Gestaltungswillen geprägt.

Für die alten *und* die neuen totalitären Ideologien$_{3/2}$ gilt, dass diese auch „das politisch-gesellschaftliche Selbst- und Sendungsbewußtsein der Führungsgruppe" formulieren, das „zum verbindlichen Gruppenbewußtsein für alle Mitglieder der totalitären Gesellschaftsordnung" (110) ausgeformt werden soll. Dieses Sendungsbewusstsein kann religiös, aber auch areligiös begründet sein. Angestrebt wird im alten wie im neuen Totalitarismus, „geistig eine Einheit zwischen Führungswille und Volkswille zu bewerkstelligen" (110). Auch im religiös fundierten Totalitarismus soll sich „jeder einzelne voll und ganz mit dem sozialen Selbstbewußtsein der Führungsschicht und dem diesem Bewußtsein entsprechenden Handeln" (110) identifizieren. „Totalitäre Ideologie" alten und neuen Typs erhebt „den Anspruch, für die gesamte Gruppe in gültiger Form auszusprechen, was ihre gesellschaftlich-politische Sendung, ihre Mission ist" (110).

Nur für den *neuen* Totalitarismus (insbesondere des 20. Jahrhunderts) gilt hingegen, dass die Ideologie$_{3/2}$

> ihre Rechtfertigungsfunktion gegenüber Massen beanspruchen und durchsetzen will, die im Zuge der Industrialisierungsprozesse und der Demokratisierungsprozesse des 19. und beginnenden 20. Jahrhunderts nicht nur das Bewußtsein einer sozialen, sondern auch einer notwendigen politischen Emanzipation sich errungen haben (111).

Neuere totalitäre Ideologien$_{3/2}$ müssen sich nach Lieber „an diese Massen und ihre politischen Emanzipationswünsche" anpassen, und ihnen wird vorgeworfen, „permanenter Betrug der Massen im Namen von deren Aufklärung" (111) zu sein. Hier ist allerdings zu differenzieren:

1. Die Vertreter alter und neuer totalitäre Ideologien$_{3/2}$ sind zumeist felsenfest Überzeugte. Die *Manipulation* als Vermittlung von Auffassungen, an die man selbst nicht glaubt, tritt zwar auch auf, stellt aber nicht den Regelfall dar; vgl. Kapitel 4.5. Nach dem Selbstverständnis der meisten Vertreter handelt es sich demnach gar nicht um einen „Betrug der Massen", sondern vielmehr um die Vermittlung der definitiven Wahrheit.

2. Eine neue totalitäre Ideologie$_{3/2}$ muss natürlich die jeweilige Situation der Bevölkerung einkalkulieren, aber sie muss sich nicht zwangsläufig an bestimmte politische Emanzipationswünsche anpassen, sondern kann auch verkünden, dass die „Demokratisierungsprozesse des 19. und beginnenden 20. Jahrhunderts" eine *Fehlentwicklung* darstellen. Nicht jede neue totalitäre Ideologie$_{3/2}$ ist also „der demokratischen Fassade bedürftig, der Anpassung an Elemente der demokratischen Theorie oder doch Tradition" (111). Lieber hat eher den Leninismus und Stalinismus als den Nationalsozialismus im Auge, wenn er schreibt:

> Wenn nämlich totalitäre Ideologie$_{[3/2]}$ organisierte Herrschaft über die Massen anzielt und rechtfertigt, indem sie deren politischen Emanzipationswünschen reale Erfüllung verspricht, so muß sie in der Lage sein, die totale Herrschaft über die Massen als ebenso totale Herrschaft dieser Massen selbst ausgeben zu können. (111)

Das nationalsozialistische Konzept der vom Führer geleiteten Volksgemeinschaft steht nicht in demokratischer Denktradition. Hier gilt nicht: „Totalitäre Diktatur als totale Demokratie ist und bleibt der Anspruch." (114)

Nur die neue totalitäre Ideologie$_{3/2}$ beruft sich ferner, zumindest in einigen Fällen, auf wissenschaftliche Erkenntnisse – wobei der Grad der systematischen Ausarbeitung variieren kann. Die ausgeformteste Variante einer mit wissenschaftlichem Anspruch auftretenden Weltanschauung ist der Marxismus-Leninismus mit „seiner in der Sowjetunion systematisierten Gestalt als historischer und dialektischer Materialismus bzw. wissenschaftlicher Sozialismus" (112). Die alte totalitäre Ideologie$_{3/2}$ tritt demgegenüber zumeist als der definitiv wahre religiöse *Glaube* auf, aus dem sich ein bestimmtes Gesellschaftsideal als das von der übernatürlichen Macht gewollte ergibt.

Der Anspruch auf Wissenschaftlichkeit ist in der sachbezogenen Auseinandersetzung zu diskutieren und gegebenenfalls zu entkräften. Den „Scheincharakter solcher Berufung auf Wissenschaft" (112) nachzuweisen, ist mit erheblichem Denkaufwand verbunden. Aufgabe der Ideologie$_1$kritik ist es demgegenüber, den zuvor als unhaltbar erwiesenen Anspruch auf Wissenschaftlichkeit als *bedürfnis-konforme* Fehleinschätzung erkennbar zu machen, durch die das Gewissheits-verlangen befriedigt wird. Die Verwandlung der eigenen Annahmen in angeblich wissenschaftlich gesicherte Annahmen ist bekanntlich ein beliebig anwendbares Denkmuster, mit dem sich jede Position den exklusiven Status der allein wissen-schaftlichen Position verschaffen kann; vgl. Kapitel 4.7. Lieber irrt allerdings, wenn er meint, es sei „dem durch Lenin und Stalin uminterpretierten, ja ver-fälschten Marxismus" vorbehalten, „daß charismatischer Sendungsglaube quasi wissenschaftlich, also rational, begründet wird" (112). Diese Denkform lässt sich bereits beim frühen Marx nachweisen; vgl. Tepe 1989.

Für alte *und* neue totalitäre Ideologien$_{3/2}$ gilt, dass sie „immer den Anspruch erheben, in einer für die Gesamtgruppe allein gültigen Form auszumachen, was deren politisch-soziale Sendung, was deren geschichtlicher Auftrag ist. Sie ist deshalb unabdingbar missionarisch" (113). Die totalitäre Ideologie$_{3/2}$ religiösen Typs beansprucht, den soziopolitischen Willen Gottes zu kennen und schreibt der Bezugsgruppe den göttlichen Auftrag zu, diesen Willen in die Tat umzuset-zen. Die neuen totalitären Ideologien$_{3/2}$ säkularisieren dieses Schema, indem sie ihre Werte und Ziele in einer höheren Instanz areligiöser Art verankern, z.B. in der Naturordnung der Rassen oder im Gesetz der Geschichte; daraus ergibt sich ebenfalls die höhere Mission, diesen Willen in die Tat umzusetzen. Aus erkennt-niskritischer Sicht findet hier eine „Mystifikation oder mystische Verklärung der Gesamtgruppe" (113) statt, die diese in das privilegierte Werkzeug der höheren Instanz verwandelt. Die Führung beansprucht im alten und im neuen Totali-tarismus, Zugang zu einer höheren Dimension zu besitzen, welche der Gruppe eine nicht verhandelbare Aufgabe stellt, die sie dann auszuführen hat. Die Füh-rungsschicht stellt „gleichsam die Inkarnation der missionarischen Wahrheit von Volk oder Klasse dar [...]" (114). Die Differenzen zwischen den theoretischen Kon-struktionen ergeben sich daraus, dass die höhere Instanz jeweils unterschiedlich konzipiert wird.

In den alten und den neuen Formen der totalitären Gesellschaft muss „die Führungsgruppe [...] die Durchsetzung und Anerkennung der von ihr verkünde-ten Ideologie$_{[3/2]}$ im politisch-sozialen Gefüge mit allen seinen Verzweigungen auch scharf kontrollieren" (114 f.). Wer eine mit absolutem Wahrheitsanspruch auftretende Lehre vertritt, die eine umfassende soziopolitische Gestaltung anstrebt, muss dafür sorgen, dass die jeweilige Ideologie$_{3/2}$ in allen Lebensberei-chen so weit wie möglich durchgesetzt wird. Als ein weiteres Motiv kommt dann *hinzu*, dass von „der Ausbildung eines entsprechenden Kontrollmechanismus" (115) auch das politische Schicksal der Führungsgruppe abhängt.

Sowohl in den alten als auch in den neuen Formen der totalitären Gesell-schaft gibt es eine enge Verbindung zwischen der politischen und der weltanschaulichen Führung, die bis zur Identität gehen kann. Die Behauptung, „daß in totalitären Ordnungen der Träger der politischen Macht [...] auch geistig-weltanschaulich letztentscheidende Instanz ist" (115), geht jedoch zu weit; hier gibt es wiederum mehrere Gestaltungsmöglichkeiten. Auf den Marxismus-Leninismus zugeschnitten ist die These,

> daß mindestens die oberen Spitzen der die Herrschaft durchsetzenden politischen Bürokratie nicht nur eine politisch bevorrechtete Minderheit darstellen, sondern stets auch das Vorrecht eines besonderen geistigen Ranges für sich in Anspruch nehmen und daraus das Recht auf totale geistige Führung, Lenkung und Bevormundung der Massen ableiten (115).

Aus erkenntniskritischer Sicht ist festzuhalten, dass totalitäre und generell dogmatische Ideologien$_{3/2}$ häufig fragwürdige Argumentationsmuster verwenden, um sich gegen Kritik abzuschotten; Lieber bezeichnet sie, Topitsch folgend, als Immunisierungsstrategien. Dazu gehört die Annahme, dass die jeweilige höhere Wahrheit nur von denjenigen erkannt werden kann, die von der höheren Instanz selbst ‚auserwählt' worden sind. Demnach kann jemand, der z.B. nicht zur arischen Rasse gehört, die sich auf diese beziehenden ‚großen Wahrheiten' nicht erkennen und beurteilen. Dieses Theorem hat für die Bezugsgruppe den Vorteil, dass man sich auf die von einem Außenstehenden formulierte Kritik an der eigenen Ideologie$_{3/2}$ gar nicht inhaltlich einzulassen braucht; aus dem Theorem folgt, dass die Kritik verfehlt sein *müsse*, da der Nichtarier wesensmäßig unfähig sei, die ‚großen Wahrheiten' zu erfassen.

Richtig ist, „daß auch politisches Denken und Handeln in nicht totalitären Gesellschafts- und Herrschaftsordnungen unter bestimmten Bedingungen der Tendenz zur totalitären Dogmatisierung verfallen kann" (117). Die kognitive Ideologietheorie denkt diese Prozesse jedoch auf spezifische Weise: Spitzen innen- wie außenpolitische Konfliktsituationen sich zu, so gelangen viele Menschen dazu, ihre zuvor latent gebliebene dogmatische Haltung manifest werden zu lassen und konsequenter als zuvor zu vertreten, was bei einigen zum Übergang zu totalitären Denkformen führt. Behauptet wird also, dass die *dogmatische* Grundeinstellung nach wie vor dominiert und dass von dieser aus der Weg zu totalitären Auffassungen, die ja Extremformen dogmatischen Denkens darstellen, kurz sein *kann*. Lieber spricht von der „ständige[n] Selbstgefährdung eines seinem Anspruch nach nicht-totalitären Denkens" (117). So wird die westliche Gegnerschaft zum Totalitarismus kommunistischer Prägung in vielen Fällen von einer *dogmatischen* Einstellung getragen, die ihrerseits leicht in eine *andere* Form des totalitären Denkens umzuschlagen vermag.

Um totalitären Gefahren alter und neuer Art frühzeitig entgegentreten zu können, ist es wichtig, die spezifischen Formen bedürfniskonformen Denkens

(Ideologien$_1$), die mit den totalitären Ideologien$_{3/2}$ verbunden sind, zu erkennen. Der „Begriff ‚Totalitarismus'" „will ein beschreibend-analytischer Zentralbegriff sein und er ist es auch, und er ist zugleich als kritisch-negativ wertender Gegenbegriff ein Zentralbegriff in der und für die politische Auseinandersetzung einer Demokratie liberaler Tradition mit ihren weltpolitischen Gegnern" (106). Entsprechendes gilt für den hier vertretenen erweiterten Begriff der totalitären Diktatur. Dabei ist die wissenschaftliche Theoriebildung, die nach Kriterien empirisch-rationalen Denkens zu beurteilen ist, von der Nutzung ihrer Ergebnisse durch unterschiedliche Ideologien$_{3/2}$ zu unterscheiden; vgl. Kapitel 4.6. Auch ein einzelner Theoretiker kann zwischen beiden Diskursen hin und her schwanken und die Ebenen vermengen.

Der Versuch, „einen Idealtypus ‚totalitärer Herrschaft' zu konstruieren, der auf historisch-unterschiedliche Erscheinungsformen solcher Herrschaft zutrifft", ist vereinbar mit der Konzentration auf „das historisch-konkret Singuläre eines Herrschaftssystems" (107). Entsprechend ist in der Textwissenschaft die Basisarbeit, die sich mit dem einzelnen Text beschäftigt, mit der Aufbauarbeit vereinbar, die den Text in diverse Kontexte einfügt, um z.B. kunstrichtungstypische Gemeinsamkeiten zwischen literarischen Texten unterschiedlicher Autoren herauszuarbeiten. Dass die eine totalitäre Ideologie$_{3/2}$ „sich historisch aus einer radikaldemokratischen Tradition herleite[t]" (124), die andere aber nicht, schließt nicht aus, dass auf einer anderen Ebene strukturelle Gemeinsamkeiten bestehen.

Eine Gesellschaft, die totalitäre Züge aufweist, kann in ihrer Entwicklung dahin gelangen, dass einige dieser Elemente aufgeweicht werden und dass schließlich die totalitäre Diktatur ganz überwunden wird. Wird „etwa darauf verwiesen, daß nach Stalins Tod in der Sowjetunion der von einzelnen Bürgern niemals zureichend kalkulierbare Massenterror als Administrationsmittel deutlich zurückgegangen sei" (123), so betrifft das die Frage, ob das sowjetische Gesellschaftssystem in dieser Phase noch als totalitäre Diktatur zu bezeichnen ist. Entsprechendes gilt für den Hinweis, „die zunehmende Bedeutung der Naturwissenschaft und Technik [habe] in der Sowjetunion dazu geführt, in ihren Bereichen die Totalitätsansprüche der Ideologie$_{[3/2]}$ gegenüber jeder Wissenschaft partiell zu begrenzen" (124). Dass „typologisierend verfahrende[] Sozialwissenschaften" (123) als solche fragwürdig sind, folgt daraus nicht. Mehr noch: Deren Berechtigung ist bereits vorausgesetzt, wenn man konstatiert, dass eine bestimmte Gesellschaft in Phase b weniger totalitär ist als in Phase a und dass sie in Phase c ganz aufgehört hat, totalitär zu sein.

Mit Lieber kann die Instrumentalisierung des Totalitarismusbegriffs und der zugehörigen Forschungsergebnisse für bestimmte Ideologien$_{3/2}$, die selbst dogmatisch verfahren, in den Blick genommen werden:

> Wenn ein mit dem Totalitarismusbegriff arbeitendes politisches Denken unter den Begriff sowohl Nationalsozialismus wie Bolschewismus zusammenfaßt, und zwar beide als negativ-kritisch zu bewertende Phänomene, so müßte erwartet werden können, daß sich nicht nur die Ablehnung auf beide politische Systeme in gleicher Radikalität erstreckt, sondern daß auch und gerade die Ablehnung des bolschewistischen Systems Anlaß zu permanenter Reflexion und geistiger Bewältigung jener Ausformung des nationalsozialistischen Totalitarismus wird, der unabdingbar der eigenen Gesellschaft und ihrer Geschichte zugehört. [...] Nur dann könnte sich das Arbeiten mit dem Totalitarismusbegriff als Element der Stärkung demokratischen Potentials in der eigenen Gesellschaft bewähren und entfalten, die am Schuldzusammenhang des Totalitären unaufhebbar teilhat. (118 f.)

Erscheint „die totalitäre Gefährdung freiheitlicher Demokratie angesichts der sowjetischen Expansion nach dem Zweiten Weltkrieg" primär oder sogar ausschließlich „als eine Gefährdung von außen", so kann der Totalitarismusbegriff „als Rechtfertigung einer bequemen sozialpsychischen Verdrängung der eigenen Vergangenheit" (119) dienen, die auch „den Eroberungskrieg des Dritten Reiches" (120) marginalisiert.

Auf eine dogmatische Haltung verweist auch das Bestreben, „zum Ausgleich der Schlagkraft des feindlichen totalitären Systems die eigene Gesellschaft diesem anzugleichen": „Es erscheint die Geschlossenheit des gegnerischen, politisch-ideologischen[2/3] Systems als so attraktiv, daß das Suchen nach gleicher ideologischer[2/3] Geschlossenheit im Geiste sich als einzige mögliche Reaktion anbietet." (121) Einige dogmatisch denkende Verteidiger der Demokratie nehmen an, nur durch „eine[] einheitliche[] Gegenideologie[2/3] des Westens" (121), welche eine vergleichbare Motivations- und Mobilisierungskraft entfalte, sei ein Sieg im Ost-West-Konflikt möglich. Hier wird die totalitäre Denkform übernommen und nur mit anderen Inhalten gefüllt. Die konsequente soziopolitische Umsetzung würde zu einer neuen totalitären Gesellschaft mit demokratischer Fassade führen. In ihr würde ideologische$_{2/3}$ Geschlossenheit auf ähnliche Weise erzwungen wie im abgelehnten Sozialismus-Kommunismus. Tendenzen dieser Art zeigen sich z.B. in den Vereinigten Staaten während der McCarthy-Ära (vgl. 122).

Auch im totalitären Denken alter, d.h. religiöser Art wird dem grundsätzlichen Gegner zugeschrieben, mit einer negativen höheren Macht verbündet zu sein. Der Feind gilt als wesenhaft böse. Das führt rasch zu der Überzeugung, dass es am besten wäre, wenn es diese bösartigen grundsätzlichen Gegner gar nicht geben würde. Deren Tötung erscheint legitim, und sie wird auch in vielen Fällen auch vollzogen. Die systematische „Massenvernichtung und -ausrottung von Millionen Menschen in Lagern, die eigens zu diesem Zwecke errichtet worden waren" (101), ist daher ebenfalls als neue Variante eines alten Musters einzuordnen. Totalitäre Ideologien$_{3/2}$ religiöser Art haben immer eine starke Neigung gehabt, die dämonisierten Feinde tatsächlich zu eliminieren, und in vielen Fällen ist es dabei zu zahlreichen Tötungen gekommen; man denke nur an die Hexenverfolgung. Die Massenvernichtungsmaschinerien des Nationalsozialismus, des Stalinismus usw. stellen somit neue Varianten eines alten Grundmusters dar, die sich von früheren dadurch unterscheiden, dass sie auf die im 20. Jahrhundert verfügbaren technischen und organisatorischen Möglichkeiten zurückgreifen können, die es erlauben, mehr Menschen als früher auf nichtöffentliche Weise in relativ kurzer Zeit zu töten. Die massenhafte Tötung von Menschen, die im Rahmen eines totalitären Überzeugungssystems als grundsätzliche Gegner fungieren *und* dämonisiert werden, ist also ein altes Phänomen, das auf immer neue Weise variiert werden kann.

6 Ausbau der kognitiven Ideologietheorie und exemplarische Anwendung

Nach der Einführung in die weltanschauungsanalytische, die erkenntniskritische und die programmanalytische Ideologieforschung in den Kapiteln 3–5 stehen nun erstens der Ausbau der kognitiven Ideologietheorie in Auseinandersetzung mit dem kritisch-rationalistischen Ansatz sowie zweitens die Anwendung des Konzepts auf den Konflikt zwischen der Kritischen Theorie und dem Kritischen Rationalismus auf dem Programm. Überlegungen zum Thema *Ideologie und Aufklärung* runden das Kapitel ab.

6.1 Von der kritisch-rationalistischen zur kognitiven Ideologietheorie[25]

Die kognitive Ideologietheorie knüpft an den kritisch-rationalistischen Ansatz an, wie ihn Topitsch und Salamun in ihrer Einführung zusammenfassend dargestellt haben, nimmt aber vor dem Hintergrund der weltanschauungsanalytischen Ideologie$_2$theorie auch größere Modifikationen vor:

These 12: Überall dort, wo es um die Kritik der dogmatischen Einstellung und ihrer Konsequenzen geht, kann der kritisch-rationalistischen Ideologie$_1$theorie weitgehend zugestimmt werden; dort hingegen, wo die Weltanschauungsbindung vernachlässigt wird, sind Modifikationen erforderlich.

Aufgrund der Verwandtschaft zwischen den beiden theoretischen Positionen gibt dieses Kapitel Gelegenheit, zentrale Teile der kognitiven Ideologietheorie zu entfalten.

Die Autoren streben an, „einige Einblicke in die erkenntnispsychologische und sprachlogische Struktur des ideologischen$_{[1]}$ Denkens zu geben" (Topitsch/Salamun 1972: 53 f.). Wichtig ist

der Hinweis, daß man die besprochenen ideologischen$_{[1]}$ Verfahrensweisen nicht als sozialtechnologische Instrumente auffassen darf, die von Ideologen$_{[1]}$ stets vorsätzlich und bewußt je nach Bedarf und Situation gehandhabt werden. Es handelt sich dabei viel eher um Weisen des Denkens und denkenden Verhaltens, die von einem spontanen emotionellen und parteiischen Engagement bestimmt werden und die von ihren Verfechtern nur sehr mangelhaft durchreflektiert sind. Sie werden auch dann, wenn Menschen damit manipuliert und hinters Licht geführt werden, von ihren Verfechtern zumeist im guten Glauben verwendet und nicht in kühl kalkulierter Manipulations- und Betrugsabsicht. (54)

Das betrifft den Unterschied zwischen Selbst- und Fremdtäuschung; vgl. Kapitel 4.5.

6.1.1 Bipolare Weltdeutungen

> Um in der Lebenspraxis überhaupt handeln zu können, ist der Mensch in seiner täglichen Auseinandersetzung mit der Wirklichkeit immer wieder gezwungen, komplexe Phänomene, Sachverhalte und Situationen mehr oder weniger stark zu vereinfachen. [...] Die notwendige Vereinfachung komplexer Gegebenheiten und Situationen erfolgt in unserer Weltorientierung über mehr oder weniger gut internalisierte *Interpretationsschemata und Deutungsmuster*, mit deren Hilfe wir teils unbewußt und teils bewußt die Realität sowohl in kognitiver als auch in normativer Hinsicht für unser Handeln strukturieren. (56)

Von „ideologischen[1] Denkweisen" wird nun behauptet,

> daß die Weltorientierung in erster Linie über ein starres bipolares, dichotomisches oder alternativisches Deutungsschema erfolgt, das auf möglichst alle gesellschaftlichen und politischen Phänomene, auch wenn sie noch so komplex sind, angewandt wird. Die vielfältigen Gesichtspunkte und Erscheinungen in der Realität werden auf ein Entweder-Oder, ein Für-mich oder Gegen-mich, ein Freund-Feind-Verhältnis zu reduzieren versucht und auf diese Weise oft weit über das zulässige Maß hinaus simplifiziert. (57)

Betreibt man erkenntniskritische Ideologie[1]forschung vor dem Hintergrund der weltanschauungsanalytischen Ideologie[2]theorie, so verschiebt sich das Bild:

1. Menschen als weltanschauungs- und insbesondere wertsystemgebundene Lebewesen verwenden in gewisser Hinsicht *zwangsläufig* ein bipolares bzw. dichotomisches Deutungsschema. Das hängt damit zusammen, dass die Bejahung bestimmter Werte (und ihrer Repräsentanten) mit der Verneinung der zugehörigen Gegen- oder Unwerte (und ihrer Repräsentanten) verbunden ist. Grundsätzlicher Gegner bzw. Feind ist, wer das Gegenteil dessen will, was man selbst will, gerade auch in weltanschaulicher oder soziopolitischer Hinsicht – auch wenn man sich dessen nicht klar bewusst ist.

2. Bei Topitsch und Salamun entsteht der Eindruck, die bipolare Weltdeutung sei *prinzipiell* vermeidbar; tatsächlich lassen sich nur die Varianten überwinden, die auf der dogmatischen Einstellung beruhen. Das *allgemeine* bipolare Deutungsschema ist von seinen dogmatischen Spielarten abzugrenzen.

3. Auf wissenschaftlicher Ebene lassen sich, wenn man wie in der kognitiven Hermeneutik das eigene Überzeugungssystem in Klammern setzt, die jeweils angewandten Deutungsschemata *distanziert herausarbeiten*. Sobald man jedoch vom wissenschaftlichen z.B. in den soziopolitischen Diskurs wechselt, werden diese Deutungsschemata wieder *aktiviert*. So kann man zwar wissenschaftlich

feststellen, dass bestimmte Symbolwörter, „je nachdem, ob sie sich auf die Eigengruppe oder auf eine konkurrierende Fremdgruppe beziehen, einen extrem positiven oder einen extrem negativen Wertakzent haben" (57); andererseits benutzen weltanschauungsgebundene Lebewesen selbst solche Symbolwörter und statten sie mit den dazu passenden Wertakzenten aus.

Topitsch und Salamun sprechen davon, dass „gleiche Sachverhalte, je nachdem, ob sie die Eigen- oder die Fremdgruppe betreffen, verschieden interpretiert werden" (58), ein bestimmtes Verhalten z.B. hier als „Patriotismus", dort als „Chauvinismus". Aber es handelt sich nur für den distanzierten Wissenschaftler, der von den beteiligten Überzeugungssystemen *abstrahiert*, um *gleiche* Sachverhalte. Für die Vertreter konkurrierender Überzeugungssysteme sind es *unterschiedliche* Sachverhalte. Das, was X als Aufstand gegen die legitime Ordnung erscheint, gilt Y als Versuch, sich von einer illegitimen Ordnung zu befreien, usw.

4. Während der kritisch-rationalistische Ansatz das ideologische$_1$ Denken in der bislang diskutierten Hinsicht mit dem Denken in bipolaren Deutungsschemata gleichsetzt, versteht der kognitive Ansatz darunter das bedürfniskonforme Denken, das auf der Weltanschauungsgebundenheit *aufsitzt*. Indem Topitsch und Salamun dichotomische Deutungsschemata generell als ideologisch$_1$ darstellen, erwecken sie den falschen Eindruck, es sei außerhalb der distanzierenden Wissenschaft eine nichtdichotomisch organisierte Lebensweise möglich. „[E]motionsgeladene[] Schwarz-Weiß-Zeichnungen und antithetische[] Formulierungen" (57) werden in der weltanschaulichen und der soziopolitischen Dimension und überhaupt bei der Verwirklichung von Gestaltungszielen grundsätzlich *benötigt*.

5. Die Simplifizierung bzw. Verfälschung von Wirklichkeitszusammenhängen ergibt sich nicht *direkt* aus den dichotomischen Deutungsschemata, wie Topitsch und Salamun nahe legen, sondern daraus, dass bestimmte *Werthypostasierungen* den Erkenntnisprozess direkt steuern. „In der nationalsozialistischen Ideologie bildete der Gegensatz ‚arisch-jüdisch' den zentralen bipolaren Deutungsrahmen, der den Propagandisten dieser Ideologie häufig dazu diente, die Wirklichkeit in krasser Weise zu vereinfachen und zu verfälschen." (58) Die kognitive Ideologietheorie geht demgegenüber in zwei Schritten vor: Im ersten Schritt wird gezeigt, dass überzeugte Nationalsozialisten bestimmte *Werte* vertreten und andere ablehnen; im zweiten Schritt wird dargelegt, dass diese Werte bestimmten Rassen als *unveränderliche Wesenseigenschaften* zugeschrieben werden. Erst diese *Werthypostasierung* führt zu Thesen über Wirklichkeitszusammenhänge, die nach empirisch-rationalen Kriterien als krasse Fehlurteile einzuschätzen sind.

Dass „so heterogene Standpunkte wie ‚Demokratie, Parlamentarismus, Liberalismus, Kapitalismus, Freimaurertum, Weimarer System, Sozialismus, Kommunismus, Bolschewismus' als ‚jüdisch' klassifiziert und abgewertet" (59) werden, hängt mit diesem Denkfehler zusammen: Werden Werte, Normen, Ziele zu Wesenseigenschaften von Rassen hypostasiert, so liegt es nahe, alles, was man ablehnt, als aus dem Wesen der (bösartigen) jüdischen Rasse hervorgehend zu denken. Entsprechend kann z.B. hinsichtlich der „auf *Stalin* zurückgehenden marxistisch-leninistischen Zwei-Lager-Theorie" argumentiert werden, welche „die Bourgeoisie zum Prototyp alles Reaktionären und Bösen hochstilisiert" (59).

Generell ist also zu unterscheiden zwischen dem *allgemeinen* Schwarz-Weiß-Muster, das sich einfach daraus ergibt, dass man bestimmte Werte, Normen und Ziele vertritt und die entgegengesetzten Positionen ablehnt, und dem *spezifischen* Schwarz-Weiß-Muster, das sich aus der *Hypostasierung* der jeweiligen Werte, Normen und Ziele ergibt und zu defizitären theoretischen Konstruktionen führt. Die „Aufwertung des eigenen Lagers", die mit der „Abwertung des gegnerischen Lagers" (59 f.) verbunden ist, gehört – um welches Lager es sich auch handeln mag – zur condition humaine, während spezifische Formen der Auf- und Abwertung, die auf dem bedürfniskonformen Denken und speziell auf der Werthypostasierung beruhen, überwindbar sind.

Topitsch und Salamun behaupten ferner, „daß *die historischen Wurzeln bipolarer Weltdeutungen vor allem in metaphysisch-theologischen Spekulationen zu suchen sind*", vor allem

> im sogenannten *Manichäismus*, einer religiösen Heilslehre, die den Kosmos dualistisch als ein Reich des Lichtes und ein Reich der Finsternis interpretierte und die Menschenwelt als jenen Schauplatz ansah, auf dem der Kampf zwischen den Mächten des Lichtes und den Mächten der Finsternis, zwischen Gut und Böse, Wahrheit und Lüge usw. ausgefochten wird (61).

Wiederum wird nicht unterschieden zwischen dem, was sich aus der Weltanschauungsbindung und dem, was sich aus darauf aufsitzenden Formen bedürfniskonformen Denkens ergibt:

1. Ist die Bejahung bestimmter Werte unauflöslich mit der Verneinung der zugehörigen Gegen- oder Unwerte verbunden, so ist mit der Bindung an ein Wertsystem die Opposition zwischen Gut und Böse *gesetzt*; vgl. Kapitel 3.3. Die metaphorische Unterscheidung zwischen Licht und Finsternis kann bereits auf dieser primären Ebene verankert werden: „Wir treten für das Gute ein und lehnen das Böse ab" lässt sich bildlich auch so fassen: „Wir sind die *Partei des Lichts* und bekämpfen die *Partei der Finsternis*". Diese Opposition ergibt sich also aus einem Element der condition humaine und ist daher zu verteidigen.

2. Davon zu unterscheiden ist die Hypostasierung der jeweiligen Wertüberzeugungen zu den definitiv richtigen (und falschen), die in einer höheren Instanz verankert sind. Dann wird die Menschenwelt als Schauplatz angesehen, auf dem

der Kampf ausgetragen wird zwischen den *objektiven* Mächten des Lichtes und der Finsternis, die den definitiv falschen Weg eingeschlagen haben. Dieser *dogmatische* Manichäismus ist vermeidbar – nicht aber die *elementare* „Schwarz-Weiß-Deutung" (61).

3. Die theoretische Schieflage hängt mit dem positivistischen Fehler zusammen, d.h. mit der Überzeugung, dass Weltbildkonstruktionen (Ideologien$_{2.1}$) nach und nach durch erfahrungswissenschaftliche Theorien ersetzt werden; vgl. Kapitel 3.7.1. Das führt zu einer *generellen* Distanzierung von den *„metaphysisch-theologischen Spekulationen"*. Gehört die Bindung an eine Ideologie$_{2.1}$ zur condition humaine, so darf auch die Metaphysik$_1$, die Weltbildkonstruktion in begrifflich-theoretischer Form, nicht generell als überwindbare vorwissenschaftliche Spekulation entwertet werden, so berechtigt die Kritik an bestimmten Ausformungen auch sein mag.

Damit ist die generelle Abkehr von allen *Heilslehren* verbunden, seien sie nun religiöser oder areligiöser Art. Der Tenor ist „Wir brauchen keine Heilslehren mehr". Hier ist ebenfalls eine begriffliche Differenzierung erforderlich: Mit jedem Wertsystem sind Zielvorstellungen guten, gelungenen und insofern ‚heilen' Lebens verbunden. In einem wertneutralen Sinn haben daher *alle* Weltanschauungen den Status von Heilslehren – auch das Überzeugungssystem, das der Argumentation von Topitsch und Salamun zugrunde liegt. Davon sind in kognitiver Hinsicht *defizitäre* Heilslehren zu unterscheiden, die auf Formen bedürfniskonformen Denkens beruhen. Aus der Sicht der kognitiven Ideologietheorie ist das „spekulative[] Gedankengut[]" (62) nicht völlig zu den Akten zu legen, sondern einige Elemente sind bezogen auf das Wissen über die condition humaine durch Reformulierung zu retten.

Wer seine weltanschaulichen und soziopolitischen Überzeugungen zwar nicht für die definitiv wahren bzw. richtigen, wohl aber für die aus bestimmten Gründen vorzuziehenden hält, betrachtet sich metaphorisch gesprochen als „Partei des Lichtes" (62), welche die sachlich unterlegenen Positionen bekämpft. Davon sind *dogmatische* Konzeptionen zu unterscheiden, nach denen die einen „angeblich das schlechthin Gute, die ganze Wahrheit, die ganze Gerechtigkeit verkörpern, während die anderen als die Repräsentanten alles Bösen, des totalen Irrtums, alles moralisch Verwerflichen hingestellt werden" (62). Die *kritisch* verstandene „Sehnsucht nach dem Schwarz-Weiß-Denken des Manichäismus" (62) muss präziser bestimmt werden als Sehnsucht nach dem mit absolutem Wahrheitsanspruch auftretenden dogmatischen Denken, das es erlaubt, sich selbst als die *objektiven* „Kinder des Lichtes" (62) zu positionieren, die eine von einer höheren Instanz religiöser oder areligiöser Art erteilte Mission zu erfüllen haben.

Klärungsbedürftig ist, in welchem Verhältnis die These, „daß *die historischen Wurzeln bipolarer Weltdeutungen"*, die generell als ideologisch$_1$ eingeordnet werden. „*vor allem in metaphysisch-theologischen Spekulationen zu suchen sind*", zur folgenden, von Topitsch in anderem Zusammenhang erteilten Auskunft steht. Man darf nicht

> alles, was in irgendeiner Weise aus mythischen oder metaphysischen Überlieferungen stammt, allein deshalb schon für falsch erklären. Dies muß hier nochmals mit allem Nachdruck betont werden, denn der Weltanschauungsanalyse wird nicht selten unterstellt, sie wolle philosophische Lehren durch die bloße Zurückführung auf Mythos oder Theologie „widerlegen" und ziehe damit einen unzulässigen Schluß vom Entstehungs- auf den Begründungszusammenhang. [...] Der Nachweis der mythisch-theologischen Herkunft einer bestimmten Lehre reicht nicht zu deren Widerlegung aus, sondern kann bloß als Warnungszeichen gelten, daß hier erhöhte Vorsicht geboten ist. (Topitsch 1988: 33)

Es wird somit die folgende Position vertreten:

1. Der Manichäismus ist eine frühe Form bipolarer religiöser Weltdeutung. Deren Denkmuster werden von vielen späteren Weltbildkonstruktionen, auch solchen areligiöser Art, aufgegriffen und variiert. Diese These besagt (noch) nicht, dass das bipolare Denkmuster *verfehlt* ist. Im ersten Schritt wird also nicht behauptet, dass „alles, was in irgendeiner Weise aus mythischen oder metaphysischen Überlieferungen stammt, allein deshalb schon [...] falsch" sei.

2. Im zweiten Schritt werden bipolare, dichotomische Deutungsschemata *generell* kritisiert: Sie führen zu Simplifikationen realer Zusammenhänge. Demnach wird nicht unzulässigerweise „vom Entstehungs- auf den Begründungszusammenhang" geschlossen, sondern der „Nachweis der mythisch-theologischen Herkunft einer bestimmten Lehre" ist nur Anlass dafür, sie besonders kritisch zu prüfen. Topitsch und Salamun haben diese beiden Schritte vielleicht nicht immer sorgfältig unterschieden und den Anschein erweckt, sie wollten „philosophische Lehren durch die bloße Zurückführung auf Mythos oder Theologie ‚widerlegen'", aber ihre Position lässt sich verteidigen, sofern eine tragfähige generelle Kritik an bipolaren Weltdeutungen vorgelegt wird.

3. Genau an dieser Stelle schaltet sich nun die kognitive Ideologietheorie ein. Sie attackiert mit den oben vorgetragenen Argumenten die generelle Kritik an der Arbeit mit dichotomischen Deutungsschemata. Während die Theorie von Topitsch und Salamun auf die These hinausläuft, dass sich in bestimmten – nicht zwangsläufig in allen – mythischen und metaphysischen Überlieferungen *grundsätzlich verfehlte theoretische Konstruktionen* finden lassen, die dann immer wieder aufgegriffen und variiert worden sind, bestreitet die kognitive Ideologietheorie, dass bipolare Weltdeutungen grundsätzlich defizitär sind. Die Kritik wird als eine an der *Dogmatisierung* an sich legitimer bipolarer Denkstrukturen reformuliert. Damit verliert auch der Hinweis, dass der generelle Denkfehler aus bestimmten mythischen oder metaphysischen Überlieferungen stammt, an Bedeutung.

Ein weiterer Schwachpunkt der kritisch-rationalistischen Ideologie$_1$theorie besteht darin, dass die mit wissenschaftlichem Erkenntnisanspruch auftretende Konzeption mit einer bestimmten Ideologie$_3$ verbunden ist, die dem liberalen Spektrum zugeordnet werden kann. Die Ablehnung größerer Gesellschaftsveränderungen und die exklusive Befürwortung einer Reform der bestehenden Gesellschaft ergeben sich in der Hauptsache aus diesem soziopolitischen Programm. Die kognitive Ideologietheorie löst die Verbindung zwischen erkenntniskritischer Ideologie$_1$forschung und einer bestimmten Ideologie$_{3/2}$ als ein den Erkenntnisprozess störendes Dienstverhältnis wieder auf; vgl. Kapitel 5.1. Ob eine größere Gesellschaftsveränderung bestimmter Art im Vergleich mit den systemimmanenten Reformstrategien vorteilhaft wäre, ist stets gesondert zu klären.

Als Form bedürfniskonformen Denkens ist es einzuschätzen, wenn die Idee einer – nach Maßgabe des jeweiligen Wertsystems – *vollkommenen* Gesellschaft ohne empirisch-rationale Prüfung umstandslos als realisierbar verkündet wird. Dieses Ausklammern des Realisierbarkeitsproblems führt dann dazu, dass „*die bestehende Gesellschaft als Ganzes als schlecht und verdammenswert hingestellt*" (Topitsch/Salamun 1972: 63) wird. Die Vernachlässigung der Realisierbarkeitsfrage ist unvereinbar mit dem erfahrungs- und speziell dem naturwissenschaftlichen Denkstil. Daher lehnen die Vertreter einer solchen Ideologie$_3$ diesen in aller Regel ab – mit problematischen Argumenten: „*Man erklärt die empirischen Wissenschaften und den naturwissenschaftlichen Denkstil für unzuständig, um das, worauf es ,eigentlich' ankommt, nämlich den ,Sinn' des gesellschaftlichen Gesamtzusammenhangs oder die gesellschaftliche ,Totalität', erfassen zu können.*" (64)

Die kognitive Ideologietheorie unterscheidet zwischen drei Formen der Befürwortung einer grundsätzlichen, radikalen Veränderung, sei es nun in der soziopolitischen oder einer anderen Dimension:

Option 1: Angenommen, ein bestehender Zustand sei erstens von einem akzeptierten Vollkommenheitsideal sehr weit entfernt, und dieses Ideal sei zweitens tatsächlich realisierbar. Dann ist es sinnvoll, eine radikale Veränderung des bestehenden Zustands anzustreben, denn der neue wird wahrscheinlich den angelegten Wertmaßstäben viel besser entsprechen. Ob die Bedingungen für Option 1 *erfüllt* sind, ist gesondert zu prüfen.

Option 2: Angenommen, die zweite Bedingung sei nicht erfüllt, d.h. es gibt triftige Argumente, die das Ideal als in der Hauptsache nicht realisierbar erscheinen lassen. Dann ist es *nicht* sinnvoll, eine entsprechende radikale Veränderung des bestehenden Zustands anzustreben. Ein Vollkommenheitsideal, das man als nicht durchführbar erkannt hat, sollte man nicht wider besseres Wissen realisieren wollen. Unter dieser Bedingung ist auch darauf zu verzichten, die bestehende Ordnung total abzuwerten – das macht nur Sinn, wenn die Alternative auch umsetzbar ist.

Option 3: Hier orientiert man sich nicht primär an einem *Vollkommenheits-ideal*, sondern versucht unterhalb dieser Schwelle zu zeigen, dass eine alternative Ordnung denkbar und durchführbar ist, die gegenüber der bestehenden viele Vorteile hat, sodass sich die Anstrengung eines grundsätzlichen Umbaus lohnt.

Die Bindung der kritisch-rationalistischen Ideologie$_1$theorie von Topitsch und Salamun an eine Ideologie$_3$ aus dem liberalen Spektrum zeigt sich darin, dass Option 3 unbedacht bleibt. Das soziopolitische Plädoyer für permanente Reformen der bestehenden westlichen Gesellschaftsordnung führt dazu, dass das Eintreten für eine grundsätzliche Veränderung nur noch in seiner *hyperutopistischen*, das Realisierbarkeitsproblem vernachlässigenden Fehlform in den Blick kommt. Von Vertretern der Option 3 ist in der Tat zu verlangen, dass sie in Rechnung stellen, „daß jeder Eingriff in eine Sozialordnung neben den im voraus erwogenen Konsequenzen auch eine Reihe von unbeabsichtigten und unerwarteten Konsequenzen mit sich bringt und daß ein besonders radikaler Eingriff natürlich um so größere unerwartete Folgen zeitigen kann" (68). Berechtigt ist das Misstrauen gegenüber hyperutopistischen Totalexperimenten, die Option 2 zuzuordnen sind. Sie führen in der Regel dazu, dass „institutionelle Einrichtungen auf sozialem, rechtlichem und politischem Gebiet", die dazu beitragen, „Menschen allmählich aus Hunger, Ausbeutung, Unterdrückung und Unfreiheit zu befreien", aufs Spiel gesetzt werden, sodass die „soziale[n] Kosten für die gesamte Bevölkerung weitaus höher sind als die revolutionären Errungenschaften und neu gewonnenen Vorteile" (69). Gegenüber hyperutopistischen „Sozialexperimente[n], bei denen die Ausgangssituation, die Ziele, Mittel und Konsequenzen des politischen Handelns kaum rational überlegt werden", ist „eine Politik der wohlüberlegten kleinen Schritte" (69) zweifellos vorzuziehen. Auf der anderen Seite kann es aber in *jedem* Lebensbereich Konstellationen geben, in denen der Übergang zu einer gut durchdachten neuen Ordnung, wie Option 3 ihn vorsieht, vorteilhaft ist. Das gilt nicht zuletzt für die *Wissenschaft*: Es ist zwar immer möglich, sowohl eine etablierte Theorie als auch die bestehende Organisationsform wissenschaftlicher Arbeit durch „eine Politik der wohlüberlegten kleinen Schritte" zu verbessern, aber manchmal ist es besser, eine *neue* Theorie zu begründen und ein *neues* Organisationsmodell einzuführen. Entsprechendes gilt für die weltanschauliche und die soziopolitische Dimension.

In soziopolitischer Hinsicht räumen Topitsch und Salamun zwar ein, dass „in Staaten, in denen eine Feudalschicht mit terroristischen Polizeimethoden ihre sozialen und materiellen Privilegien gegenüber einer armen und ungebildeten Masse der Bevölkerung aufrechterhält", keine „Schritt-für-Schritt-Besserung" möglich ist, aber für „parlamentarisch regierte[] Rechtsstaaten" (69 f.) wird sie als der einzig legitime Weg angesehen. Verallgemeinert man das Denkmuster, so würde das z.B. für die Wissenschaft bedeuten, dass man bei einer etablierten wissenschaftlichen Theorie nur noch eine „Schritt-für-Schritt-Besserung" anvisie-ren, die *revolutionäre* Entwicklung einer neuen Theorie aber unterlassen sollte, um die erreichten theoretischen Errungenschaften nicht aufs Spiel zu setzen. Man kann aber nie ausschließen, dass eine neue Theorie einer vorliegenden in kognitiver Hinsicht *überlegen* ist, indem sie z.B. größere Erklärungsleistungen erbringt. Daher ist die *exklusive* Bevorzugung einer reformistischen Haltung für den Erkenntnisfortschritt schädlich. Entsprechendes gilt dann wiederum für den soziopolitischen und den weltanschaulichen Bereich.

6.1.2 Die Anwendung von Feind-Stereotypen

Topitsch und Salamun berufen sich auf Urie Bronfenbrenner, der festgestellt hat,

> daß die stereotypen Vorstellungen, die sich der Durchschnittsamerikaner in den USA von „den Russen" und der durchschnittliche Sowjetbürger von „den Amerikanern" in den fünf-ziger und beginnenden sechziger Jahren gemacht hat, nicht nur ausgesprochen negativ waren, sondern sich in ihren negativen Merkmalen kaum voneinander unterschieden haben. Man war auf beiden Seiten der Meinung, daß die andere Nation expansive Ziele verfolge und Aggressionsabsichten gegenüber allen anderen Ländern und natürlich auch gegenüber dem eigenen Land habe. Man vertrat auch beiderseits die Auffassung, daß die Regierung des anderen Landes die dortige Bevölkerung letztlich ausbeute und unterdrücke. (71)

Der kognitiven Ideologietheorie zufolge sind solche Einschätzungen immer vor dem Hintergrund einer grundsätzlichen Gegnerschaft der Ideologien$_{3/2}$ und der sie umsetzenden Gesellschaftssysteme zu sehen. Zum einen bedarf jede Meinung der zitierten Art der Überprüfung nach empirisch-rationalen Kriterien – die poli-tische Führung einer Nation kann ja *tatsächlich* Aggressionsabsichten haben –, zum anderen gilt generell, dass eine grundsätzliche Gegnerschaft bzw. Feind-schaft, auf welcher Ebene sie auch bestehen mag, durch bedürfniskonformes Denken leicht zu einer extrem negativen Sicht des Gegners ausgeformt werden kann. Die in kognitiver Hinsicht defizitäre *Dämonisierung* erweist sich für die Anhänger eines *dogmatischen* Überzeugungssystems in verschiedener Hinsicht als vorteilhaft. So verhindert oder erschwert die „Überzeugung, daß man dem anderen auf keinen Fall trauen dürfe" (72), den intensiveren Kontakt mit dem Andersdenkenden, der leicht zur Problematisierung der eigenen dogmatischen Überzeugungen führen kann. Hat sich z.B. die Meinung, „daß die breite Masse der Bevölkerung im anderen Lager mit ihrem Regierungssystem im Grund kei-nesfalls einverstanden sei, sondern sich vorläufig nur notgedrungen und gegen die eigene Überzeugung damit abfinde" (72), als unzutreffend erwiesen, so kann im zweiten Schritt versucht werden zu zeigen, dass es sich um eine *bedürfniskonforme* Fehleinschätzung handelt, durch die ein dogmatisches Überzeugungssystem vor unliebsamer Kritik geschützt wird.

Bei Aussagen über Feind-Stereotype und ihre gesellschaftliche Funktion unterscheidet die kognitive Ideologietheorie somit zwei Ebenen; vgl. Tepe/ Semlow 2011. Auf der ersten Ebene geht es um eine grundsätzliche Gegnerschaft, die sich aus den beteiligten Wertsystemen ergibt. So können z.B. verschiedene Ideologien$_3$ einander entgegengesetzte Gesellschaftsideale verfolgen; eine andere Form der Feindschaft liegt vor, wenn konkurrierende religiöse Weltanschauungen jeweils mit Absolutheitsanspruch vertreten werden. Auf der zweiten Ebene wird hingegen auf kognitiv defizitäre Bilder des grundsätzlichen Gegners hingewiesen, wie z.B. „Die X halten sich *nie* an gegebene Versprechen, man darf ihnen *grundsätzlich* nicht trauen". Wird mit negativer Bewertung von Feind-Stereotypen gesprochen, so bezieht sich das auf die zweite Ebene; hier geht es um die aus erkenntniskritischer Sicht fragwürdige negative Überhöhung bzw. Dämonisierung des Gegners. Während die sich aus den beteiligten Wertsystemen ergebenden grundsätzlichen Gegnerschaften in der Hauptsache unvermeidlich sind, lassen sich die aus der dogmatischen Haltung erwachsenden Feindschaften durch den Übergang zur undogmatischen Haltung und durch Berücksichtigung der erkenntniskritischen Ideologie$_1$theorie vermeiden.

Eine „gesellschaftliche Funktion" wird indes auf beiden Ebenen erfüllt: Auf der ersten findet eine „*Integration der gesellschaftlichen Gruppen*" (73) durch deren Ausrichtung auf eine bestimmte Ideologie$_3$ statt, insbesondere auf die zugehörigen *soziopolitischen Werte und Ziele*; auf der zweiten Ebene kommt es demgegenüber zur „*Integration der gesellschaftlichen Gruppen*" durch bewusste oder nichtbewusste Vermittlung von (zumeist bedürfniskonformen) *Fehleinschätzungen*, die geeignet sind, die jeweilige dogmatische Ideologie$_3$ zu stützen. Es trifft zu, „daß der innere Zusammenhang von Gruppen gewöhnlich wächst, wenn sie in Konflikt mit der Außenwelt geraten bzw. wenn sie sich einer Feind-Gruppe gegenübersehen" (73), aber derartige Zusammenhänge sind auf zwei Ebenen zu analysieren. Die Stärkung des Zusammenhalts zwischen den Gruppenmitgliedern *durch Vermittlung bestimmter Werte und Ziele* muss jede Ideologie$_{3/2}$ leisten; „die Desintegration der Gruppe" (73 f.) muss stets verhindert werden. Aus jedem Wertsystem ergibt sich eine Gegnerschaft gegenüber denen, die die zentralen Werte der X ablehnen und entgegengesetzte Auffassungen vertreten; außerdem werden zutreffende Bilder der realen Gegner benötigt. Die Stärkung des Zusammenhalts zwischen den Gruppenmitgliedern *durch Vermittlung unzutreffender Bilder des grundsätzlichen Gegners* ist hingegen zumindest graduell abbaubar. Diese Bilder können aber wiederum in manchen Konstellationen positive Folgen für das jeweilige Überzeugungssystem haben, indem sie z.B. für den Kampf gegen einen militärischen Aggressor motivieren. Kurzum, die beiden Integrationsfunktionen dürfen nicht in einen Topf geworfen werden. Mit den unzutreffenden Bildern des grundsätzlichen Gegners korrespondieren unzutreffende Beschönigungen des eigenen Lagers, die ebenfalls eine Integrationsfunktion erfüllen.

Mit der positivistischen Komponente der kritisch-rationalistischen Ideologie$_1$theorie hängt es zusammen, dass Topitsch und Salamun „das Hochstilisieren des Feindes zu einer dämonischen Aggressions- und Verschwörungsmacht", das „Angstgefühle und Gefühle der Bedrohung" erzeugt, in der Hauptsache auf „Relikte theologischer und spekulativ moralischer Denktraditionen" (75 f.) zurückführen, die grundsätzlich zu den Akten gelegt werden sollen. Demgegenüber betont die kognitive Ideologietheorie, dass es sich dabei um Ausformungen des bedürfniskonformen Denkens handelt, für das weltanschauungsgebundene Lebewesen *generell* anfällig sind. Metaphysische$_1$ und speziell theologische Denktraditionen sind daher nicht als entscheidende Quelle für die Dämonisierungstendenzen anzusehen – sie sind in vielen Fällen selbst auf die Mechanismen bedürfniskonformen Denkens zurückzuführen.

Wurden z.B. „‚die Juden' zu einer dämonischen Macht hochstilisiert, die als Prototyp des Bösen die gesunden Kräfte des deutschen Volkes zu untergraben trachteten" (76), so ist das primär auf die Hypostasierung der abgelehnten Werte und Ziele zu objektiven Eigenschaften einer bestimmten Rasse zurückzuführen, die dann als „Prototyp des Bösen" erscheint. Fand eine solche Hypostasierung aber z.B. innerhalb einer metaphysischen$_1$ Theorie schon früher statt, so kann man natürlich darauf *zurückgreifen* und braucht die tradierte Dämonisierung nur an das eigene Überzeugungssystem anzupassen. Der entscheidende Differenzpunkt ist der folgende: Die Verwandlung eines grundsätzlichen Gegners in den Inbegriff des Bösen ist *immer* möglich; sie kann nicht darauf reduziert werden, Ausfluss einer metaphysisch-theologischen Denkweise zu sein, die am Ende gänzlich überwunden sein wird. Entsprechend ist zu argumentieren, wenn im Marxismus-Leninismus „dem ‚Imperialismus' und ‚Kapitalismus' ausgesprochen dämonisch aggressive Züge verliehen" (76) werden.

Das Argumentationsschema „Im Kampf für das Gute und gegen das Böse darf man nicht nachlassen, da die Repräsentanten des Bösen ernsthafte Gegner sind" ist keine aus der metaphysisch-theologischen Denktradition stammende und zu überwindende Ideologie$_1$. Für wertsystemgebundene Lebewesen haben die zentralen eigenen Werte und Ziele ja immer den Status des *Guten* und die abgelehnten Werte und Ziele den des *Bösen*, auch dann, wenn das Wertsystem in undogmatischer Form vertreten wird. Vermeidbar ist hingegen die dogmatische Auffassung, man stehe auf der Seite des *definitiv* Guten (das in einer *höheren* Instanz begründet ist) und bekämpfe das *objektiv* Böse. Eines ist es zu erkennen, dass der grundsätzliche Gegner die Verwirklichung der eigenen Werte und Ziele stören kann und in der Regel auch verhindern will; etwas anderes ist es, den grundsätzlichen Gegner als Repräsentanten einer objektiv bzw. metaphysisch bösen Macht zu denken, der mit aller Heimtücke vorgeht, um das definitiv Böse siegen zu lassen.

Die kritisch-rationalistische Ideologie$_i$theorie vernachlässigt die erste Ebene und betont die zweite zu stark. Daher ist das Argumentationsmuster, das die Defizite auf „archaisch-mythische[] Denkmuster", insbesondere auf „gnostisch-eschatologische[] Vorstellungsbereiche[]" (77) zurückführt, nur von begrenzter Bedeutung. Das soll anhand der Marxismuskritik skizzenhaft ausgeführt werden. Die alten Motive tauchen bei Marx

> vor allem in Form einer Vorstellung wieder auf, derzufolge die Welt durch die Arbeitstei-
> lung aus einem heilen Urzustand in die „Sünde", d.h. in Klassenherrschaft, entwürdigende
> Lohnarbeit usw., verfallen ist. Die „Sünde", das „Böse", alle Entartungs- und Entfremdungs-
> erscheinungen in der Welt sind aus der Sicht dieser eschatologischen Komponente der
> Marx'schen Geschichtsprophetie jedoch nichts Endgültiges und Unaufhebbares, sondern
> nur ein notwendiges Durchgangsstadium bis zu jenem Zeitpunkt, an dem das „Gute" wie-
> derum seinen Siegeszug über die Welt antritt. (77 f.)

Auf Ebene 1 gilt: Im Licht eines bestimmten Wertsystems ist ein Verfall zu kon-statieren, der auf die zu kritisierende Abkehr von den als *gut* angesehenen Werten und Zielen zurückgeführt wird. (Liegt ein religiöses Überzeugungssystem vor, so erscheint diese Abkehr zusätzlich als *Sündenfall*, z.B. als Abwendung von dem von Gott Gebotenen.) Eine solche Verfallstheorie, die im Rahmen eines bestimm-ten Wertsystems ‚Entfremdungen' von den vertretenen Werten konstatiert, stellt keine Ideologie$_i$ dar.

Zur Verfallstheorie gehört die Annahme, dass es zuvor einen wertsystem-konformen und in diesem Sinn nichtentfremdeten Zustand gegeben hat; ob das zutrifft, ist im Einzelfall gesondert zu klären. Ferner ist mit Verfallstheorien in der Regel das Ziel verbunden, die Abkehr von den als *gut* angesehenen Werten und Zielen wieder rückgängig zu machen, d.h. die ‚Entfremdung' vom Ideal zu über-winden. Es ist ein Fehler, diese Denkweise auf angeblich defizitäre archaisch-mythische Denkmuster zurückzuführen.

Auf Ebene 2 ist die Kritik hingegen berechtigt. Die Dogmatisierung und ins-besondere die *Hypostasierung* der eigenen Werte und Ziele führen dazu, dass an eine Abkehr vom definitiv richtigen Wertsystem geglaubt und ein *objektiver* Ent-fremdungsprozess postuliert wird, der nach einem in einer höheren Instanz ver-ankerten Plan verläuft und am Ende zum Sieg des definitiv Guten führen muss. Marx meinte in der Tat, im Proletariat eine Art „Messias gefunden zu haben, der dazu auserwählt ist, die Weltherrschaft des Guten wieder aufzurichten" (78). Auch dieses Beispiel zeigt wiederum, dass die Verankerung bestimmter Denk-motive in der Wertsystemgebundenheit menschlichen Lebens nicht hinlänglich

berücksichtigt wird; Topitsch und Salamun führen sie fälschlich auf eine überwindbare ideologische$_1$ Denktradition zurück.

> Treten in einer Gruppe oder einem gesellschaftlichen System, das eng an eine Ideologie$_{[3/2]}$
> gebunden ist, Spannungen und Konflikte auf, so werden die Desintegrationstendenzen oft
> durch die Strategie abgefangen, ganz bestimmte Personen oder Personengruppen für die
> Ursachen aller Spannungen und Konflikte verantwortlich zu machen. Sie werden zu Sün-
> denböcken gestempelt, an denen die übrigen Mitglieder des jeweiligen Systems ihren Ärger
> und Unmut über tatsächliche oder eingebildete Unzukömmlichkeiten, über Fehlentwick-
> lungen, Enttäuschungen und Versagungen abreagieren können. (79)

Die kognitive Ideologietheorie empfiehlt angesichts der Sündenbockstrategien
das bekannte Vorgehen: Zunächst ist mit empirisch-rationalen Mitteln zu klären,
ob der jeweilige Vorwurf ganz oder teilweise berechtigt ist. Erweist er sich als
unberechtigt, so kann dann versucht werden, ihn als bedürfniskonforme Fehleinschätzung zu erweisen und deren Funktionen zu ermitteln. Dann kann sich
z.B. zeigen, dass die Fehleinschätzung den Wunsch befriedigt, nicht selbst für
die konstatierbaren Fehlentwicklungen mitverantwortlich zu sein. „Die X sind an
allem schuld, was bei uns schief läuft" entlastet davon, die Fehler auch bei sich
selbst zu suchen, was als unangenehm empfunden wird. Die kognitiv defizitäre
Sündenbocktheorie gibt nicht nur eine bedürfniskonforme *Erklärung* für Fehlentwicklungen, sie ermöglicht es darüber hinaus, Ärger und Unmut aller Art am vermeintlichen Sündenbock abzureagieren.

Das Sündenbockdenken ist insbesondere dort verbreitet, wo die jeweilige
Ideologie$_{3/2}$ in dogmatischer Form vertreten wird:

> Die eigenen Überzeugungen und damit auch die Prinzipien der Ideologie$_{[3/2]}$, an die man
> bedingungslos glaubt, werden solange wie nur irgendwie möglich als unantastbare Wahr-
> heiten zu betrachten versucht, denn sie garantieren ja letztlich die Orientierungs- und Ver-
> haltenssicherheit in der Realität. Aus dieser Perspektive erscheint die Sündenbock-Strate-
> gie als ein Ausweg aus psychischen Spannungen und Belastungen, die durch aufgetretene
> und wieder verdrängte Zweifel an der Gültigkeit und Wahrheit gewisser Komponenten des
> eigenen Weltanschauungssystems entstanden sind. Sie behebt diese Spannungen, indem
> sie verdrängte Zweifel am eigenen Überzeugungssystem auf bestimmte Personen oder Per-
> sonengruppen hin kanalisiert. Auf diese Weise lassen sich das eigene Überzeugungssys-
> tem und die fundamentalen Glaubenswahrheiten einer Ideologie$_{[3/2]}$ von jedem Makel frei
> halten, denn die „Schuld" an Unzukömmlichkeiten und Versagungen wird auf Einzelperso-
> nen oder einzelne Gruppen abgeschoben. (80 f.)

Der z.B. aus dem Stalinismus bekannte Fall, „daß Personen oder Gruppen bis kurz
vor jenem Zeitpunkt, an dem sie zu Sündenböcken erklärt werden, noch allgemein als überzeugte Verfechter und mustergültige Anhänger gerade jener Grundsätze galten, gegen die sie nun plötzlich verstoßen haben sollten" (81), stellt eine

bedürfniskonforme Fehleinschätzung dar, die auf einem beliebig anwendbaren Denkmuster beruht. Weichen die bislang linientreuen Personen und Gruppen in einem bestimmten Punkt von der als definitiv richtig geltenden Linie ab, so wird dies durch „Zusatzstrategien in Form von *Verschwörungs- und Handlangertheorien*" (81) erklärt:

> Diese werden als Mitglieder einer Verschwörung oder als „Agenten" der dämonisierten Feindesmacht (des „Imperialismus" oder „Kapitalismus" im Marxismus-Leninismus, des „Weltjudentums" im Nationalsozialismus) hingestellt, die zu durchschauen und aufzudecken auf Grund der mit teuflischer Schläue und Durchtriebenheit geplanten Subversionstätigkeit dieser Macht eben erst jetzt gelungen ist. In raffinierterer und subtilerer Form präsentiert sich diese Strategie in der Handlangertheorie, in der Personen nicht als wissentliche Verschwörer sondern bloß als zum Teil sogar unwissentliche Handlanger oder Helfershelfer der dämonisierten Feindesmacht hingestellt werden. (81 f.)

Auf diese Weise kann der dogmatische Vertreter einer Ideologie$_{3/2}$ alles, was er ablehnt, z.B. als „jüdisch verseucht" (82) deuten und so eine emotional befriedigende Erklärung hervorbringen.

Die Dämonisierung des grundsätzlichen Gegners erfüllt in einem auf einer dogmatischen Ideologie$_{3/2}$ beruhenden Gesellschaftssystem eine „system- und machtstabilisierende Funktion": Durch „das An-die-Wand-Malen des Schreckgespenstes" kann das jeweilige System „vor Veränderungen bewahrt werden" (83). Außerdem greift die herrschende Elite gern auf solche Konstruktionen zurück, um ihre „Privilegien ökonomischer und sozialer Natur" (84) zu verteidigen.

Die kognitive Ideologietheorie nimmt die folgenden Zusammenhänge an (vgl. Tepe/Semlow 2011): Aus dem nationalsozialistischen Wertsystem etwa ergibt sich die grundsätzliche Gegnerschaft zwischen den Befürwortern des Führerstaats und denen der Demokratie. Durch die dogmatische Haltung wird das verschärft zum Gegensatz zwischen der definitiv wahren und der definitiv falschen Ordnung. Die dogmatische Einstellung begünstigt wiederum die *Dämonisierung* des jeweiligen grundsätzlichen Gegners. Mit der Annahme einer *höheren Instanz positiver Art*, sei sie nun religiös oder areligiös, welche die Bezugsgruppe auserwählt und ihren Anliegen höhere Weihen verliehen hat, korrespondiert die Annahme einer *höheren Instanz negativer Art*, mit der die grundsätzlichen Gegner sich angeblich verbündet haben, um den Sieg der Vertreter der definitiven Wahrheit zu verhindern. In den religiösen Varianten wird die höhere Gegenmacht z.B. als Teufel gedacht, der Gott bekämpft; in den areligiösen Varianten wird die höhere Gegenmacht hingegen etwa als bösartige Rasse oder Klasse bestimmt, welche den Sieg der als gut geltenden eigenen Rasse oder Klasse mit allen Mitteln zu verhindern sucht.

Grundsätzliche Gegnerschaften gehören zur condition humaine: Ein durch ein Wertsystem gesteuertes Lebewesen zu sein bedeutet, bestimmte Werte, Normen, Ziele, Ideale zu *bejahen* und die entgegengesetzten zu *verneinen*. Anders formuliert: Für den Anhänger eines bestimmten Wertsystems sind die Vertreter der entgegengesetzten Werte grundsätzliche Gegner – auch wenn man sich dieser Feindschaft nicht klar bewusst ist. Der menschliche ‚Denkapparat' arbeitet immer auch mit Freund-Feind-Alternativen, aber das besagt nicht, dass es auch einen *realen* Feind geben muss, der aktiv zu bekämpfen ist. So ergibt sich aus einem bestimmten Wertsystem die generelle Ablehnung von Fremdherrschaft – auch dann, wenn keine konkrete Bedrohung besteht. Hier gilt: „Würden die X die Herrschaft über uns Y anstreben oder sie bereits erlangt haben, so wären sie unsere Feinde, gegen die wir uns wehren müssten". Der soziopolitische Feind ist hier eine Art Leerstelle im ‚Denkapparat'. Treten nun aber die X tatsächlich mit der Ambition auf, sich die Y zu unterwerfen, so wird diese Leerstelle mit den X gefüllt, die nun als reale Feinde gesehen werden.

Denkbare Feinde gibt es für Überzeugungssysteme immer und reale Feinde manchmal. Zu deren Bekämpfung werden auch *positive Feindbilder* gebraucht, nämlich zutreffende Auffassungen vom realen Feind, der z.B. tatsächlich nach Unterwerfung strebt. Die entscheidende Quelle für *negative Feindbilder* ist die dogmatische Haltung. Durch den Übergang zur undogmatischen Einstellung lassen sich diese Feindbilder abbauen, während die positiven Feindbilder überall dort benötigt werden, wo Werte und Ziele verfolgt werden, die den von uns akzeptierten diametral entgegenstehen.

Jede Ideologie$_{3/2}$ muss bezogen auf die Erziehung bestrebt sein, eine positive Haltung gegenüber den zentralen eigenen Werten und eine negative, ablehnende Haltung gegenüber den zentralen Gegenwerten zu erzeugen. So muss eine demokratische Erziehung bestrebt sein, die Ablehnung totalitären Denkens und totalitärer Gesellschaften auch emotional zu verankern.

6.1.3 Der Anspruch auf „absolute Wahrheiten" und Erkenntnismonopole

Während die kognitive Ideologietheorie hinsichtlich der bipolaren Weltdeutungen und der Feind-Stereotype dem kritisch-rationalistischen Ansatz zwar in vielen Punkten folgt, aber auch zentrale Thesen kritisiert, ist die Übereinstimmung bei dem nun zu behandelnden Thema größer. Das ist darauf zurückzuführen, dass beide Positionen den Dogmatismus grundsätzlich ablehnen. Differenzen ergeben sich wieder, wenn die weltanschauliche Dimension ins Spiel kommt.

Vertreter dogmatischer Ideologien$_{3/2}$ erklären „die betreffenden Gedankengebilde oder wenigstens ihre Grundthesen zu ‚absoluten Wahrheiten'"; die Kerndogmen „gelten als *unrevidierbar* und *unbezweifelbar*" (88). Aus undogmatischer Sicht handelt es sich demgegenüber in allen Bereichen um hypothetische Konstruktionen, die grundsätzlich nie einen Gewissheitsstatus erlangen können – auch Grundannahmen können verfehlt bzw. konkurrierenden Überzeugungen unterlegen sein.

Kommt „*der Rekurs auf eine absolute Wahrheit*" (89) in den Wissenschaften zur Geltung, so hat dies aus undogmatischer Sicht den Nachteil, dass diese Denkweise

> in erster Linie der Absicherung und Rechtfertigung von einmal erworbenem Wissen dient und weniger auf dessen Bewährung gegenüber möglichen Alternativen hin ausgerichtet ist. Das Streben nach einer absoluten Gewißheit der Erkenntnis [...] stellt im Wissenschaftsprozeß oft ein ernsthaftes Hindernis für das Ausprobieren neuer Ideen dar und hemmt die Suche nach Theorien von höherer Erklärungskraft, in denen der Erkenntnisgehalt bisheriger Theorien bewahrt und deren Irrtümer korrigiert werden. (89)

Mit dogmatischen Ideologien$_{3/2}$ sind „in der sozialen Praxis häufig ausgesprochen *autoritäre und antidemokratische Verhaltungsformen und Institutionen*" (90) verbunden. Gelten die Grundannahmen einer Weltanschauung, eines soziopolitischen Programms und des sie realisierenden Gesellschaftssystems als absolut wahr und wird zusätzlich postuliert, dass man diese definitive Wahrheit auch *einsehen* kann, so erscheint jeder Zweifel erstens überholt und zweitens moralisch anstößig. Für Institutionen, die einer dogmatischen Ideologie$_{3/2}$ verpflichtet sind, ist die „*Androhung von institutionellen Sanktionen*" charakteristisch, „die von offiziellen Rede- und Schreibverboten bis zum Freiheitsentzug und zu körperlichen Repressionen reichen" (90).

Bei den im dogmatischen Kontext auftretenden Eliten (Einzelpersonen oder Gruppen), die beanspruchen, die angebliche absolute Wahrheit verlässlich erkennen zu können, unterscheidet die kognitive Ideologietheorie zwei Varianten:

Variante 1: Es wird angenommen, dass die Fähigkeit, die absolute Wahrheit zu erkennen, bei der Elite *in höherem Maß ausgebildet* ist als bei anderen Menschen.

Variante 2: Es wird angenommen, dass *nur* die Elite über die Fähigkeit verfügt, die absolute Wahrheit zu erkennen.

Einige religiöse Weltanschauungen beruhen auf der Überzeugung, dass die Gottheit nur *einem* von ihr auserwählten Individuum die absolute Wahrheit offenbart, die es dann den anderen Menschen mitteilt. Diese müssen dem über den direkten Draht zur Gottheit und damit über ein *exklusives* Erkenntnisprivileg verfügenden Individuum, das die *primäre* Elite darstellt, absolut vertrauen. Die Priesterschaft bildet demgegenüber die *sekundäre* Elite. Beide Varianten führen zu dem Monopolanspruch der (sekundären) Elite auf die richtige Auslegung der zentralen Prinzipien, der heiligen bzw. grundlegenden Texte.

Die kognitive Ideologietheorie hält wie der kritisch-rationalistische Ansatz das vielfach angestrebte *höhere*, d.h. erfahrungsunabhängige Wissen über Wirklichkeits- und Wertzusammenhänge für unerreichbar; vgl. Kapitel 4.7. Daher wird auch die soziopolitische Umsetzung dieses Wissensanspruchs kritisiert: Das vermeintlich höhere Wissen liefert Rechtfertigungsinstrumente, mit denen „sich Individuen oder soziale Gruppen eine nicht durch Leistung erworbene besondere Vorzugsstellung gegenüber anderen Gruppen oder dem übrigen Volk" (91) anmaßen können. So räumt z.B. Platons Staatslehre den Philosophen „ein von den anderen Ständen nicht kontrollierbares Erkenntnismonopol ein [...], das sie allein dazu berechtigt, die Staatsgeschäfte zu führen. Denn nur sie sind angeblich dazu prädestiniert, in einem von den anderen nicht nachvollziehbaren intuitiven Erkenntnisakt die Idee des Guten und der Gerechtigkeit zu schauen." (91) Dieses Modell *kann* – ähnlich wie im religiösen Offenbarungsmodell – auf das *eine* begnadete Individuum zugespitzt werden, das exklusiv die Idee des Guten zu schauen und zu realisieren vermag. Die anderen Menschen müssen sich demnach der Autorität dieses Führers, der exklusiv über die höhere Erkenntnis verfügt, unterwerfen und ihm bedingungslos folgen. Sie müssen *glauben*, dass er das höhere Wissen besitzt.

Der Anspruch auf höhere Erkenntnis erscheint sowohl in religiöser als auch in areligiöser Gestalt. So tritt die dialektische Denkweise im Rahmen des Marxismus häufig mit dem Anspruch auf, eine höhere Form der *Wissenschaft* zu sein, „die der ‚bloßen' Verstandeserkenntnis angeblich überlegen ist, für die aber keine hinreichend klaren Kriterien angegeben werden, um die auf diesem Wege gewonnenen ‚richtigen' Einsichten in die allgemeinen Entwicklungsgesetze der Gesellschaft prüfbar zu machen" (93). So müssen sich nach Lenins Parteimodell diejenigen Staatsbürger, „die nicht unmittelbar zur Avantgarde des Proletariats zählen", „damit begnügen, an das höhere Wissen dieser Avantgarde zu glauben und deren führende Rolle und Autorität in allen relevanten politischen, wirtschaftlichen, gesellschaftlichen und auch militärischen Fragen anzuerkennen" (93 f.).

Für die erkenntniskritische Ideologie$_1$theorie stehen Theorien, die sich auf höheres Wissen berufen, generell unter dem Verdacht, bedürfniskonforme Konstruktionen zu sein, die die jeweiligen Werte und Ziele, die als hypothetische Konstruktionen praktischer Art aufzufassen sind, in eine postulierte höhere Dimension projizieren und als durch Erkenntnis bestimmten Typs erfassbare höhere Entitäten denken. Aus dogmatischen Ideologien$_{3/2}$ können autoritäre und totalitäre Gesellschaftssysteme erwachsen, in denen sich die herrschenden Eliten aufgrund ihres Anspruchs auf höhere Erkenntnis Privilegien sichern, von der

Bevölkerung mehr oder weniger blinde Gefolgschaft fordern und z.B. auch das Interpretationsmonopol für die grundlegenden Texte beanspruchen.

Die in der condition humaine verankerte Angewiesenheit auf weltanschauliche und soziopolitische Orientierung führt im Einzugsbereich dogmatischer Ideologien$_{2/3}$ häufig zu der Überzeugung, der jeweilige „Kodex an absolut wahren Grundeinsichten" bilde „ein universal anwendbares Orientierungsinstrument [...], mit dem man allen Problemen, die in der Wirklichkeit auftauchen, gerecht zu werden vermag" (95). Dogmatische Weltanschauungen kommen „dem menschlichen Verlangen nach Gewißheit, Sicherheit und Geborgenheit" (95) entgegen. Auf der anderen Seite stellt *jede* Ideologie$_{2/3}$ ein Überzeugungssystem mit vielfältigen lebenspraktischen Anwendungsmöglichkeiten dar, und „ein hohes Maß an Verhaltenssicherheit" (95) ist *immer* erforderlich. Eine *stabile* Verhaltensorientierung ist nicht nur für denjenigen erreichbar, der „so disponiert ist, daß er auf alle Fragen und Probleme eindeutige und unbezweifelbare Antworten erhalten möchte" (95).

Mit der positivistischen Komponente der kritisch-rationalistischen Ideologie$_1$theorie hängt zusammen, dass Topitsch und Salamun in weltanschaulicher Hinsicht erstens *direkt* eine areligiöse Position vertreten und diese zweitens für wissenschaftlich hinlänglich gestützt halten. Die kognitive Ideologietheorie geht hier etwas anders vor: Menschen sind auf Weltbildkonstruktionen (Ideologien$_{2.1}$) angewiesene Lebewesen, und religiöse Weltbildannahmen stellen eine dauerhaft vertretbare Option dar, da die Annahme einer übernatürlichen Dimension, wie diese im Einzelnen auch gedacht sein mag, nicht definitiv widerlegt werden kann. Daher darf z.B. aus wissenschaftlichen Erkenntnissen über „die physische Organisation des Menschen, die diesen ein krankheitsanfälliges und sterbliches Wesen sein läßt", nicht *direkt* gefolgert werden, dass religiöse Vorstellungen von unsterblichen Wesen, einer unsterblichen Seele usw., „die irgendein Weiterleben nach dem biologischen Tod in Aussicht stellen" (96), Illusionen sind, die auf scheinhafte Weise vom Realitätsdruck der Sterblichkeit entlasten. Ist eine übernatürliche Dimension *denkbar*, so ist es auch *möglich*, dass in ihr die im irdischen Leben bestehende Sterblichkeit aufgehoben ist. Dass die religiöse Option dauerhaft genutzt werden kann, ist jedoch nur die eine Seite; die andere Seite besteht darin, dass religiöse mit areligiösen Weltbildkonstruktionen in einem Konkurrenzverhältnis stehen und dass es gute Argumente gegen eine Reihe von religiösen Überzeugungen gibt.

Dogmatische Ideologien$_{2/3}$ sind bestrebt, das eigene Überzeugungssystem

gegen Kritik abzuschirmen. Bestimmte Einsichten, Prinzipien und Grundüberzeugungen werden als unrevidierbar und absolut gültig angesehen und gleichsam für sakrosankt erachtet. Das damit verbundene Immunisierungsbestreben läßt sich psychologisch vor allem aus dem Umstand deuten, daß das Gefühl der Geborgenheit und die Verhaltenssicherheit, die Ideologien$_{[2/3]}$ [...], welche mit absolut wahren Einsichten und Prinzipien ausgestattet sind, zu vermitteln vermögen, natürlich nur so lange garantiert sein können, als die absolute Geltung dieser Einsichten und Prinzipien außer Zweifel steht. Wird deren Glaubwürdigkeit einmal durch Kritik erschüttert, und tauchen Zweifel auf, ist es mit der Funktion dieser Systeme als Entlastungshilfe von Unsicherheit und Entscheidungsangst vorbei. (98)

6.1.4 Die Tarnung von Wertungen als Tatsachenerkenntnis

Im Alltagsdenken

ist die erkennende Weltorientierung eng mit dem Werten und Handeln verschmolzen. Das *lebenspraktische Denken* zielt nicht auf subtile theoretische Unterscheidungen, sondern vielmehr auf eine Gesamtorientierung ab, in der mit dem Wissen um die Objekte zugleich auch eine Anleitung verbunden ist, wie man sich ihnen gegenüber wertend und handelnd verhalten soll: „Weltbild" und „Wertbild" bilden mehr oder minder eine Einheit. Das gleiche gilt auch für die Sprache, die wir im Alltag verwenden. Dort sind kognitive und werthaft-normative Komponenten zumeist so eng miteinander verbunden, daß wir uns beim Gebrauch der Alltagssprache nur selten über die darin implizit mitgegebenen Wertungen im klaren sind. (102 f.)

Die Alltagssprache dient nicht nur dazu, „über Gegenstände und Sachverhalte zu informieren" (103), sondern auch

zur Kundgabe von Gefühlen und Stimmungen, zur Erregung von solchen bei anderen, zur Erzeugung von Zustimmungsbereitschaft, zum Stabilisieren und Verändern von emotionell gestützten Einstellungen und Handlungserwartungen usw. Anders verhält es sich mit dem *Spezialsprachgebrauch der Wissenschaften*. Dort steht die *„Reinigung" der wissenschaftlichen Fachsprachen von a-theoretischen, emotionell-normativen Begleitkomponenten im Dienste des Erkenntnisfortschrittes*. Denn je eindeutiger und neutraler die Terminologie einer Wissenschaft ist, in der ihre Hypothesen und Gesetze formuliert sind, desto leichter wird es ein Forscher haben, diese Hypothesen objektiv und unbeeinflußt von seinen vom Tagesgeschehen abhängigen Emotionen und Wertüberzeugungen zu prüfen, zu modifizieren, zu revidieren und auf bereits vorliegenden Erkenntnissen weiterzubauen. (104)

Topitsch und Salamun weisen auf in der Alltagssprache verwendete Wörter hin,

> die eine starke emotive Sinnkomponente haben, d.h. die Tendenz aufweisen, zu Stimmungen und Gefühlen anzuregen und auf diesem Weg die Einstellungen und Verhaltensweisen der jeweiligen Adressaten zu beeinflussen. Solche Wörter, die eine normativ-deskriptive Doppelfunktion haben, spielen gerade in politischen Sinn- und Situationszusammenhängen wie überall dort, wo es auf Werbung, Überzeugung und Überredung mit sprachlichen Mitteln ankommt, eine wichtige Rolle. Dabei überwiegt oft die werthaft-emotive Sinnkomponente, während die deskriptive schwach ausgeprägt und unbestimmt ist. Man braucht hier nur an die Verwendung von Wörtern wie „Freiheit", „Gerechtigkeit" oder „Demokratie" zu denken, deren positiv-emotionelle Sinnkomponente [...] schon Ideologien$_{[3]}$ mit sehr unterschiedlichen Zielsetzungen dabei unterstützt haben, Zustimmungsbereitschaft und wohlwollende Einstellungen für ihre Ziele zu erzeugen. (106 f.)

Vor dem Hintergrund dieser zutreffenden Überlegungen bauen Topitsch und Salamun ihre kritisch-rationalistische Ideologie$_1$theorie weiter aus:

> Es hat sich immer wieder gezeigt, daß die Wertstandards, von denen Ideologien$_{[3/2]}$ getragen werden, nur teilweise explizit dargelegt und selten offen als Prämissen hingestellt werden, deren Anerkennung eines Glaubens- und persönlichen Entscheidungsaktes bedarf. Einen Teil jener Wertgesichtspunkte und normativen Prinzipien, welche die Ideologien$_{[3/2]}$ so grundlegend bestimmen, findet man im Rahmen ideologischer$_{[3/2]}$ Aussagenzusammenhänge zumeist durch Scheinrationalisierungen, Suggestivdefinitionen, quasi-empirische Argumentationen und logisch-illegitime Schlußfolgerungen als selbstverständliche Tatsachen maskiert. Diese *Tarnungsstrategie* [...] bringt den Verfechtern von ideologischen$_{[3/2]}$ Konzeptionen unter anderem den Vorteil, daß sie mit ihren Vorstellungen zumeist mehr Menschen ansprechen können, als dies der Fall wäre, wenn sie ihre Wertprämissen offen als solche deklarierten. Ihre Wertstandards würden dann als *ein* möglicher moralischer oder politisch-weltanschaulicher Standpunkt unter anderen erscheinen, der keinesfalls jene Verbindlichkeit besitzt, die einer Tatsachenbehauptung mit theoretischem Wahrheitswert zukommt. (109 f.)

Bedürfniskonformes Denken, das vom Gewissheitsverlangen angetrieben wird, stattet das jeweilige Wertsystem mit höheren Weihen religiöser oder areligiöser Art aus. Dazu gehört auch die platonische Denktradition, die Wertideen als in einer höheren Dimension existente Entitäten begreift, welche mittels eines bestimmten Verfahrens *erkannt* werden können. Demnach gibt es eine durch Erkenntnis erschließbare definitiv richtige Wertrangordnung allgemeiner und speziell auch soziopolitischer Art. Es gehört zu den wichtigsten Aufgaben der erkenntniskritischen Ideologie$_1$theorie,

> *diese getarnten Wertungen zu entlarven und die in ideologischen$_{[2/3]}$ Aussagesystemen oft nur implizite enthaltenen Wertprämissen so klar wie möglich herauszustellen.* Auf diese Weise kann sie dazu beitragen, *die manipulative Wirkung von Ideologien$_{[2/3]}$ einzuschränken* (110).

Viele Theoreme, die im Rahmen von Ideologien$_{2/3}$ vertreten werden, lassen sich erstens durch empirisch-rationale Kritik entkräften und zweitens auf die Hypostasierung der jeweiligen Werte und Ziele zu objektiven Gegebenheiten zurückzuführen. So beruht die nationalsozialistische These von der „rassischen Minderwertigkeit des jüdischen gegenüber dem arischen Menschen" (110) auf der undurchschauten Hypostasierung der *eigenen* Werte und Ziele zu Wesenseigenschaften der arischen Rasse, während die *abgelehnten* Werte und Ziele auf die jüdische Rasse projiziert werden. Diese ideologischen$_1$ Theorieteile werden dann „mit Tatsachenfeststellungen aus der Ethnologie und Biologie" (110) gekoppelt – zumeist in der Überzeugung, die definitive Wahrheit erkannt zu haben, seltener in manipulativer Absicht; vgl. Kapitel 4.5. In den zentralen Theorieteilen wird der relativ hohe Verlässlichkeitsgrad „von Tatsachenerkenntnissen illegitim auf subjektive rassistische Wertungen [...] übertragen", die auf diese Weise den „Anschein eines wissenschaftlich bewiesenen Faktums" (111) erhalten.

Der Grundvorgang der *Hypostasierung von Werten, Zielen, Wünschen zu vermeintlichen Tatsachen* – diese Redeweise ist angemessener als die eine Manipulation suggerierende Rede von der „Tarnung von Wertungen als Tatsachenerkenntnis" (101) – kann in *allen* Ideologien$_{2/3}$ wirksam werden. So lässt sich auch die in mehreren Versionen des Marxismus vertretene These, „die Heraufkunft der kommunistischen Gesellschaft sei wissenschaftlich bewiesen und notwendig" (111), erstens mit empirisch-rationalen Argumenten entkräften und zweitens auf die Verwandlung des *Wunsches*, das angestrebte Ziel des Kommunismus auch tatsächlich zu erreichen, in eine wissenschaftlich erkennbare Gesetzmäßigkeit zurückführen. Andere Theorieteile können jedoch zutreffende „Tatsachenfeststellungen aus dem Bereich der Ökonomie" (111) enthalten.

In diesem Zusammenhang sprechen Topitsch und Salamun vom „emotionell verankerten absoluten Gewißheitsanspruch [...], den die Verfechter von Ideologien$_{[2/3]}$ stets mit ihrem Überzeugungssystem verbinden" (111). Die kognitive Ideologietheorie vertritt demgegenüber die These, dass Ideologien$_{2/3}$ *sowohl* in dogmatischer *als auch* in undogmatischer Form vertreten werden können.

Im Hinblick auf „genetische Untersuchungen des historischen, soziokulturellen und psychologischen Hintergrunds von Ideologien" (111) nimmt die kognitive Ideologietheorie eine differenzierte Position ein:

1. Aus den Ergebnissen genetischer Untersuchungen von Ideologien$_{2/3}$ kann man „keine unmittelbaren Folgerungen im Hinblick auf die Wahrheit oder Falschheit eines Aussagensystems ableiten" (112). Aus Wissen z.B. über den Begründer einer Weltanschauung und über Prozesse ihrer Durchsetzung in einer bestimmten Gesellschaft folgt in keiner Weise, dass die zugehörigen Weltbildannahmen wahr bzw. nach bestimmten Kriterien akzeptabel sind und dass das Wertsystem richtig ist. Das muss in der argumentativen Auseinandersetzung untersucht werden.

2. Bei der genetischen Untersuchung von Ideologien$_1$ verhält es sich anders. Sie beginnt ihre Arbeit ja erst, wenn die argumentative Auseinandersetzung mit der jeweiligen Ideologien$_{2/3}$ zu negativen Resultaten gelangt ist. Dann wird geprüft, ob die Fehleinschätzung auch *bedürfniskonform* ist. Hier kann man nicht von *Folgerungen* genetischer Untersuchungen „im Hinblick auf die Wahrheit oder Falschheit eines Aussagensystem" sprechen, denn der Nachweis der Falschheit oder zumindest die Entkräftung bestimmter Thesen wird ja als geleistet *vorausgesetzt*. Die genetische Untersuchung von Ideologien$_1$ *vertieft* die sachliche Kritik, indem sie das Zustandekommen der Fehleinschätzung durch Zurückführung auf Mechanismen bedürfniskonformen Denkens erklärt. Im Zwei-Stufen-Modell kann daher auch nicht gesagt werden, dass von der genetischen Untersuchung Impulse „zur logischen und empirischen Prüfung des Begründungszusammenhangs ideologischer$_{[2/3]}$ Systeme" (111 f.) *ausgehen*, sondern es verhält sich auf die gerade erläuterte Weise umgekehrt.

6.1.5 Der Gebrauch von Leerformeln

Zu den zentralen Thesen der kritisch-rationalistischen Ideologie$_1$theorie gehört die Auffassung,

> daß *viele dogmatisierte ideologische$_{[2/3]}$ Prinzipien in Wirklichkeit Leerformeln sind oder aber in enger Verbindung mit solchen Formeln stehen*. Bei diesen Formeln handelt es sich häufig um sprachliche Formulierungen, die im Rahmen von geschichtstheologischen und sozialphilosophischen Denkrichtungen oft über Jahrhunderte als belangvolle Einsichten oder als fundamentale Prinzipien des Seins, Erkennens und Wertens tradiert und anerkannt worden sind, „nicht *obwohl*, sondern gerade *weil* und insofern sie keinen oder keinen näher angebbaren Sach- oder Normgehalt besitzen". (113 f.)

Als *pseudo-empirische Leerformeln* werden sprachliche Formulierungen bezeichnet, *„die mit dem Anspruch auftreten, über die empirische Realität zu informieren, tatsächlich aber keinen Informationsgehalt besitzen"* (114). Hier sind nach der kognitiven Ideologietheorie drei Konstellationen zu unterscheiden:

1. Wenn jemand im Alltag oder in der Wissenschaft eine gehaltsleere, nichtssagende Aussage macht, so reicht es in der Regel aus, den Sprecher oder Schreiber darauf hinzuweisen und eine *informativere* Auskunft einzufordern. Eine Ideologie$_1$kritik ist hier nicht erforderlich.

2. Der Nachweis, dass die Entleerung bestimmter „Aussagen durch explizite oder implizite Tautologisierung" im konkreten Fall *gezielt und bewusst* verwendet wird, um „Behauptungen [...] der Widerlegung durch empirische Fakten" (115) zu entziehen, ist der Manipulations- und nicht der Ideologie$_1$forschung zuzuordnen.

3. Die erkenntniskritische Ideologie₁theorie kommt erst ins Spiel, wenn z.B. eine Tautologisierung auf die *nichtbewusste* Tendenz zurückzuführen ist, ein bedürfniskonformes Resultat zu erhalten.

Als Beispiel wird „der dem König Kroisos erteilte Orakelspruch [genannt], er werde ein großes Reich zerstören, wenn er den Halys überschreite – ob das des Gegners oder sein eigenes, wird darin vorsichtig verschwiegen" (115 f.) Die Wendung „vorsichtig verschwiegen" legt nahe, dass Topitsch und Salamun an eine Manipulation denken: Der Orakelpriester macht *bewusst* eine gehalts-leere Aussage, um z.B. Sanktionen bei einem Nichteintreffen der Prophezeiung zu vermeiden. Denkbar ist aber auch, dass er *unbewusst* zu einem bedürfnis-konformen Resultat gelangt, das z.B. den Wunsch befriedigt, immer Recht zu haben.

Im nächsten Schritt führen die Autoren eine Differenzierung ein:

> Häufig kommt der Leerformelcharakter von kognitiven Aussagen auch auf Grund der *Vagheit oder Mehrdeutigkeit von Begriffen* zustande. Sind die Schlüsselbegriffe solcher Aussagen inhaltlich unterbestimmt, läßt sich trotz sorgfältiger Analyse der Zusammenhänge oft nicht eindeutig feststellen, auf welche Klasse empirisch zugänglicher Sachverhalte sich die jeweiligen Aussagen beziehen. So sind etwa Sätze, die Begriffe enthalten wie „das Sein" oder „das Absolute", zumeist schon deshalb unwiderlegbar, weil *nicht entschieden werden kann, welches die Kriterien sind, die es erlauben würden, das Vorliegen der behaupteten Sach-verhalte überhaupt festzustellen.* (116 f.)

Bei philosophischen Texten, die etwa mit dem Begriff des Absoluten arbeiten, bleibt manchmal ungeklärt, was der Autor darunter versteht. In der Regel lässt sich jedoch sowohl aus dem fraglichen Text als auch aus weiteren Texten dessel-ben Autors sowie aus mündlichen Äußerungen erschließen, in welcher Bedeu-tung er den Begriff verwendet. Häufig wird unter dem Absoluten das *Göttliche* verstanden; dann ist zu klären, welche Spielart eines religiösen Überzeugungs-systems beim Autor vorliegt. Ist diese Klärung erfolgt, so ist der Begriff hinläng-lich genau expliziert: X versteht unter dem Absoluten das Göttliche im Sinne einer bestimmten religiösen Weltauffassung.

Topitsch und Salamun scheinen demgegenüber anzunehmen, dass der Begriff des Absoluten auch dann als vage bzw. leer anzusehen sind, wenn die angesprochene denksystemimmanente Klärung erfolgt ist, da sich „nicht eindeu-tig feststellen [lässt], auf welche Klasse empirisch zugänglicher Sachverhalte sich die jeweiligen Aussagen beziehen". Diese These hängt mit dem positivistischen Fehler zusammen. Werden Aussagen über die empirische Realität gemacht, so sind diese in der Tat nur dann als gehaltvoll zu betrachten, wenn klar ist, „auf welche Klasse empirisch zugänglicher Sachverhalte sich die jeweiligen Aussagen beziehen". Anders verhält es sich bei zumindest einigen religiösen und metaphysischen Aussagen. Angenommen, es werde eine Behauptung über das Göttliche aufgestellt, das primär einer übernatürlichen Dimension zugeordnet wird, die von der empirischen Realität zu unterscheiden ist. Dann beziehen sich die Aussagen eben nicht oder nicht primär auf eine Klasse empirisch zugänglicher Sachverhalte. Dennoch wird der Begriff des Absoluten nicht vage oder mehrdeutig verwendet. Es ist hinlänglich klar, was darunter zu verstehen ist – strittig ist nur, ob es die bezeichnete übernatürliche Realität *tatsächlich gibt*. Dass dies nicht der Fall ist, darf nicht – und darauf läuft der positivistische Fehler hinaus – einfach unterstellt werden. Es ist *denkbar*, dass eine übernatürliche Dimension existiert; wäre dies der Fall, so hätte der Begriff des Absoluten einen Realitätsbezug, der aber nicht empirischer Art ist, da es sich nicht um eine Klasse empirisch zugänglicher Sachverhalte handelt.

Die Kritik von Topitsch und Salamun läuft hinsichtlich der pseudo-empirischen Leerformeln darauf hinaus, dass Aussagen über die empirische Realität so formuliert werden *sollten*, dass sie einen Informationsgehalt besitzen und deshalb auch an der Erfahrung scheitern können; dazu gehört, dass hinlänglich geklärt wird, was die verwendeten Begriffe bedeuten. Aussagen über eine übernatürliche bzw. höhere Realität haben wie gesehen einen besonderen Status; sie sind nicht als pseudo-*empirisch* einzuordnen. Einige pseudo-empirische Leerformeln haben im Kontext von Ideologien$_{2/3}$ eine bestimmte Funktion, die genauer zu analysieren ist: Sie können erstens im bedürfniskonformen und zweitens im manipulativen Denken eine Verschleierungsfunktion erfüllen. Der Betrüger etwa erweckt, um seine Ziele verwirklichen zu können, bewusst den Eindruck, etwas empirisch Gehaltvolles zu sagen, was aber gar nicht der Fall ist; würde er Klartext reden, so würde dies die Durchsetzung seiner Interessen erschweren.

Als *pseudo-normative Leerformeln* werden normative Aussagen verstanden, die keinen konkreten normativen Gehalt aufweisen.

> *Sie schließen keine oder nur so wenige Verhaltensweisen und Handlungsalternativen aus,*
> *daß man aus ihnen in spezifischen Entscheidungssituationen keine konkreten Verhaltens-*
> *anweisungen ableiten kann, weil sie nahezu jede Handlungsmöglichkeit erlauben.* [...] Eines
> dieser Postulate ist z.B. das Gerechtigkeitsprinzip „Alle Menschen sollen gleich behandelt
> werden". So gehaltvoll und suggestiv diese Forderung aus dem Munde manches Politikers
> oder Ideologen$_{[2/3]}$ auch klingen mag, sie stellt sich nur allzu oft als gehaltsleer und nichts-
> sagend heraus, wenn man genauer danach fragt, wie dieses Postulat in die Wirklichkeit
> umzusetzen ist. Denn es werden in Verbindung damit zumeist keine näheren Angaben
> darüber gemacht, in Hinblick *worauf* man alle Menschen gleich behandeln solle, bzw.
> welche Unterschiede zwischen ihnen bei der Gewährung von Rechten und der Auferlegung
> von Pflichten zu berücksichtigen und welche nicht zu berücksichtigen seien. [...] Werden
> daher in den verschiedenen Zusammenhängen keine näheren Bestimmungen des Gleich-
> heitsprinzips mitgegeben, bleibt dieses Prinzip ein Leerschema, aus dem in konkreten Ent-
> scheidungssituationen keine brauchbaren Entscheidungshilfen und Verhaltensdirektiven

ableitbar sind, weil man daraus, wenn man will, alles ableiten kann. Dieses Schema ist vielmehr auf Grund seiner Unbestimmtheit willkürlich manipulierbar und geeignet, als Rechtfertigungsinstrument für alle möglichen Standpunkte, ja sogar für gegensätzliche soziale und politische Zielsetzungen zu dienen. (117 ff.)

Das zu den pseudo-empirischen Leerformeln Ausgeführte lässt sich auf die pseudo-normativen übertragen. Hinzu kommt der folgende Punkt: Als pseudo-normative Leerformeln erscheinen bestimmte Postulate – weitere Beispiele sind „Gutes mit Gutem, Böses mit Bösem vergelten", „Jedem das Seine" – nur dann, wenn man sie *isoliert* betrachtet. Untersucht man hingegen genauer, im Rahmen welcher Ethik (als Teil einer Ideologie$_{2/3}$) sie geäußert werden, so stellt sich heraus, dass es sich keineswegs um gehaltlose Formeln handelt, sondern dass sie etwas *ganz Bestimmtes* bedeuten, was aus den Prämissen des jeweiligen Wertsystems ableitbar ist. Wer den Grundsatz vertritt, „daß man Gutes mit Gutem und Böses mit Bösem vergelten solle" (119), versteht diesen auch dann, wenn er keine Klärung vornimmt, implizit im Sinne der Vorstellung von „gut" und „böse", die sich aus seinem Überzeugungssystem ergibt. So hat für den überzeugten Nationalsozialisten, der ein Schild mit der Aufschrift „Jedem das Seine" am Eingang eines Lagers platziert, das Postulat eine konkrete und positionskonforme Bedeutung; dazu gehört: „Die bösartige Rasse der Juden muss so behandelt werden, wie sie es nach unserer Rassenlehre verdient". Im Kontext der nationalsozialistischen – oder einer beliebigen anderen – Ideologie$_{2/3}$ fungiert „Jedem das Seine" also keineswegs als pseudo-normative *Leerformel*. Solche Postulate werden nur manchmal so *verwendet*, dass nicht klar gesagt wird, was eigentlich gemeint ist; dadurch entstehen Missverständnisse, die durch Begriffsklärung vermeidbar sind.

Die Kritik von Topitsch und Salamun läuft hinsichtlich der pseudo-normativen Leerformeln darauf hinaus, dass die normativen Postulate so formuliert werden *sollten*, dass sich aus ihnen konkrete Verhaltensanweisungen gewinnen lassen. Auch diese Leerformeln können eine bewusste oder unbewusste Verschleierungsfunktion erfüllen. Verwendet man z.B. „Jedem das Seine", ohne die positionskonforme Sinnbesetzung zu erläutern, so kann dies dazu dienen, Vertreter anderer Ideologien$_{2/3}$ in bestimmten Situationen nicht abzuschrecken. Da jeder das Postulat, das nur bei isolierter Betrachtung sinnoffen erscheint, intuitiv einer Sinnbesetzung unterzieht, die zur eigenen Ideologie$_{2/3}$ passt, kann der gezielte Klartextverzicht unter Umständen den nützlichen Effekt haben, dass der Rezipient zu einer Fehldeutung verleitet wird, die zur Verkennung z.B. der spezifisch nationalsozialistischen Implikationen der Äußerung führt.

Auch der Theorieteil über pseudo-normative Postulate ist somit nur von eingeschränkter Gültigkeit. Aus der Sicht der kognitiven Ideologietheorie reicht es nicht aus, bei der Feststellung stehen zu bleiben, dass ein bestimmtes Postulat bei isolierter Betrachtung eine gehaltsleere Phrase ist; es kommt vielmehr darauf an, die jeweilige *überzeugungssystemkonforme Sinnbesetzung des Postulats* aus dem Text und dessen Kontext zu erschließen; das lässt sich durch Anwendung der kognitiven Hermeneutik erreichen; vgl. Kapitel 3.1.

Damit hängt ein weiterer Kritikpunkt zusammen: Wird ein normatives Postulat genutzt, „um eine kapitalistische oder sozialistische, eine demokratische oder autokratische Ordnung" (120) zu rechtfertigen, so wird dabei de facto nicht die *Leerformel* verwendet, sondern die zumindest stillschweigend *auf positionskonforme Weise gedeutete Formel*. Die Behauptung, dass pseudo-normative Leerformeln „seit eh und je im Rahmen von Geschichts- und Sozialphilosophien, politischen Theorien und Ideologien eine bedeutsame Rolle gespielt" (120) haben, beruht also auf einer unzureichenden Analyse des Zusammenhangs. Entsprechendes gilt für „andere[] Begriffe[] des politischen Sprachgebrauches wie etwa ‚Freiheit', ‚Fortschritt', ‚Autorität', ‚Gesellschaft', ‚Demokratie' oder ‚Demokratisierung'" (121). Sie erscheinen nur bei isolierter Betrachtung als gehaltsleere Begriffe, de facto erfahren sie stets eine positionskonforme Sinnbesetzung, auch wenn diese nur implizit bleibt. Wird etwa der Freiheitsbegriff „zur Legitimierung tatsächlich ausgeübter Herrschaft" (121) benutzt, so ist dieser stillschweigend *mit anderen Inhalten gefüllt* als der zur Legitimierung von Umsturzplänen verwendete Freiheitsbegriff.

Nach Topitsch und Salamun

> trägt die ausgeprägte pathetisch-emotionelle Sinnkomponente von Leerformeln [...] häufig entscheidend dazu bei, daß soziale Konflikte theologisiert und sachliche Auseinandersetzungen um faktische Interessen zu Kreuzzügen für „ewige Prinzipien" und „Ideale" hochstilisiert werden. Die Chancen, durch Kompromisse zu Konfliktlösungen zu gelangen, werden durch den Gebrauch von Leerformeln in politischen Auseinandersetzungen in der Regel erheblich reduziert. (122)

Auch diese Auskunft bedarf der Differenzierung:

1. Dass „Chancen, durch Kompromisse zu Konfliktlösungen zu gelangen", in der soziopolitischen Dimension häufig ungenutzt bleiben, ist primär darauf zurückzuführen, dass die beteiligten Ideologien$_{3/2}$ in *dogmatischer* Form – „mit einem Pathos der Absolutheit und einem Anspruch auf Letztgültigkeit" (121) – vertreten werden, nicht aber auf den Gebrauch von Leerformeln, der zudem wie eben ausgeführt anders einzuschätzen ist. Durch Dogmatisierung erhalten die eigenen Werte und Ziele den Status *ewiger Prinzipien*.

2. Geht man von der dogmatischen zur undogmatischen Einstellung über, so gilt das eigene Wertsystem nur noch als das konkurrierenden Ansätzen *überlegene*, das aus bestimmten Gründen vorzuziehen ist. Daraus ergibt sich ein deut-

lich höheres Maß an Kompromissbereitschaft. Auf der anderen Seite gibt es aber weiterhin einen Unterschied zwischen *undogmatischer Prinzipienfestigkeit* und der *kompromisslerischen Neigung*, auch solche Kompromisse zu akzeptieren, die im Widerspruch zu den eigenen Prinzipien stehen.

Topitsch und Salamun gehen dann zur „Illusion der wahren Wesenheiten" (T.D. Weldon) über:

> Diese Illusion besteht in der zumeist natürlich nicht explizit geäußerten Vorstellung, daß es so etwas wie eine wahre Bedeutung von Begriffen wie „Gerechtigkeit", „Staat", „Gesellschaft", „Freiheit", „Demokratie" usw. geben müsse und daß es diese wahren Bedeutungen herauszufinden gelte, um eine dahinterstehende Entität oder Normgestalt, wie z.B. das „wahre Wesen des Staates", die „wahre Idee der Freiheit", die „wahre Gerechtigkeit" oder das „eigentliche Wesen der Demokratie", erfassen zu können. (123)

Diese Kritik beruht auf stärkeren Voraussetzungen als die an den pseudo-empirischen und pseudo-normativen Leerformeln, sie setzt nämlich eine *undogmatische* und speziell *nichtessenzialistische* Haltung voraus. Die undogmatische Einstellung nimmt an, dass Letztbegründungen von Ideologien$_{2/3}$ unmöglich sind. Für die von den Ideologien$_{2/3}$ jeweils vertretenen Werte, Normen und Ziele bedeutet das, dass diese sich nicht in einer absoluten Instanz verankern lassen, sondern dass sie auf *Wertentscheidungen* beruhen, die auch anders getroffen werden können. Das ist eine Gegenposition zur verbreiteten Verbindung der *dogmatischen* mit einer *essenzialistischen* Sichtweise. Dort wird angenommen, dass es ein *normativ gehaltvolles* wahres und ewiges Wesen des Staates, der Gerechtigkeit, der Freiheit usw. gibt, das durch eine bestimmte Art der *Erkenntnis* (z.B. durch eine Wesensschau) erfassbar ist. Hat man das wahre Wesen des Staates und damit auch die wahre bzw. eigentliche Bedeutung des Begriffs „Staat" erfasst, so verfügt man nach dieser Auffassung über ein festes Fundament, über eine letzte Gewissheit mit normativen Implikationen, an der man sich bei der Gestaltung des Staates orientieren kann. Die kognitive Ideologietheorie nimmt mit Topitsch und Salamun an, dass es normativ gehaltvolle Wesensgestalten aller Wahrscheinlichkeit nach ebenso wenig gibt wie eine sie erfassende höhere Erkenntnisform. Für die erkenntniskritische Ideologie$_1$theorie sind die essenzialistischen Theorien des Staates und anderer Phänomene – mit dem zugehörigen essenzialistischen Begriffsverständnis – Formen des bedürfniskonformen Denkens: Sie verschaffen dem menschlichen *Verlangen* nach Gewissheit eine scheinhafte Erfüllung. Diese Formen der Ideologie$_1$ haben für die Vertreter einer Ideologie$_{2/3}$ häufig *Vorteile*, was wiederum erklärt, warum die fraglichen Auffassungen häufig so rasch und gern akzeptiert werden. Wer glaubt, die definitiv richtigen Werte, Normen und Ziele zu vertreten, wer im Einklang mit einer höheren Wesensinstanz zu leben glaubt, der entwickelt ein *Überlegenheitsbewusstsein*, das eine starke Motivation zur Durchsetzung der jeweiligen Ideologie$_{2/3}$ vermittelt: „Wir und nur wir können uns auf das wahre Wesen des Staates, der Gerechtigkeit usw. berufen"; „Wir leben in der Wahrheit, ihr hingegen in der Unwahrheit". Ideologien$_1$ wirken so als Verstärker des jeweiligen Wertsystems, als *Wertverstärker*.

Die von Essenzialisten geführten Debatten über „die wahre Bedeutung von Worten" (123) erscheinen aus nichtessenzialistischer Sicht als unentscheidbare *Scheingefechte*, da es die behaupteten Entitäten aller Wahrscheinlichkeit nach gar nicht gibt; vgl. Kapitel 1.1. Sie sind zu ersetzen durch undogmatisch geführte Diskussionen zwischen den Ideologien$_{2/3}$ selbst, aus denen sich unterschiedliche Verständnisse von „Freiheit", „Gerechtigkeit" usw. ergeben.

Mit der Kritik des Dogmatismus und der Essenzialismus hängt bei Topitsch die Kritik an techno-, sozio- und biomorphen sowie ekstatisch-kathartischen Modellen der Welt- und Selbstinterpretation zusammen. Sie beruht auf einer *areligiösen* Grundeinstellung. Vorausgesetzt wird, dass keine übernatürliche Dimension und keine sie bevölkernden höheren Wesen existieren. Nur im Licht dieser Annahme gilt, dass die vielfältigen Versuche, die höhere, übernatürliche Dimension sowie die in ihr vorkommenden Wesen und Ereignisse z.B. nach dem Muster menschlich-gesellschaftlicher Verhältnisse (soziomorph) oder nach dem Muster des menschlichen Verfertigens von Gegenständen (technomorph) zu denken, grundsätzlich verfehlt sind, da sie die Existenz einer Dimension postulieren, die es gar nicht gibt. Einige Teile von Topitschs Theorie setzen eine areligiöse Weltbildkonstruktion (Ideologie$_{2.1}$) als gültig voraus.

6.1.6 Ende oder Reorganisation der plurifunktionalen Führungssysteme?

Im letzten Abschnitt dieses Kapitels wird kurz auf grundlegende Thesen von Topitsch eingegangen, die er in anderen Zusammenhängen formuliert hat. Er befasst sich im Prinzip mit allen „Ausgestaltungen menschlicher Weltdeutung und Selbstinterpretation", insbesondere aber mit den religiösen Weltanschauungen und deren Ausformungen im „metaphysisch-theologische[n] Denken" (Topitsch 1988: 33).

Auch die kognitive Ideologietheorie nimmt an, dass die „stammesgeschichtliche[n] Wurzeln" der traditionellen Formen der Weltauffassung und Selbstdeutung „bis tief in jenes Erbe hinabreichen, das wir mit den höheren Tieren gemeinsam haben" (1), aber sie schätzt die zukünftige Entwicklung anders ein. Nach Topitschs Auffassung wird „die Funktion der Welterklärung oder Informationsvermittlung" immer weiter und schließlich vollständig „an die empirischen Wissenschaften abgegeben" (34). Die traditionellen Formen der Weltauffassung und Selbstdeutung sterben allmählich ab. Diese Auflösung wird ferner dadurch vorangetrieben, dass sie – nicht zuletzt bei Topitsch selbst – zum *Gegenstand* wissenschaftlicher Forschung werden; er versucht, die Rolle zu verstehen, welche diese „plurifunktionalen Führungssysteme" (5) in der bisherigen Menschheitsgeschichte gespielt haben. „Sie bilden auch für den, der ihren Wahrheitsanspruch als unhaltbar betrachtet, einen geradezu einzigartigen Gegenstand wissenschaftlichen Interesses und wissenschaftlicher Analyse." (1)

Geht man hingegen von der Weltanschauungsbindung menschlichen Lebens aus, so verändert sich das Bild:

These 12.1: Menschen haben *immer* Weltbildannahmen und Wertüberzeugungen. Sie benötigen *immer* ein bestimmtes Maß an Verhaltenssicherheit und gefühlsmäßiger Befriedigung. Geraten nun die *dogmatischen* Weltanschauungen ins Kreuzfeuer der Kritik, so kommt es darauf an, *undogmatische* Denkweisen zu entwickeln, die diesen Kritikpunkten zu entgehen vermögen. Aufgabe der wissenschaftlichen Forschung ist es dann nicht primär, den Prozess des unvermeidlichen Absterbens durch theoretische Aufarbeitung des zum Tode Verurteilten zu begleiten und zu forcieren, sondern die *Reorganisation* der weltanschaulichen Dimension voranzutreiben. Das betrifft auch die Philosophie, sofern sie Weltanschauungsexplikation ist: Sie ist nicht überhaupt zu Ende, sondern nimmt eine neue, undogmatische Form an.

Das Ziel, „mit unbeirrbarer Folgerichtigkeit an die Wurzeln des menschlichen Welt- und Selbstverständnisses vorzudringen und es von dort her transparent zu machen" (3), verbindet beide Ansätze ebenso wie die Kritik an dogmatischen Denkformen aller Art und insbesondere auch an Werthypostasierungen.

Der positivistische Fehler führt bei Topitsch dazu, dass das komplexe Zusammenspiel zwischen der Erfahrungserkenntnis wissenschaftlicher, aber auch vorwissenschaftlicher Art und den Weltbildkonstruktionen (Ideologien$_{2.1}$) zu stark vereinfacht wird. Im erfahrungswissenschaftlichen Erkenntnisprozess wird idealerweise von den religiösen oder areligiösen Weltbildannahmen der Forscher abstrahiert; die Forschungsergebnisse werden dann aber aneignend im Rahmen der jeweiligen Ideologie$_{2.1}$ interpretiert und für diese nutzbar gemacht. Es besteht somit gar kein direktes Konkurrenzverhältnis zwischen der empirisch-rationalen Wissenschaft und den Weltbildkonstruktionen, wie Topitsch annimmt. So lässt sich jedes denkbare Forschungsergebnis nach dem folgenden Muster prinzipiell in ein religiöses Weltbild integrieren: Die Forschung hat herausgefunden, auf welche *natürlichen Ursachen* (im weiteren Sinn, der auch die soziokulturelle Dimension einschließt) bestimmte Phänomene zurückzuführen sind; der Vertreter eines religiösen Weltbilds akzeptiert einerseits diese Ergebnisse, meint andererseits aber „Das ist noch nicht alles" und behauptet, dass hinter den natürlichen wiederum *übernatürliche Ursachen* als letzte Instanz stecken. Da sich die Annahme einer übernatürlichen Dimension nicht mit erfahrungswissenschaftlichen Mitteln als verfehlt – und schon gar nicht als *definitiv* falsch – erweisen lässt, kann dieses Spiel auf der Weltbildebene immer gespielt werden; das schließt jedoch nicht aus, dass sich überzeugende Argumente gegen solche Konstruktionen vorbringen lassen; darum geht es gegenwärtig jedoch nicht.

Im Bereich empirischen Wissens besteht ein Konkurrenzverhältnis zwischen natürlichen und übernatürlichen Erklärungen. Man ist überzeugt, dass z.B. Naturkatastrophen nicht *direkt* „als Strafen für menschliche Vergehen zu verstehen seien" (34), sondern dass sie erkennbare natürliche Ursachen haben. Mit der Verselbstständigung des empirisch-rationalen Erkennens werden übernatürliche Erklärungen aus der Dimension der Erfahrungserkenntnis ausgeschieden. Auf der Ebene der Weltbildkonstruktion aber gibt es zwei Möglichkeiten: Während areligiöse Weltbildkonstruktionen übernatürliche Erklärungen ganz ausschalten, halten die religiösen Varianten an ihnen fest, aber häufig auf eine Weise, die so viele erfahrungswissenschaftliche Erkenntnisse wie möglich zu integrieren versucht.

6.2 Modellversuch zur Kontroverse zwischen dem Kritischen Rationalismus und der Kritischen Theorie[26]

Der Konflikt zwischen der Kritischen Theorie bzw. Frankfurter Schule und dem Kritischen Rationalismus hat sich insbesondere in den 70er und 80er Jahren als für die Ideologiediskussion folgenreich erwiesen. Im Anschluss an und in Auseinandersetzung mit Liebers Ausführungen soll gezeigt werden, wie die Sicht auf diesen Konflikt sich verändert, wenn man – wie in Kapitel 6.1 dargelegt – von der kritisch-rationalistischen zur kognitiven Ideologietheorie übergeht. Letztere ist mit unterschiedlichen Ideologien$_3$ vereinbar. In einem Modellversuch wird nun durchgespielt, welche Konsequenzen sich ergeben, wenn man annimmt, dass beide Kontrahenten die mit der undogmatischen Grundhaltung verbundene kognitive Ideologietheorie akzeptieren.

Vertreter des Kritischen Rationalismus *unterscheiden* jetzt zwischen der gemeinsam vertretenen erkenntniskritischen Ideologie$_1$theorie als umfassend angelegter Theorie des bedürfniskonformen Denkens und dem Plädoyer für ein bestimmtes soziopolitisches Programm, das in der Tradition des Liberalismus steht. Anhänger der Kritischen Theorie vertreten – in verschiedenen Varianten – ein soziopolitisches Programm, das aus anderen Denktraditionen stammt; sie sind nunmehr aber bestrebt, ihre eigene Ideologie$_3$ so weit wie möglich von den Formen bedürfniskonformen Denkens zu reinigen.

> Beide Positionen stellen sich bewußt in eine historische Tradition, in der Ideologiekritik und Aufklärung als gesellschaftsverändernde Kraft zusammengehörten, und beide bezichtigen sich doch gegenseitig, handfest an der Verbreitung und Verfestigung von Gegenaufklärung in der Gesellschaft mitzuwirken, also den eigenen Anspruch ins Gegenteil zu verkehren. (Lieber 1985: 162)

Da beide Positionen nunmehr von einer gemeinsamen theoretischen Basis aufklärerischen Typs aus argumentieren, entfällt die wechselseitige Bezichtigung, „handfest an der Verbreitung und Verfestigung von Gegenaufklärung in der Gesellschaft mitzuwirken". Der Konflikt reduziert sich darauf, dass unterschiedliche Konzepte der Gesellschaftsveränderung verfolgt werden. Als Vertreter einer Ideologie$_3$, die ihre Wurzeln zumindest auch in der marxistisch-sozialistischen Denktradition hat, prüfen die Anhänger der Kritischen Theorie nun, ob sie ihre soziopolitischen Überzeugungen mit kognitiv fragwürdigen höheren Weihen versehen, die abzubauen sind. Wird schließlich für eine größere Gesellschaftsveränderung plädiert, so ist mit den Mitteln empirisch-rationalen Denkens zu zeigen, dass ein solcher Umbau vielfältige positive Folgen hätte, die sich auf andere Weise nicht erreichen lassen. Damit verschiebt sich die von Lieber beschriebene Konstellation:

> So wird etwa den Vertretern des kritischen Rationalismus vorgeworfen, durch eine Reduktion der Ideologiekritik auf Erkenntniskritik, die auf so etwas wie das Ganze der Gesellschaft nicht mehr zielt, letztlich an der Verfestigung jener strukturellen Zwänge der Gesellschaft mitzuwirken, die sich ohnehin der Kritik zu entziehen trachten [...]. Die auf diese Weise angegriffene [...] Position ihrerseits reagiert, indem sie die Vertreter der „kritischen Theorie" eines Mythos der totalen Vernunft bezichtigt, der die Gesellschaft in Verfolg vermeintlich radikaler, weil total-gezielter Kritik gerade gegen jene an konkreten Sachverhalten und Zusammenhängen orientierte Aufklärung abschirmt, die allein die Gesellschaft über den status quo hinauszutreiben vermöchte. (162)

Im Modellversuch besteht ein Gegensatz nur noch auf soziopolitischer (und eventuell auch auf weltanschaulicher) Ebene. Da beide Seiten aber ihre Ideologie$_3$ in undogmatischer Form vertreten, verzichten sie z.B. darauf, dem Gegner ein definitiv falsches politisches Bewusstsein zuzuschreiben. Die Dämonisierung des Gegners führt zwangsläufig zur Verhärtung der Fronten.

Beide Seiten sind sich in der *erkenntnisbezogenen* Diagnose einig, dass die modernen Totalitarismen mit einem „Verlust von Freiheit des Denkens überhaupt und damit auch von Freiheit der Wissenschaft" verbunden waren und dass die totalitären Ideologien$_{3/2}$ „durch eine wie auch immer geartete Berufung auf Wissenschaft begründet" (164) wurden; vgl. Kapitel 5.5. „Wissenschaft, die zumindest seit der Renaissance als Garant von Offenheit des Denkens wie der Gesellschaft sich bewährt hatte, verkehrte sich in diesen Totalitarismen in ein

Instrument gerade der Zerstörung solcher Offenheit und damit tendenziell auch ihrer selbst." (164) Beide Seiten sind daran interessiert, die relative Autonomie der Wissenschaft zu sichern. Dazu trägt es bei, die Mechanismen der Dienstbarmachung der Wissenschaft für Ideologien$_{3/2}$ zu erkennen, denn nur dann kann man sie gezielt vermeiden; vgl. Kapitel 5.1. Gemeingut ist z.B. die Auffassung, dass einige Ideologien$_{2/3}$ dadurch sozial wirksam werden, dass „sie wissenschaftlich nicht Beweisbares eben als wissenschaftlich begründet und deshalb gültig ausgeben" (168). Einigkeit besteht auch in der Kritik an den beliebig anwendbaren und daher kognitiv wertlosen Denkmustern, mit deren Hilfe die Grundlagen der eigenen Ideologie$_{2/3}$ mit einer die Durchsetzung der eigenen Interessen erleichternden Letztbegründung ausgestattet werden. Sie können „zur Rechtfertigung je beliebiger gesellschaftlich-politischer Entscheidungen sowie der hinter ihnen stehenden Interessen als tauglich sich erweisen" (168). Ideologie$_1$kritik ist

> vor allem Selbstreflexion der Erkenntnis und des Bewußtseins. Mit wissenschaftlichem Anspruch auftretende Urteils- und Aussagezusammenhänge sind durch Kritik ihres Ideologie$_{[1]}$gehaltes zu überführen, um auf diese Weise zumindest denkerisch überwunden zu werden. Aufklärung also ist Selbstaufklärung des Denkens als Reinigung des ideologischen$_{[1]}$ Gehalts an ihm. (168)

Gemeingut der beiden Positionen ist im Modellversuch auch die Erwartung, „daß Selbstaufklärung des Denkens durch die Ideologie$_{[1]}$kritik die Folgen gesellschaftlicher Aufklärung haben kann, ja haben muß. [...] Die Aufklärung des Bewußtseins hat gesellschaftsverändernde Kraft." (169) Diese gesellschaftsverändernde Kraft ist vor allem darin zu sehen, dass die erkenntniskritische Ideologie$_1$theorie zur Forderung führt, die theoretisch erkannten Formen sozial wirksamen bedürfniskonformen Denkens auch praktisch zu überwinden.

Im so genannten Positivismusstreit räumen Vertreter der Kritischen Theorie ein,

> daß Ideologiekritik des „kritischen Rationalismus" durchaus Aufklärung über partielle Vorurteilszusammenhänge im gesellschaftlich wirksamen Bewußtsein sowie über die hinter ihnen stehenden politisch-sozialen Machtinteressen und -gruppen zu leisten vermag. Angezweifelt wird im wesentlichen nur, ob damit schon Aufklärung der Gesellschaft als ganzer geleistet werden kann (169).

Die im Modellversuch von beiden Seiten akzeptierte erkenntniskritische Ideologie$_1$theorie leistet eine weitreichende Aufklärung insofern, als sie die menschliche Anfälligkeit für bedürfniskonformes Denken umfassend erhellt und zeigt, wie man die Ideologien$_1$ zurückdrängen und überwinden kann. Diese Aufklärungsarbeit ist auch für die Gesellschaft als ganze relevant, da jede in soziokulturellen

Zusammenhängen realisierte Ideologie$_{2/3}$ von Ideologien$_1$ befallen sein kann. In gewisser Hinsicht leistet die erkenntniskritische Ideologie$_1$theorie also gerade eine „Aufklärung der Gesellschaft als ganzer", sodass der Einwand entfällt.

Versteht man darunter aber z.B. die Aufklärung über ein Endziel, auf das die Gesellschaft als ganze zusteuert, etwa eine vollkommen humane Gesellschaft, so wird diese durch die Erkenntniskritik *destruiert*, denn sie erscheint als Projektion der eigenen Ideologie$_3$ in die Geschichte. Der Versuch, eine bestimmte Ideologie$_3$ mit höheren Weihen auszustatten und so zu privilegieren, wird nun aufgegeben.

Dem Kritischen Rationalismus wird vorgeworfen, „jedes sozialphiloso-phisch-utopische Theorem überhaupt abzuweisen" (169). Dieser Kritikpunkt reduziert sich in der neuen Konstellation auf das Konkurrenzverhältnis zwischen zwei Ideologien$_3$. Aus der Sicht der kognitiven Ideologietheorie gehört zu *jedem* soziopolitischen Programm eine bestimmte Utopie, nämlich die Vorstellung eines Zustands, in dem die jeweiligen Werte und Ziele *vollständig* realisiert wären.

Lieber referiert den Einwand, die kritisch-rationalistische Ideologiekritik müsste

> darauf vertrauen, daß durch Entlarvung der Manipulationsfunktion der Leerformeln die Ideologien$_{[1]}$ selber in ihrer gesellschaftlichen Funktion schon aufgelöst werden können. Unter der Hand jedoch blieben durch solches Vertrauen und ein ihm entsprechendes methodisches Vorgehen die gesellschaftlichen Mächte und Prozesse unbefragt, die jene Ideologisierung$_{[1]}$ bewirken. (169)

Auch dieser Einwand entfällt im Modellversuch. Die theoretische Kritik an bestimmten Formen der Ideologie$_1$ und deren denkerische Überwindung haben nicht direkt und automatisch deren praktische Überwindung zur Folge; vgl. Kapitel 5.1. So kann z.B. eine politische Partei diese Kritik einfach an sich abprallen lassen und so weitermachen wie bisher. Um von der theoretischen Ideologie$_1$-kritik zur praktischen Überwindung der Formen bedürfniskonformen Denkens zu gelangen, bedarf es stets des Engagements der Betroffenen, die in vielen Fällen über lange Zeit (auch mit sich selbst) kämpfen müssen, um eine dauerhafte Ein-stellungs- und Verhaltensänderung zu erreichen. Die kognitive Ideologietheorie erhebt nicht den Anspruch, „durch Entlarvung der Manipulationsfunktion der Leerformeln die Ideologien$_{[1]}$ selber in ihrer gesellschaftlichen Funktion schon aufgelöst" zu haben. Selbstverständlich muss dort, wo Ideologien$_1$ z.B. in die Praxis von Institutionen eingeflossen sind, deren Umorientierung durch kritische Befragung der zugehörigen „gesellschaftlichen Mächte und Prozesse" vorange-trieben werden. Bei aller praktischen Ideologie$_1$zurückdrängung und -überwin-dung dient jedoch die theoretische Kritik als *Grundlage*. Es besteht daher kein Grund zu der Annahme, die erkenntniskritische Ideologie$_1$theorie stehe fortlaufend in der Gefahr, an dem Schleier mitzuweben, der die realen gesellschaftlichen Prozesse, Gruppen und Interessen gegen eine sie selber treffende Kritik abschirmt. Die beanspruchte kritische-aufklärerische Funktion solcher Ideologie$_{[1]}$theorie werde nur allzuleicht durch ihre gesellschaftlich-affirmative Funktion eingeholt. (170)

Dem Kritischen Rationalismus wird ferner vorgeworfen, „einen Begriff vom Ganzen der Gesellschaft, der noch so etwas wie ihr ‚Woher‘ und ‚Wohin‘ meint, als philosophische Spekulation ohne wissenschaftlichen Gehalt und Wert" (169 f.) abzulehnen. Auch dieser Einwand entfällt im Modellversuch. Denn jede Ideologie$_3$ impliziert nach dieser Auffassung „einen Begriff vom Ganzen der Gesellschaft" und damit eine Utopie. Die liberale Ideologie$_3$ wendet sich nur gegen eine Konstruktion des „‚Woher‘ und ‚Wohin‘" der Gesellschaft, die *sozialistischen* Leitvorstellungen verpflichtet ist. Ein Gesellschaftsideal zu entwerfen, ist keineswegs eine „philosophische Spekulation ohne wissenschaftlichen Gehalt und Wert" – ein solcher Entwurf muss aber von dem einer realisierbaren Alternative zur bestehenden Gesellschaft unterschieden werden. Es entfällt nur diejenige Option, die von einem vorgegebenen und allein durch *Erkenntnis* zu ermittelnden Wohin ausgeht. Keineswegs wird „der Begriff einer Aufklärung seines Bezuges auf Utopie beraubt" (170), sondern der sozialutopische Bezug wird nur der soziopolitischen (und der weltanschaulichen), *nicht* aber der erkenntniskritischen Dimension zugeordnet.

Vertreter der Kritischen Theorie halten vielfach an Grundmustern historisch-materialistischen Denkens fest, von denen sich die erkenntniskritische Ideologie$_1$theorie trennt; vgl. Kapitel 3.7.2. Hier liegt eine Quelle für das „tiefe[] Mißtrauen gegenüber einem Denken, das Aufklärung auf ideologie$_{[1]}$kritische Bewußtseinsreinigung reduziert" (170). Nach Marx' Auffassung wird die Entfremdung des Denkens letztlich von den entfremdeten ökonomischen Verhältnissen verursacht, die es durch die revolutionäre Aktivität des Proletariats zu überwinden gilt. Eine Theorie, die sich dem bedürfniskonformen Denken direkt zuwendet, erscheint so als typische Ausformung einer ‚idealistischen‘ Verkennung der entscheidenden Ursachen der Ideologien$_1$ und der realen Möglichkeiten ihrer Überwindung. „Die ideologiekritische Konzeption der ‚kritischen Theorie‘ steht ja vermöge ihrer Herkunft aus dem Denken von Marx unabdingbar vor der Aufgabe, Kritik des gesellschaftlichen Bewußtseins in einer Kritik der politisch-ökonomischen Machtstrukturen der Gesellschaft zu begründen" (174). Akzeptieren hingegen die Vertreter der Kritischen Theorie die erkenntniskritische Ideologie$_1$theorie, so lehnen sie die Grundannahmen des historischen Materialismus als Ausformungen bedürfniskonformen Denkens ab.

6.2.1 Zur Sicht der Aufklärung

Der Modellversuch führt auch zu einer Problematisierung der Sicht der Aufklärung, wie sie Max Horkheimer und Theodor W. Adorno entwickelt haben. Sie betrachten den „Verfall in neue Barbarei" – insbesondere in den nationalsozialistischen Totalitarismus –

> als Konsequenz einer Geisteshaltung [...], die neuzeitliches Denken insgesamt ebenso geprägt hat wie die durch dieses Denken geformte politisch-gesellschaftliche, technisch-industriell-ökonomische Realität der Moderne. Diese Geisteshaltung aber ist eben die Aufklärung selber, verstanden als dialektischer Prozeß, als ein Prozeß, der das, was er bewirken will, zugleich in sein Gegenteil verkehrt. (170)

Aus dem Ansatz der erkenntniskritischen Ideologie$_1$forschung – und der gesamten kognitiven Ideologietheorie – ergibt sich ein deutlich anderes Bild des Aufklärungsprozesses und seines Verhältnisses zur neuen Barbarei. Wird die dogmatische Grundhaltung mit einem umfassenden soziopolitischen Gestaltungswillen verknüpft, so entstehen bei der Umsetzung solcher Ideologien$_{3/2}$ totalitäre Diktaturen wie der Nationalsozialismus und der Stalinismus. Die kognitive Ideologietheorie verfolgt hingegen das Ziel, die dogmatische durch die undogmatische Einstellung zu ersetzen. Mit dieser ist aber eine *totalitäre* Ideologie$_{3/2}$ unvereinbar. Unter diesem Gesichtspunkt ist der „Verfall in neue Barbarei" keineswegs die *Konsequenz* der aufklärerischen Geisteshaltung, sondern einer bestimmten Periode der *unvollendeten Aufklärung* zuzuordnen, in der die dogmatische Haltung weiterhin dominiert, die wiederum leicht in eine totalitäre Ideologie$_{3/2}$ umschlagen kann; vgl. Kapitel 5.5. Zu problematisieren ist daher auch die Annahme, die Geisteshaltung der Aufklärung bringe notwendigerweise einen Prozess hervor, „der das, was er bewirken will, zugleich in sein Gegenteil verkehrt".

> Aufklärung ist ihrer Tendenz nach der Prozeß fortschreitender Selbstbefreiung des Menschen als Prozeß zunehmender Entmythologisierung des Verhältnisses der Menschen zur Natur wie auch ihrer Verhältnisse untereinander. Solcher Prozeß der Selbstbefreiung durch Entmythologisierung jedoch zeitigt die Konsequenzen, daß er nur in der Form rationaler Beherrschung der Natur wie der menschlichen Beziehungen real durchsetzbar gewesen ist: Befreiung wird mit Herrschaft erkauft, damit aber mit neuer Unfreiheit. In dem Maße, in dem der Mensch durch Aufklärung seine Unabhängigkeit von mythisch verklärter Natur- und Sozialordnung erlangt, verstrickt er sich in neue Abhängigkeiten von jenen Organisationen und Institutionen, die diese Freisetzung leisten. Je mehr sie Befreiung von Natur- und Sozialzwängen leisten sollen und leisten wollen, um so mehr ähneln sie die Individuen einander an, um so mehr geht Individualität verloren, wird der Mensch zum Exemplar und damit Objekt von Kalkulation und Manipulation. (171)

1. Da Menschen empirisches Wissen über Wirklichkeits- und insbesondere über Naturzusammenhänge benötigen, um zu überleben (vgl. den *Thesenkomplex 3* in Kapitel 3.4), hat es in der Menschheitsgeschichte nie ein Stadium gegeben, in dem das Verhältnis zur Natur exklusiv durch den Mythos, d.h. durch das mythische Denken als Weltanschauungstyp, bestimmt war. Die „zunehmende[] Entmythologisierung des Verhältnisses der Menschen zur Natur" besteht nicht zuletzt in der Zunahme empirischen Wissens über die Natur, das dann die Nutzung von Naturzusammenhängen für menschliche Zwecke, also Naturbeherrschung ermöglicht. Die zunehmende Befreiung von Naturzwängen hängt *auch* mit der Entmythologisierung, verstanden als Abwendung von einem mit übernatürlichen Ursachen bestimmter Art rechnenden mythisch-polytheistischen Erklärungssystem zusammen.

2. Menschliches Leben ist stets ein an eine bestimmte Sozialordnung gebundenes Leben, und dieses ist *immer* mit bestimmten Zwängen und Herrschaftsformen verbunden. In den Ideologien$_{3/2}$, die in der Menschheitsgeschichte realisiert worden sind, spielt die Annahme, dass das Individuum nicht nur eine bestimmte Rolle in der jeweiligen Sozialordnung zu spielen habe, sondern sich auch um die Entfaltung seiner Fähigkeiten bemühen dürfe und solle, häufig gar keine oder nur eine untergeordnete Rolle.

3. Die zunehmende Naturbeherrschung ist mit dem Aufbau von Organisationen und Institutionen verbunden, die ebenfalls Herrschaft ausüben. Die Befreiung von Naturabhängigkeiten führt also nicht zu einem *herrschaftsfreien* Zustand.

4. Welche Form die Sozialordnung im Allgemeinen und die Organisation der Naturbeherrschung im Besonderen annimmt, hängt von den Ideologien$_{3/2}$ ab, die jeweils vertreten werden. Wird ein Wertsystem realisiert, welches Individualität als Leitwert betrachtet, so wird eine Gegensteuerung zur Tendenz angestrebt, den Menschen auf immer effektivere Weise „zum Exemplar und damit Objekt von Kalkulation und Manipulation" zu machen. Der allgemeine Aufklärungsprozess mündet also keineswegs notwendigerweise „in einen neuen Mythos repressiver Egalität" (171) ein. Das radikale Streben nach Gleichschaltung der Individuen, wie es insbesondere moderne totalitäre Diktaturen kennzeichnet, ist an die dogmatische Haltung gebunden, während die undogmatische Einstellung eigentlich immer mit der Hochschätzung der Individualität verknüpft ist.

Kurzum, die von Horkheimer und Adorno behauptete *Dialektik* der Aufklärung stellt eine problematische theoretische Konstruktion dar. Es handelt sich in gewisser Hinsicht um eine Umkehrung des marxschen *Geschichtsoptimismus*, der annimmt, dass es eine gesetzmäßige, notwendige Entwicklung hin zu einer klassenlosen Gesellschaft als einem ‚Reich der Freiheit' gibt. Horkheimer und Adorno setzen an dessen Stelle einen *Geschichtspessimismus*, der eine notwendige Entwicklung hin zu einem ‚Reich der Unfreiheit' behauptet. Beide Ansätze erkennen nicht, dass es auf menschlicher Ebene keine schlechthin notwendigen Entwicklungen gibt, da die soziokulturelle Entwicklung davon abhängt, welche Ideologien$_{3/2}$ zum Zuge kommen; diese aber sind zunächst einmal kreative Leistungen von Individuen, die sich nicht vorhersagen lassen und auch ausbleiben können. Der Glaube an ein großes Gesetz, das die geschichtliche Entwicklung auf ein bestimmtes Ziel hin steuert, muss daher aufgegeben werden – und damit *alle* Ausgestaltungen dieses Glaubens, seien sie nun optimistischer oder pessimistischer Art.

Das Konzept einer *schwarzen* Geschichtsteleologie kann auch leicht dazu führen, dass die westliche Gegenwartsgesellschaft als Variante des totalitären ‚Reichs der Unfreiheit' eingeordnet und grundsätzlich negativ bewertet wird. Eine solche Position vollzieht jedoch eine unzulässige theoretische Gleichschaltung: Zwar gibt es in westlichen Demokratien aufgrund der Dominanz der dogmatischen Haltung immer die Gefahr, dass autoritäre und sogar totalitäre Ideologien$_{3/2}$ aufkommen, aber die Gesellschaftssysteme selbst weisen nicht die Merkmale totalitärer Diktaturen auf; vgl. Kapitel 5.5.

6.2.2 Die technizistische Hintergrundideologie

Bestimmend für das späte Denken Horkheimers und Adornos ist „[d]ie Auseinandersetzung mit dem modernen Positivismus als dem radikalsten wissenschaftlichen Ausdruck dieser Tendenz zur Egalisierung, Kalkularisierung, Formalisierung von Mensch und Welt und damit zugleich als Ideologie$_{[1]}$ einer Gesellschaft, die in diesen Tendenzen ihr ‚Wesen' hat" (171). Auch hier führt der Modellversuch zu Differenzierungen:

1. Sinnvoll ist die Frage, ob es Tendenzen gibt, die sich in den modernen westlichen Gesellschaften auf nicht hinlänglich erkannte Weise prägend auswirken. Während eine Ideologie$_3$ wie der Konservativismus, der Liberalismus, der Sozialismus usw. relativ leicht erkennbar ist, da es z.B. Parteien gibt, die sich zu diesen soziopolitischen Programmen bekennen und auch deren systematische Entfaltung vorantreiben, ist hier nach Überzeugungen gefragt, die ideologie$_3$-übergreifend wirksam sind.

2. Diese Überzeugungen betreffen sowohl die soziopolitische als auch die weltanschauliche Dimension. Man könnte von einer *latenten Hintergrundideologie*$_{3/2}$ sprechen. Eine grobe Charakterisierung im Sinne von Horkheimer und Adorno könnte so aussehen: Man strebt die Vervollkommnung des empirischen Wissens über natürliche und soziale Zusammenhänge an, die zur Optimierung der rationalen Beherrschung der Natur wie der menschlichen Beziehungen ein-

gesetzt werden soll. Der Mensch wird primär als „Objekt von Kalkulation und Manipulation" (171) angesehen; der Leitwert der individuellen Entfaltung spielt, wenn überhaupt, nur eine untergeordnete Rolle. Damit wird eine gewisse Form der Gleichschaltung der Individuen befürwortet, selbst wenn totalitäre Gleichschaltungstendenzen explizit abgelehnt werden. Die behauptete latente Hintergrundideologie$_{3/2}$ zeigt also eine „Tendenz zur Egalisierung, Kalkularisierung, Formalisierung von Mensch und Welt".

3. Aus der Sicht der kognitiven Ideologietheorie ist gegen diese Hintergrundideologie$_{3/2}$ einzuwenden, dass sie mit dem Wissen über die condition humaine nicht im Einklang steht. Menschen sind ideologie$_{3/2}$gebundene Lebewesen, die auf Ziele ausgerichtet sind, die sich aus den jeweiligen religiösen oder areligiösen Weltbildannahmen und ihren Wertüberzeugungen ergeben. Diese spezifischen Ziele werden von der Hintergrundideologie$_{3/2}$ implizit für unwesentlich bzw. nichtig erklärt. Das Interesse an der Ausweitung des empirischen Wissens und an dessen Nutzung ist legitim; sowohl der Wissensgewinn als auch die Anwendung des Wissens finden jedoch im Rahmen bestimmter Ideologien$_{3/2}$ statt. Sie sind daher im Sinne der jeweiligen Werte und Zielen zu gestalten.

4. Die beschriebene Hintergrundideologie$_{3/2}$ kann als *Technizismus* bezeichnet werden. Während die *technische* Einstellung auf den Gewinn empirischen Wissens ausgerichtet ist, um dieses dann im Rahmen der jeweiligen Ideologie$_{3/2}$ anzuwenden, verabsolutiert der *Technizismus* diese Ausrichtung, löst sie also von der Bindung an übergeordnete Werte und Ziele ab.

Die Kritischen Theoretiker sprechen hier von *Positivismus*. Diese Wortwahl ist unglücklich, denn unter Positivismus ist zunächst einmal eine philosophische Denkströmung des 19. Jahrhunderts zu verstehen, die z.B. durch Comte repräsentiert wird; vgl. Kapitel 3.7.1. Theoretiker wie die Kritischen Rationalisten, die sich von Auffassungen des (expliziten) Positivismus des 19. und des 20. Jahrhunderts abgrenzen, werden undifferenziert dem Positivismus = Technizismus zugerechnet. Das führt leicht dazu, dass „Positivismus" zur negativ besetzten Feindvokabel wird, die auf alle abgelehnten Auffassungen angewandt wird – zur *sprachlichen Leerformel ohne kognitiven Gehalt,* die sich aber aufgrund der emotionalen Komponente als geeignet erweist, den jeweiligen Kontrahenten in ein schlechtes Licht zu rücken.

Der Technizismus als latente Hintergrundideologie$_{3/2}$ ist weit verbreitet. Es gibt in modernen Gesellschaften starke Tendenzen einer Verabsolutierung der so verstandenen „instrumentellen Vernunft" (171 f.). Allerdings gibt es *mehrere* Ideologien$_{3/2}$, die sich um eine Gegensteuerung bemühen.

6.2.3 Zu weiteren Ansätzen und Aspekten der Kritischen Theorie

Mit Jürgen Habermas' Theorie der drei erkenntnisleitenden Interessen, die hier nicht ausführlicher behandelt werden kann, wird der „Argumentationsrahmen der ‚Dialektik der Aufklärung'" (172) durch einen anderen ersetzt. Lieber bringt einige Kritikpunkte vor:

> Wenn nämlich eine Typologie dieser Art einen Sinn haben soll, dann setzt das voraus, daß die unterschiedenen Typen deutlich gegeneinander abgegrenzt sind und das den *einen* Typus begründende Strukturelement oder Strukturmerkmal sich im anderen nicht findet. Konkret auf die Typologie von Habermas bezogen, hieße das: In analytisch-empirischen wie historisch-hermeneutischen Wissenschaften findet emanzipatorisches Erkenntnisinteresse nicht statt, findet es weder reale Grundlage noch realen Ausdruck. (172)

Damit wird den auf Gesetzeserkenntnis ausgerichteten Natur und Sozial- ebenso wie den Geisteswissenschaften, die sich häufig bemühen, die Besonderheit einzelner Phänomene (z.B. eines literarischen Textes) zu erschließen, „befreiende[s] Potential" (173) abgesprochen. Nach Auffassung der kognitiven Ideologietheorie kommt demgegenüber *jeder* hinlänglich bewährten wissenschaftlichen Erkenntnis ein solches Potenzial zu. Sie stellt zunächst einmal eine Befreiung von zuvor verbreiteten Irrtümern dar, in einigen Fällen auch eine Befreiung speziell von *bedürfniskonformen* Irrtümern (Ideologien$_1$). Zusätzlich kann durch die technische Anwendung empirischen Wissens eine Befreiung von der Abhängigkeit z.B. von Naturzwängen erfolgen. So lässt sich durch geschickte Wissensanwendung verhindern, dass es überhaupt zu bestimmten Naturkatastrophen kommt. Kurzum, man kann einerseits alle Wissenschaften mit einem emanzipatorischen Interesse in Verbindung bringen und andererseits bestimmten Wissenschaften eine spezielle Form dieses Interesses zuschreiben, der erkenntniskritischen Ideologie$_1$forschung z.B. ein spezifisches Interesse an der Befreiung von allen Formen bedürfniskonformen Denkens.

Die theoretische Abkoppelung einiger Wissenschaften vom Interesse an Befreiung führt wiederum leicht zu ihrer Abwertung als *Wissenschaften zweiter Klasse*, da sie mit dem *wichtigsten* Interesse angeblich nichts zu tun haben. Das wiederum begünstigt das Entstehen „einer zumindest partiellen Technik- und Wissenschaftsfeindschaft" (174).

Habermas entwickelt (in Kooperation mit Karl-Otto Apel) auch eine neue Form der Letztbegründungstheorie. Transzendentalphilosophische Denkfiguren aufgreifend, wird behauptet, in der menschlichen *Sprache* sei das Ideal der unverzerrten sprachlichen Kommunikation verankert, das als verlässliche Richtschnur der Gesellschaftsveränderung dienen könne. Die ältere Kritische Theorie ist demgegenüber von der ‚klassischen' Überzeugung geprägt, das Ideal der klassenlosen

Gesellschaft sei das definitiv richtige, weil es im Wesen des Menschen und/oder im Gesetz der Geschichte verankert ist. Hält man an der geschichtstheoretischen Letztbegründung fest, so führt dies zu neuen Ausformungen des historisch-materialistischen Ansatzes: Vermag man nicht mehr daran zu glauben, dass das *Proletariat* durch seine revolutionäre Aktion den Übergang ins ‚Reich der Freiheit‘ bewerkstelligen wird, so muss die Rolle des revolutionären Subjekts neu besetzt werden. Wird dieser Glaube hingegen ganz preisgegeben, so liegt der Übergang zu einer pessimistischen Geschichtsphilosophie nahe.

Das „Konzept einer Einheit von Theorie und Praxis" (175) ist innerhalb der marxistischen Denktradition an die dogmatische Einstellung gebunden, welche das vermeintlich definitiv richtige Gesellschaftsideal im Blick hat und sich bemüht, die gesellschaftlichen Möglichkeiten seiner praktischen Realisierung zu eruieren. So wird von Horkheimer in seinem Aufsatz über traditionelle und kritische Theorie „die Realmöglichkeit eines in seiner Emanzipation Theorie in Praxis umsetzenden Proletariats noch immer unterstellt" (175). Geht man hingegen zur undogmatischen Haltung über, so gewinnt das „Konzept einer Einheit von Theorie und Praxis" eine *andere* Bedeutung. Es drückt nun aus, dass man einerseits bemüht ist, die jeweilige Ideologie$_3$ konsequent praktisch umzusetzen, andererseits aber versucht, dabei im Einklang mit der erkenntniskritischen Ideologie$_1$theorie zu bleiben. Der Anspruch, „ein in Bewußtsein und emanzipatorischer Aktion identisches Subjekt durch kritische Analyse der Gesellschaft auszumachen, es als revolutionäres Subjekt konkret zu bestimmen" (175), ist an eine Form des bedürfniskonformen Denkens gebunden. Deshalb stellt es auch keine überzeugende Lösung dar, wenn Herbert Marcuse sich einerseits von „der Hoffnung auf das traditionelle Proletariat als einem möglichen revolutionären Subjekt ab[wendet], weil es wegen der Eindimensionalität der Gesellschaft voll in diese integriert sei", andererseits aber eine „neue, realgesellschaftlich mögliche Instanz radikaler Gesellschaftsveränderung in den entrechteten und pauperisierten Randgruppen der Gesellschaft ausmachen zu können" (176) glaubt. Damit wird nur *eine* Variante der bedürfniskonformen teleologischen Geschichtskonstruktion – zu der der Glaube an ein revolutionäres Großsubjekt gehört, das den Übergang ins ‚Reich der Freiheit‘ vollziehen wird – durch eine *andere* ersetzt. Für die undogmatische Haltung verändert sich demgegenüber die gesamte Konstellation: Plädiert man für größere Umstrukturierungen der Gesellschaft und gelingt es, dieses Projekt als vorteilhaft und realisierbar zu erweisen, so gehören dazu auch Überlegungen zur Frage, welche gesellschaftliche Gruppen die Träger dieses Veränderungsprozesses sein *können*, um diese entsprechend zu beeinflussen. Damit ist jedoch nicht mehr der Glaube an eine in der Gesetzmäßigkeit der Geschichte verankerte *objektive historische Mission* einer solchen Gruppe verbunden – und auch nicht mehr der Glaube, den *definitiv richtigen und damit alternativlosen* Weg einzuschlagen.

Dadurch, dass soziopolitische Ideal- bzw. Vollkommenheitsvorstellungen nun mit der empirisch-rationalen Frage nach ihrer Realisierbarkeit konfrontiert werden, wird im undogmatischen Kontext zwischen dem *reinen Ideal* und der daraus gewonnenen *konkreten Alternative zum bestehenden Zustand, die einer Realisierbarkeitsprüfung standhält*, unterschieden. Das bedeutet, dass z.B. in wirtschaftstheoretischer Hinsicht nicht mehr notwendig der Übergang zu einer *ganz anderen Wirtschaftsordnung*, nämlich der Planwirtschaft, anvisiert wird, von der man sich die Einlösung der Vollkommenheitserwartungen verspricht, sondern dass man den Übergang von der bisherigen Form der Marktwirtschaft – in der bereits bereichsspezifische Rationalitätsprinzipien realisiert sind – zu einer anderen Form ins Auge fassen kann, in der marktwirtschaftliche Prozesse durch ideologie$_{3/2}$konforme Institutionen *gesteuert* werden, die bestimmten Werten, Normen und Zielen verpflichtet sind.

„Die ‚kritische Theorie' der ‚Frankfurter Schule' hat ihre Wurzeln nicht nur in der von Marx sich herleitenden philosophischen Tradition, sondern ebenso in einer sozialphilosophisch-ideologiekritisch gewendeten Verarbeitung der Psychoanalyse Freuds." (178) Der kognitive Ansatz ersetzt die Bindung an die Psychoanalyse Freuds, die dann an die Restbestände marxistischen Denkens angepasst wird, durch die erkenntniskritische Ideologie$_1$theorie, die das bedürfniskonforme Denken in allen seinen Formen zu überwinden bestrebt ist. Sie dient – wird sie mit dem Bestreben verbunden, ein bestimmtes soziopolitisches Programm zu realisieren – als „Vehikel der praktischen Veränderung des gesellschaftlichen Bewußtseins ebenso wie der Gesellschaft" (179). Das Reflexivwerden zunächst undurchschauter Bindungen an die dogmatische Haltung und an spezielle Ideologien$_1$ stellt bereits ein *theoretisches* Durchbrechen dieser Wirkungszusammenhänge dar, dem dann eine *praktische* Überwindung nachfolgen kann. Welchen Beitrag die Psychoanalyse oder eine andere Psychologie zur erkenntniskritischen Ideologie$_1$theorie leisten könnte, muss in der zweiten Phase der Theorieentwicklung gesondert untersucht werden.

Die erkenntniskritische Ideologie$_1$theorie nimmt an, „daß ideologie$_{[1]}$kritische Reinigung des gesellschaftlichen Bewußtseins als solche schon Veränderung der Gesellschaft selber ist oder doch bewirkt" (179), sie stößt die historisch-materialistischen Denkmuster ab, welche ein solches Projekt als idealistische Traumtänzerei erscheinen lassen. „Gesellschaftskritik und Gesellschaftsveränderung" sind *nur* „via Bewußtseinskritik" (179) an zuvor wirksamen Ideologien$_1$ sowie durch Orientierung an bestimmten Ideologien$_{3/2}$ leistbar – sie ergeben sich keineswegs *notwendig* aus bestimmten gesellschaftlichen und speziell wirtschaftlichen Veränderungen.

6.2.4 Das Konzept „Ideologiekritik als Gesellschaftskritik"

Die kognitive Ideologietheorie unterscheidet zwischen Ideologie$_1$kritik und Gesellschaftskritik; vgl. Kapitel 5.2. In der Ersteren geht es um die Aufdeckung und Überwindung defizitärer Formen des *Denkens*, die sich unter Anwendung empirisch-rationaler Prinzipien ermitteln lassen. In der Letzteren ist es hingegen um die Aufdeckung und Überwindung von Gesellschaftsstrukturen zu tun, welche von einer bestimmten Ideologie$_3$ als defizitär angesehen werden. Das Konzept „Ideologiekritik als Gesellschaftskritik" (180), das die Kritische Theorie mit der marxistischen Tradition teilt, wird somit durch Differenzierung *aufgelöst*. Es beruht auf der verfehlten Annahme, mit den Mitteln wissenschaftlicher oder philosophischer Erkenntnis lasse sich ein normativ gehaltvoller „Begriff von Gesellschaft" bestimmen, „der als geschichtsphilosophischer Begriff so etwas wie ‚Sinn der Gesellschaft', ihr Woher und Wohin, mit in sich befaßt" (180). Tatsächlich variieren die Vorstellungen vom „Woher und Wohin" mit den Ideologien$_{3/2}$. Die ideologie$_1$kritische Aufklärung führt nicht automatisch zu einer bestimmten Ideologie$_3$ und der zugehörigen Utopie. Will man den Fallen des bedürfniskonformen Denkens entgehen, so muss man in jeder soziokulturellen Konstellation neu überlegen, welche Ideologie$_3$ mitsamt den aus ihr abgeleiteten Problemlösungsstrategien am besten geeignet ist – und man wird dabei nie alle auf seine Seite ziehen können, da es stets vertretbare Alternativen gibt.

Während Lieber bestrebt ist, einige Elemente der Ideologietheorie des Kritischen Rationalismus in eine Version der Kritischen Theorie zu integrieren, die sich weniger an Habermas, als vielmehr an Horkheimer und Adorno orientiert, ordnet die kognitive Ideologietheorie zentrale Gehalte der Kritischen Theorie der ideologie$_3$abhängigen Gesellschaftskritik zu. Diese Konzeption kann auch zwanglos den Tatbestand berücksichtigen, „daß die Naivität im Umgang mit Utopischem, die noch der klassischen Aufklärung eigen war, heute gebrochen ist" (181). Der Glaube, das „Woher und Wohin" der Gesellschaft ließe sich verbindlich ermitteln, setzt diese Naivitätslinie fort, wie sich am Beispiel der Gewaltproblematik demonstrieren lässt. Wer erstens über einen verbindlichen Begriff der optimalen Gesellschaft zu verfügen glaubt und zweitens annimmt, dass diese auch realisierbar ist, kann die Anwendung von Gewalt, ja sogar von Terror auf die folgende Weise legitimieren: „Wenn es möglich ist, ins ‚Reich der Freiheit' einzutreten, für das wir in gewisser Hinsicht bestimmt sind, dann dürfen, ja dann müssen alle Mittel angewendet werden, die dazu führen, dass dieser Eintritt tatsächlich vollzogen wird – diese kurzzeitige Akzeptanz des Prinzips ‚Der Zweck heiligt die Mittel' ist zu rechtfertigen, da im ‚Reich der Freiheit' ja überhaupt keine Gewaltanwendung mehr erforderlich sein wird". Die Argumentation dieses Typs begünstigt den Übergang zu einer totalitären Diktatur, die sich als ‚Reich der Freiheit' auszugeben versucht – teils im Sinne echter Überzeugung, teils im Sinne der Manipulation.

Lieber weist richtig darauf hin, „wie leicht utopisches Denken in die Gefahr geraten kann, für tatsächliche Inhumanität in der Gesellschaft in Anspruch genommen zu werden; dann nämlich, wenn das utopische Ziel als dogmatische Rechtfertigung jeder Inhumanität als Mittel dient" (181). Diese Gefahr ist dem utopischen Denken *dogmatischer* Art inhärent, sofern es mit einem soziopolitischen Gestaltungswillen verbunden wird. Die pessimistische Geschichtsphilosophie von Horkheimer und Adorno ist dieser Gefahr nur deshalb nicht ausgesetzt, weil der Eintritt ins ‚Reich der Freiheit' zwar als wünschenswert, aber als *unmöglich* angesehen wird. Würde der Wille, den objektiven Sinn der Geschichte zu verwirklichen, aber wieder geweckt, so stünde die beschriebene Gefahr erneut auf der Tagesordnung. Sie ist mit dem Bestreben, das als definitiv richtig und erreichbar geltende Gesellschaftsideal zu realisieren, zwangsläufig verbunden. Die Absicherung utopischen Denkens „gegen die Möglichkeit seiner dogmatischen Erstarrung und Indienstnahme" (181) kann letztlich nur im Rahmen der undogmatischen Haltung erfolgen.

6.3 Ideologie und Aufklärung[27]

Auch „die Frage nach dem Verhältnis von Ideologie und Aufklärung" (Lieber 1985: 156) ist in dieser allgemeinen Form nicht sinnvoll, sondern nach dem bekannten Muster in mehrere Fragen zu differenzieren, die einzeln zu beantworten sind; vgl. Kapitel 1.4. Es gibt wiederum keine *einfache* Antwort.

Verhältnis zur Ideologie$_1$: Mit der erkenntniskritischen Ideologie$_1$theorie ist das Annäherungsideal der vollständigen Überwindung des bedürfniskonformen Denkens verbunden. Die Ideologien$_1$ sind im Aufklärungsprozess so weit wie möglich abzubauen.

Verhältnis zur Ideologie$_{2/3}$: Weltanschauungen und soziopolitische Programme werden gebraucht, aber es wird angestrebt, *dogmatische* durch *undogmatische* Ideologien$_{2/3}$ zu ersetzen. Wird eine Ideologie$_{2/3}$ auf undogmatische Weise vertreten, so werden sowohl die zugehörigen Theorien (Welt- und Gesellschaftsbild) als auch die Wertsysteme als hypothetische Konstruktionen betrachtet, die nie definitiv gewiss sein können.

Da ein soziopolitisches Programm nicht den Status endgültiger Richtigkeit erlangen kann, ist es im konkreten Fall immer sinnvoll, *mehrere* solcher Programme (die auch theoretische Konstruktionen einschließen) in Erwägung zu ziehen. Das *soziopolitische Toleranzprinzip* besagt, dass die in dieser Dimension Andersdenkenden zunächst einmal – bis einschränkende Bedingungen hinzu-

206 —— 6 Ausbau der kognitiven Ideologietheorie und exemplarische Anwendung

kommen – zu tolerieren und zu respektieren sind. Wünschenswert ist demnach eine Gesellschaftsordnung, in der mehrere Parteien existieren, die unterschiedliche Ideologien$_3$ vertreten. Demnach sind alle Gesellschaftsordnungen zu verändern, die gemäß einer mit dogmatischem Anspruch auftretenden Ideologie$_3$ gestaltet sind, und zwar so, dass nun unterschiedliche Ideologien$_3$ zugelassen werden. Darüber hinaus ist langfristig anzustreben, dass nicht einfach nur die *eine* durch *mehrere* dogmatische Ideologien$_3$ ersetzt wird, sondern dass möglichst alle soziopolitischen Programme in undogmatischer Form vertreten werden.

Der undogmatisch Denkende – und insbesondere der undogmatische Politiker – ersetzt das traditionelle Ziel, die definitiv richtige Ideologie$_3$ zu realisieren, durch das Ziel, im Vergleichstest der ernsthaft zur Diskussion stehenden Ansätze zur beim gegenwärtigen Entwicklungsstand bestmöglichen Lösung der soziopolitischen Probleme zu gelangen. Dieser grundsätzliche Pluralismus kann auch als *Prinzip der Toleranz gegenüber den Auffassungen der soziopolitisch Andersdenkenden* gefasst werden. Vertreter andersartiger Auffassungen werden grundsätzlich respektiert, und man strebt nicht die Alleinherrschaft der eigenen Ideologie$_3$ an. Daraus ergibt sich die Aufgabe, jedes gesellschaftliche System darauf hin zu untersuchen, ob ein bestimmtes soziopolitisches Programm in ihm ein *Monopol* hat und ob in ihm dem Programmmonismus verpflichtete Hintergrundannahmen wirksam sind. In solchen Fällen ist anzustreben, einerseits die Monopolstellung zu beseitigen, sodass auch konkurrierende Programme zugelassen sind, sowie andererseits monismus- durch pluralismusfördernde Hintergrundannahmen zu ersetzen.

Zum Toleranz- tritt das Konkurrenzprinzip hinzu. Der soziopolitisch Andersdenkende wird grundsätzlich respektiert und *als* Andersdenkender geschätzt, aber auf der anderen Seite soll ein Wettkampf der unterschiedlichen Ideologien$_3$ durchgeführt werden, um so zur bestmöglichen Lösung der soziopolitischen Gestaltungsprobleme vorzudringen. Ein konkurrierendes Programm wird *mit friedlichen Mitteln bekämpft* – mit dem Ziel, das eigene Programm als *überlegen* zu erweisen. Man bemüht sich also, die konkurrierende Ideologie$_3$ zu entkräften und zu schwächen, man beansprucht, das zur Lösung der anstehenden politischen Probleme geeignetere Programm zu vertreten. Dabei wird das Ziel verfolgt, die politische Macht zu erlangen, um die Möglichkeit zu haben, die Gestaltungsprobleme gemäß den eigenen Überzeugungen lösen zu können. Der grundsätzliche Respekt gegenüber dem soziopolitisch Andersdenkenden fungiert somit nur als *Rahmenbedingung*. Entscheidend ist dann der friedliche Wettkampf der Programme und der sie vertretenden politischen Parteien um die bestmögliche Lösung der anstehenden Probleme.

Aus der Zentralstellung des Prinzips der Programmkonkurrenz ergibt sich eine weitere Einschränkung des Toleranzprinzips. Gut geheißen wird, dass es im jeweiligen Gesellschaftssystem *überhaupt* mehrere soziopolitische Programme und Parteien gibt; jedes *konkrete* Programm muss jedoch in der Wettkampfsituation daraufhin geprüft werden, ob es dem grundlegenden Pluralismus (und dem zugehörigen soziopolitischen Toleranzprinzip) genügt. Ist das nicht der Fall, so ist es als antipluralistisch zu betrachten und aus der Menge der *legitimen* soziopolitischen Programme auszuscheiden. Das soziopolitische Toleranzprinzip bezieht sich somit letztlich nur auf diejenigen konkurrierenden Programme und Parteien, die den elementaren Standards genügen, nicht aber auf *alle*. Autoritäre und vor allem totalitäre Ideologien$_3$, die dogmatisch einen Alleinvertretungsanspruch erheben, werden dadurch ausgeschieden. Das Toleranz- und das Konkurrenzprinzip gelten übrigens auch für die weltanschauliche Dimension.

Bezogen auf die Ideologien$_{2/3}$ ist die Situation also komplexer als bei den Ideologien$_1$, wo der Aufklärungsprozess eindeutig auf die Überwindung der bedürfniskonformen Fehleinschätzungen ausgerichtet ist; so ist auf der Weltbildebene die religiöse Option ebenso zulässig wie die areligiöse, und mehrere Wertsysteme stehen zur Diskussion. Liebers „Verständnis von Aufklärung als unaufhebbares Ineinander von Ideologiekritik und Sozialkritik" (161) ist daher problematisch. Aus der erkenntniskritischen Ideologie$_1$theorie ergibt sich keine *genau bestimmte* Sozialkritik, da sie mit mehreren Ideologien$_3$ vereinbar ist. Es besteht kein *direkter* „Zusammenhang zwischen Ideologie$_{[1]}$kritik und Gesellschaftskritik" (180). Bezüge zwischen den Organisationsprinzipien der *Wissenschaft* und denen der *Gesellschaft* gibt es aber sehr wohl:

> Ist einmal erfahren, daß mit dem Zusammenbruch einer auf liberal-demokratischen, politischen Prinzipien aufgebauten Gesellschaft nicht nur die Offenheit der Gesellschaft schwindet, sondern damit zugleich auch durch Ideologisierung der Gesellschaft die Chance freier und selbstverantwortlicher, undogmatischer Wissenschaft in ihr, dann muß das die Konsequenz haben, daß das gesellschaftspolitische Engagement an die Idee einer offenen und liberalen Gesellschaft nicht beliebig neben dem Konzept kritisch-analytischer und darin positiv-aufgeklärter Wissenschaft steht, sondern diese unaufhebbar begründet. (181 f.)

Die gemeinsame Wurzel des Eintretens für „die Idee einer offenen und liberalen Gesellschaft" und die Idee „freier und selbstverantwortlicher, undogmatischer Wissenschaft" ist die undogmatische Einstellung. Wer Gewissheiten generell für unerreichbar hält, wird konsequenterweise sowohl in der Wissenschaft als auch in der gesamten Gesellschaft dafür eintreten, dass nach den Prinzipien der Toleranz und der Konkurrenz verfahren wird. Geschlossene Gesellschaften autoritären und insbesondere totalitären Typs, die auf eine in dogmatischer Einstellung vertretene Ideologie$_{3/2}$ verpflichtet sind, werden ebenso abgelehnt wie eine geschlossene, einer bestimmten Ideologie$_{3/2}$ dienstbare Wissenschaft, in der das menschliche Erkenntnisstreben sich nicht ungehindert entfalten kann. Wer eine freie Wissenschaft will, die darauf ausgerichtet ist, durch den Vergleichstest von theoretischen Alternativen die bestmögliche Lösung kognitiver Probleme zu erreichen, sollte auch eine freie Gesellschaft wollen, in der unterschiedliche Ideologien$_{3/2}$ um die bestmögliche Lösung der jeweiligen Probleme miteinander konkurrieren können – und umgekehrt.

Die Anwendung der sich aus der undogmatischen Haltung ergebenden Prinzipien der Toleranz und der Konkurrenz sowohl auf die gesamte Gesellschaft als auch auf den Teilbereich der Wissenschaft liegt jedoch auf einer anderen Ebene als die „Utopie einer von Ideologien$_{[1]}$ freien Gesellschaft" (182). Das eine ist ein *Organisationsmodell*, das andere ein *Ideal der Erkenntnis*. Die undogmatische Aufklärung bleibt sich des „Verwiesenseins auf eine utopische Dimension bewußt" (182), ohne sich vorweg auf die spezielle Utopie einer bestimmten Ideologie$_3$ festzulegen. Mit der undogmatischen Einstellung ist das Ziel der Durchsetzung des beschriebenen Organisationsmodells ebenso verbunden wie das Ziel, möglichst viele Menschen davon zu überzeugen, dass die undogmatische der dogmatischen Haltung vorzuziehen ist. Während das erste Ziel langfristig erreichbar ist, stellt das Ziel eines Gesellschaftszustands, in dem alle Ideologien$_{2/3}$ von allen Menschen auf undogmatische Weise vertreten werden, ein Annäherungsideal dar.

Die „Idee einer gesellschaftlich zu verwirklichenden Vernunft, Freiheit, Gleichheit, Gerechtigkeit und Aufklärung" (183) gehört in die soziopolitische und die weltanschauliche Dimension. Die verschiedenen Ideologien$_3$ bestimmen z.B. die Begriffe Freiheit, Gleichheit und Gerechtigkeit auf unterschiedliche Weise. Wenn ein Sozialwissenschaftler bestimmte Zustände als unfrei, ungleich, ungerecht *kritisiert* – sich also nicht damit begnügt, sie festzustellen und zu erklären –, dann ist er vom kognitiv-wissenschaftlichen in den soziopolitischen Diskurs übergegangen und spricht de facto im Sinne einer bestimmten Ideologie$_3$.

Die kognitive Ideologietheorie verbindet die Feststellung und Erklärung dessen, was zur menschlichen Struktur gehört, mit normativen Prinzipien. Wissen über die condition humaine *sollte* berücksichtigt werden; vgl. Kapitel 3.6. Da die hier vertretene anthropologische Theorie – wie alle Theorien dieser Art – fehlerhaft sein *kann*, gelten die jeweiligen normativen Prinzipien nur, wenn der zugehörige Teil der anthropologischen Theorie als verlässlich zu betrachten ist. Hinsichtlich der normativen Prinzipien sind nun zwei Argumentationsebenen zu unterscheiden: Auf der ersten Ebene wird allgemein dafür plädiert, dogmatische durch undogmatische Ideologien$_{3/2}$ zu ersetzen, ohne für eine bestimmte Weltanschauung bzw. ein bestimmtes soziopolitisches Programm zu votieren; auf der zweiten Ebene werden aus der Menge der übrig bleibenden Ideologien$_{3/2}$ sowie generell der Theorien weitere ausgeschieden. Stellen auch Weltanschauungen hypothetische und damit irrtumsanfällige Konstruktionen dar, so sollten sie ohne Absolutheitsanspruch vertreten werden. Sind Gesellschaftssysteme durch

Ideologien$_{3/2}$ geprägte Gebilde, so sollten alle Gesellschaftssysteme so organisiert sein, dass in ihnen Weltanschauungsfreiheit herrscht. Alle sozialen Verhältnisse, in denen Menschen gezwungen sind, gegen ihre Überzeugungen einer ganz bestimmten Ideologie$_{3/2}$ zu folgen, sind zu verändern.

Humanspezifisch ist, wie in Kapitel 3 dargelegt, das sprachgebundene Leben in einem bestimmten soziokulturellen Kontext, das durch Ideologien$_{2/3}$ geprägt wird und auf den Gewinn verlässlichen Erfahrungswissens angewiesen ist. Aus der in Kapitel 4 entfalteten erkenntniskritischen Perspektive ergibt sich, dass sowohl die vorwissenschaftliche als auch die wissenschaftliche Erfahrungserkenntnis und letztlich der gesamte Lebensvollzug erstens für Irrtümer und zweitens für bedürfniskonforme Fehleinschätzungen (Ideologien$_1$) anfällig sind. Die in den menschlichen ‚Denkapparat' eingebauten Erkenntnisschwächen sollten daher aufgespürt und so weit wie möglich beseitigt werden.

Auf der zweiten Argumentationsebene werden nun vor dem Hintergrund der anthropologischen Theorie Spezifizierungen vorgenommen, durch die auf der ersten Ebene zugelassene Ansätze sich als zumindest überarbeitungsbedürftig erweisen. Dabei ist dem Prinzip „Erst die Gemeinsamkeiten, dann die Unterschiede" zu folgen: Beim Austragen der Differenzen zwischen konkurrierenden Auffassungen sollte man sich dessen bewusst sein, dass man durch die undogmatische Einstellung und die sich auf der ersten Ebene ergebenden Konsequenzen miteinander verbunden ist. Hier ist zunächst der Konflikt zwischen religiösen und areligiösen Ideologien$_2$ zu nennen, der in der zweiten Phase der Theoriebildung genauer zu untersuchen ist. Auf einige spezielle Konsequenzen für sich auf menschliche Phänomene beziehende Theorien, die sich aus der Bestimmung der condition humaine ergeben, ist bereits in Kapitel 3.6 hingewiesen worden: Ist es vernünftig, von der *Erkenntnis* der condition humaine zu einer *Werthaltung* überzugehen, die bestrebt ist, im Einklang mit ihr zu leben, so sind alle Theorien, die mit der Erkenntnis des Humanspezifischen in Konflikt geraten, zu kritisieren. Das bedeutet nicht zwangsläufig, dass diese Theorien völlig verworfen werden müssen; in den meisten Fällen reicht eine Überarbeitung aus. Darüber hinaus sollte die eigene *Lebenspraxis* so gestaltet werden, dass sie im Einklang mit der Erkenntnis des Humanspezifischen steht, um die spezifisch menschlichen Potenziale ausschöpfen zu können. Anzuerkennen sind die Bindung menschlicher Lebensformen an Ideologien$_{2/3}$, an die Prinzipien des Erwerbs von Erfahrungswissen, die Anfälligkeit für Irrtümer und für bedürfniskonformes Denken, die Nichtverfügbarkeit höheren, überempirischen Wissens zum Zweck der Wirklichkeitserkenntnis und der Wert- und Normenbegründung. Im Einklang mit der condition humaine lebt man demnach, wenn man Ideologien$_{2/3}$ in undogmatischer Form vertritt, zur Weiterentwicklung des Erfahrungswissens beiträgt und dem bedürfniskonformen Denken aller Art zu entkommen versucht. Ferner ist es sinnvoll, die undogmatischen Ideologien$_{2/3}$ zur Steuerung der wissenschaftlichen Erkenntnis, der wirtschaftlichen Produktion usw. zu verwenden.

Auch Ideologien$_3$ können so beschaffen sein, dass sie die Weltanschauungs- und speziell die Wertsystembindung nicht hinlänglich in Rechnung stellen; dann bedürfen sie zumindest der Überarbeitung. Eine solche Kritik trifft z.B. den in Kapitel 6.2.2 behandelten Technizismus, dem es ausschließlich um das bestmögliche Funktionieren der Herrschaftssysteme durch optimale technische Anwendung des vorhandenen empirischen Wissens geht. Die Störungsfreiheit des gesellschaftlichen Systems kann aus anthropologischer Sicht nie der Höchstwert sein, und empirische Sozialwissenschaften können Reflexionen über die allgemeinen und speziell die soziopolitischen Werte und Ziele nicht *ersetzen*. Menschen sind Lebewesen, die immer wieder klären und entscheiden müssen, in welche Richtung der Zug nunmehr fahren soll. Die Entwicklung der technischen Möglichkeiten garantiert auch nicht automatisch die weitere Entfaltung der humanen Potenziale.

Auf der zweiten Argumentationsebene geht es darum, eine bestimmte Weltbildkonstruktion, ein bestimmtes allgemeines Wertsystem und ein bestimmtes soziopolitisches Programm zu entwickeln, die im Rahmen der undogmatischen Einstellung als den konkurrierenden Auffassungen überlegen zu erweisen sind. Hier werden Ideologien$_{2/3}$ nicht nur wissenschaftlich *analysiert*, sondern *vertreten*, um sie im allgemeinen pluralistischen Rahmen so weit wie möglich durchzusetzen. Die Gesellschaft im Allgemeinen und die Wirtschaft im Besonderen sind nicht nur de facto durch Ideologien$_{3/2}$ *geprägt*, sie sollten auch durch diejenigen Ideologien$_{3/2}$ *gesteuert* werden, die im jeweiligen Kontext als die am besten begründeten gelten können. Wie eine *wertsystemkonforme Gestaltung* am besten zu organisieren ist, muss im Vergleichstest der Lösungsvorschläge geklärt werden.

Fazit

Zu Beginn wurde ein neues Organisationsmodell für die Ideologieforschung vor-
geschlagen, das zunächst einmal drei Arbeitsfelder unterscheidet, denen spezielle Ideologiebegriffe zugeordnet sind. Im Rahmen dieses Modells wurde dann
die kognitive Ideologietheorie in den Grundzügen entfaltet. Diese engagiert
sich in allen drei Arbeitsfeldern und legt ein weltanschauungsanalytisches, ein
erkenntniskritisches und ein programmanalytisches Konzept vor, das vielfältige
Anwendungen erlaubt.

Anmerkungen

1 Die grundlegenden Veröffentlichungen sind: *Kognitive Hermeneutik* (Tepe 2007) und *Interpretationskonflikte am Beispiel von E.T.A. Hoffmanns* Der Sandmann (Tepe/Rauter/ Semlow 2009). Im Jahr 2009 ist im Rahmen der von mir herausgegebenen Online-Zeitschrift *Mythos-Magazin* auch das Publikationsforum der Gruppe *Erklärende Hermeneutik/ Explanatory Hermeneutics* begründet worden (online unter: http://www.mythos-magazin.de/ erklaerendehermeneutik/index.htm).

2 Mitzudenken sind stets die weiblichen Vertreter; das gilt auch für alle vergleichbaren Formulierungen.

3 Tepe, Peter (2012): „Ergänzungen zum Buch *Ideologie* 1", in: *Mythos-Magazin*, online unter: http://www.mythos-magazin.de/ideologieforschung/pt_ergaenzungen-ideologie1.htm (erscheint Ende 2012)

4 Als Geschäftsführer und Redakteure dieses Bereichs sind Patrick Körner und Markus Kraiger tätig.

5 *Zitatregelung:* Wird bei einem Zitat im Fließtext nur die Seitenzahl angegeben, so stammt es aus dem zuletzt angegebenen Text. Wird eine bereits zitierte Textstelle in einem Kommentar erneut aufgegriffen, so wird sie in Anführungszeichen gesetzt, aber nicht noch einmal nachgewiesen. Bei Zitaten aus der Fachliteratur wurden aus Gründen der Vereinfachung und Ästhetik alle Hervorhebungen auf *Kursivschrift* reduziert, d.h. Sperrungen, Fettdruck usw. entsprechend verändert. Eckige Klammern in Zitaten enthalten generell Zusätze des Verfassers.

6 Vgl. die Studie zur Verwendung des Worts „Mythos" und damit verwandter Ausdrücke in Tepe 2001: 14–75.

7 Vgl. die entsprechenden Empfehlungen für die Verwendung des Worts „Mythos" in Tepe 2001: 68–74.

8 Vgl. den sprachkritischen Hinweis im Vorwort: Der Ausdruck „Ideologiekritik" sollte nie verwendet werden, um die sachliche Auseinandersetzung mit einer bestimmten Theorie oder einer speziellen These zu bezeichnen, sondern für *zusätzliche* Erkenntnisaktivitäten reserviert werden.

9 Bei Zitaten, in denen Ausdrücke wie „Ideologie", „ideologisch" usw. gebraucht werden, wird von nun an in eckigen Klammern hinzugefügt, um welchen der Ideologiebegriffe es sich handelt.

10 In Anlehnung an Niklas Luhmann kann von der „Auswechselbarkeit der Ideologien$_{[2]}$ nach Maßgabe ihrer Orientierungsfunktion für das Handeln" (Luhmann 1976: 40) gesprochen werden.

11 Geht es im aktuellen Argumentationszusammenhang primär um soziopolitische Programme und nur sekundär um deren weltanschauliche Hintergründe, so wird die Schreibweise Ideologie$_{3/2}$ gewählt.

12 Die Bezeichnungen „Textsinn" und „Textbedeutung" werden, Tendenzen der Alltagssprache folgend, synonym verwendet. Unterschieden werden dann aber mehrere Formen des Textsinns oder der Textbedeutung.

13 Vgl. dazu das „Manifest der Gruppe Erklärende Hermeneutik/Explanatory Hermeneutics", das online unter http://www.mythos-magazin.de/erklaerendehermeneutik/manifest-deutsch. pdf zugänglich ist.

14 Dabei sind wiederum zwei Varianten zu unterscheiden: Für die erste ist die Ideologie$_1$haftigkeit des menschlichen Denkens universell, für die zweite hingegen ist sie auf die Erkenntnis sozialer Zusammenhänge einzuschränken, während die Naturerkenntnis als weitgehend ideologie‚frei angesehen wird. Barth schreibt Marx die Auffassung zu, „daß in Beziehung auf die Natur das ideologische[1] Bewußtsein seine realitätsverdeckende Wirkung nicht auszuüben imstande ist" (153). Nach Barth hat Marx „die Ideologie[1]haftigkeit der geistigen Gebilde ausdrücklich auf den Komplex des religiösen Verhaltens-, der Geistes- und Gesellschaftswissenschaften begrenzt. Es ist ihm nicht eingefallen, die Mathematik und die Naturwissenschaften einzubeziehen." (158)

15 Die mythische Weltsicht stellt eine frühe Form der religiösen Weltanschauung dar.

16 Als Bezugstexte dienen: Birnbacher 1996 und Barth 1974, Kapitel *Schopenhauers „eigentliche Kritik der Vernunft"*.

17 Als Bezugstext dient: Barth 1974: Kapitel *Die biologisch-soziologische Vernunft- und Wahrheitskritik*.

18 Vgl. Tepe 1993 und 1995.

19 Wie in Kapitel 3.1 werden diese beiden Textsorten als Beispiele genommen.

20 Dieser Begriff ist mit dem des reflektierten *Ideologieforschers* verwandt; vgl. Kapitel 1.2.

21 Der Umgang mit Naturphänomenen ist gesondert zu diskutieren.

22 Bezugstext: Birnbacher 1996.

23 Nach dem Muster der Religionsdeutung können dann auch der Metaphysik „uneingelöste Versprechen" zugeschrieben werden, sodass „auf Verwirklichung der in ihrer Philosophie schlummernden Wahrheiten" zu drängen ist: „Die reine Theorie bleibt nach Marx so lange ‚unwahr', als sie, statt die gesellschaftlichen Verhältnisse praktisch zu revolutionieren, sich zum Trost erniedrigt." (Lenk 1984: 38)

24 Bezugstext: Lieber 1985: Kapitel *Ideologietheorie und Totalitarismusforschung*.

25 Bezugstext: Topitsch/Salamun 1972.

26 Bezugstext: Lieber 1985: Kapitel *Ideologie und Aufklärung – Zur zeitgenössischen Problemsituation*.

27 Bezugstext: Lieber 1985: Kapitel *Ideologie und Aufklärung – Zur zeitgenössischen Problemdiskussion*.

Literatur

Neben den im Buch verwendeten Arbeiten listet das Literaturverzeichnis ausgewählte neuere Texte auf, die für die im Vorwort erläuterte zweite Phase der Entwicklung der kognitiven Ideologietheorie relevant sind.

Arzheimer, Kai (2009): „Ideologien", in: Viktoria Kaina/Andrea Römmele (Hrsg.) (2009), *Politische Soziologie. Ein Studienbuch*, Wiesbaden: VS Verlag für Sozialwissenschaften, S. 83–108.

Bacon, Francis (1990): *Neues Organon*, Hamburg: Felix Meiner Verlag.

Barth, Hans (1974): *Wahrheit und Ideologie*, Frankfurt am Main: Suhrkamp Verlag.

Bay, Hansjörg/Hamann, Christof (Hrsg.) (1995): *Ideologie nach ihrem ‚Ende'. Gesellschaftskritik zwischen Marxismus und Postmoderne*, Opladen: Westdeutscher Verlag.

Bay, Hansjörg/Hamann, Christof (1995a): „Vorwort", in: Hansjörg Bay/Christof Hamann (Hrsg.) (1995), S. 9–16.

Birnbacher, Dieter (1996): „Schopenhauer als Ideologiekritiker", in: Dieter Birnbacher (Hrsg.) (1996), *Schopenhauer in der Philosophie der Gegenwart*, Würzburg: Königshausen & Neumann Verlag, S. 45–58.

Bless, Herbert/Fiedler, Klaus/Strack, Fritz (2004): *Social Cognition: How Individuals Construct Social Reality*, Philadelphia: Psychology Press.

Choe, Hyondok (1997): *Ideologie. Eine Geschichte der Entstehung des gesellschaftskritischen Begriffs*, Frankfurt a.M./Berlin [u.a.]: Peter Lang Verlag.

Destutt de Tracy, Antoine Louis Claude (1977): *Eléments d'idéologie*, Faksimilie-Neudruck der Ausgabe Paris 1801–1815, Stuttgart/Bad Cannstatt: Frommann-Holzboog Verlag.

Detel, Wolfgang (2011): *Geist und Verstehen. Historische Grundlagen einer modernen Hermeneutik*, Frankfurt am Main: Vittorio Klostermann.

Duncker, Christian (2006) : *Kritische Reflexionen des Ideologiebegriffs. Zur Bedeutung der Ideologien für den Menschen,* London: Turnshare Ltd.

Eagleton, Terry (1993): *Ideologie. Eine Einführung*, Stuttgart/Weimar: Verlag J.B. Metzler.

Grieder, Alfons (1992): „‚Ideologie'– Unbegriffenes an einem abgegriffenen Begriff?", in: Kurt Salamun (Hrsg.) (1992), S. 17–30.

Hauck, Gerhard (1992): *Einführung in die Ideologiekritik*, Hamburg: Argument-Verlag.

Hauck, Gerhard (1995): „Zur Ideologiekritik der Postmoderne", in: Hansjörg Bay/Christof Hamann (Hrsg.) (1995), S. 97–114.

Haug, Wolfgang Fritz (1993): *Elemente einer Theorie des Ideologischen*, Hamburg: Argument-Verlag.

Haug, Wolfgang Fritz (1995): „Theorie des Ideologischen", in: Hansjörg Bay/Christof Hamann (Hrsg.) (1995), S. 42–63.

Hübner, Kurt (1985): *Die Wahrheit des Mythos*, München: Verlag C.H. Beck.

Jaeggi, Rahel (2009): „Was ist Ideologiekritik?", in: Rahel Jaeggi/Tilo Wesche (Hrsg.) (2009), *Was ist Kritik?*, Frankfurt am Main: Suhrkamp Verlag, S. 266–298.

Karstedt, Peter (1979): *Ideologie. Versuch über prometheisches Bewußtsein*, Meisenheim: Verlag Anton Hain.

Kunda, Ziva (1999): *Social Cognition. Making Sense of People*, Cambridge/Mass.: MIT Press.

Lenk, Kurt (1984): „Problemgeschichtliche Einleitung", in: Kurt Lenk (Hrsg.) (1984), *Ideologie.* *Ideologiekritik und Wissenssoziologie*, Frankfurt am Main/New York: Campus Verlag, S. 13–49.

Lenk, Kurt (1984a): „Zehn Thesen 78", in: Kurt Lenk (Hrsg.) (1984), S. 357–361.

Lieber, Hans-Joachim (1985): *Ideologie. Eine historisch-systematische Einführung*, Paderborn/ München [u.a.]: Verlag Ferdinand Schöningh.

Luhmann, Niklas (1976): „Wahrheit und Ideologie. Vorschläge zur Wiederaufnahme der Diskussion", in: Hans-Joachim Lieber (Hrsg.) (1976), *Ideologie – Wissenschaft – Gesellschaft. Neuere Beiträge zur Diskussion*, Darmstadt: Wissenschaftliche Buchgesellschaft, S. 35–54.

Rehmann, Jan (2008): *Einführung in die Ideologietheorie,* Hamburg: Argument-Verlag.

Salamun, Kurt (Hrsg.) (1992): *Ideologien und Ideologiekritik. Ideologietheoretische Reflexionen*, Darmstadt: Wissenschaftliche Buchgesellschaft.

Salamun, Kurt (1992a): „Einleitung des Herausgebers", in: Kurt Salamun (Hrsg.) (1992), S. 3–16.

Schneiders, Werner (1983): *Aufklärung und Vorurteilskritik. Studien zur Geschichte der Vorurteilstheorie*, Stuttgart/Bad Cannstatt: Frommann-Holzboog Verlag.

Schurz, Gerhard (2007): „Weltanschauungsanalyse und Robert Musils *Der Mann ohne Eigenschaften*", in: *Kriterion. Journal of Philosophy*, 21, S. 16–45.

Tepe, Peter (1988): *Theorie der Illusionen,* Essen: Verlag Die blaue Eule.

Tepe, Peter (1989): *Illusionskritischer Versuch über den historischen Materialismus*, Essen: Verlag Die blaue Eule.

Tepe, Peter (1993): *Mein Nietzsche*, Wien: Passagen Verlag.

Tepe, Peter (1995): *Nietzsche/Erkennen*, Essen: Verlag Die blaue Eule.

Tepe, Peter (2001): *Mythos & Literatur. Aufbau einer literaturwissenschaftlichen Mythosforschung*, Würzburg: Königshausen & Neumann Verlag.

Tepe, Peter (2007): *Kognitive Hermeneutik. Textinterpretation ist als Erfahrungswissenschaft möglich.* Mit einem Ergänzungsband auf CD, Würzburg: Königshausen & Neumann Verlag.

Tepe, Peter/Rauter, Jürgen/Semlow, Tanja (2009): *Interpretationskonflikte am Beispiel von E.T.A. Hoffmanns Der Sandmann. Kognitive Hermeneutik in der praktischen Anwendung.* Mit Ergänzungen auf CD, Würzburg: Königshausen & Neumann Verlag.

Tepe, Peter/Semlow, Tanja (2011): „Dämonisierung des Gegners: Feindbilder", in: Peter Tepe/Tanja Semlow (Hrsg.): *Mythos No. 3. Mythos in Medien und Politik,* Würzburg: Königshausen & Neumann Verlag, S. 10–34.

Thomä, Dieter/Henning, Christoph (2009): „Was bleibt von der *Deutschen Ideologie?*", in: Harald Bluhm (Hrsg.) (2009), *Karl Marx/Friedrich Engels: Die Deutsche Ideologie.* Klassiker auslegen. Band 36, Berlin: Akademie Verlag, S. 205–222.

Topitsch, Ernst (1988): *Erkenntnis und Illusion. Grundstrukturen unserer Weltauffassung*, Tübingen: J.C.B. Mohr (Paul Siebeck).

Topitsch, Ernst/Salamun, Kurt (1972): *Ideologie. Herrschaft des Vor-Urteils*, München/Wien: Albert Langen Georg Müller Verlag.

Wuketits, Franz M. (1992): „Biologie, glückliche Natur und Ideologie: Zur Analyse einer unglücklichen Beziehung", in: Kurt Salamun (Hrsg.) (1992), S. 185–202.

Zima, Peter V. (1989): *Ideologie und Theorie. Eine Diskurskritik*, Tübingen: A. Francke Verlag.

Internetveröffentlichungen

Felder, Ekkehard (2010): *Ideologie und Sprache*, online unter http://www.bpb.de/themen/ XO7EJC,0,0,Einstieg.html

Jost, John T./Federico, Christopher M./Napier, Jamie L. (2009): „Political Ideology: Its Structure, Functions, and Elective Affinities", in: *Annual Review of Psychology* Vol. 60, S. 307–337, online unter http://www.annualreviews.org/doi/abs/10.1146/annurev.psych. 60.110707.163600?journalCode=psych

Lammi, Walter (o. J.): *The Relevance of Hermeneutics to the Study of Ideology*, online unter http://www.proyectohermeneutica.org/pdf/ponencias/lammi%20walter.pdf

„Manifest der Gruppe *Erklärende Hermeneutik/Explanatory Hermeneutics*", in: *Mythos-Magazin*, online unter http://www.mythos-magazin.de/erklaerendehermeneutik/ manifest-deutsch.pdf

Nickerson, Raymond S. (1998): „Confirmation Bias: A Ubiquitous Phenomenon in Many Guises", in: *Review of General Psychology* Vol. 2, No. 2, S. 175–220, online unter http:// psy2.ucsd.edu/~mckenzie/nickersonConfirmationBias.pdf

Pfahl-Traughber, Armin (2008): *Der Marxismus zwischen Ideologie und Wissenschaft. Eine Darstellung der inhaltlichen Grundpositionen und Analyse der extremistischen Potentiale*, online unter http://www.bpb.de/themen/633ETS,0,0,Der_Marxismus_zwischen_ Ideologie_und_Wissenschaft.html

Salamun, Kurt (2003): *Aufklärungsengagement und Ideologiekritik. Nachruf auf Ernst Topitsch*, online unter http://www.gkpn.de/salamun.htm

Sciabarra, Chris M. (1989): „Ayn Rand's Critique of Ideology", in: *Reason Papers* No. 14, S. 32–44, online unter http://www.reasonpapers.com/pdf/14/rp_14_3.pdf

Shelby, Thommie (2003): „Ideology, Racism, and Critical Social Theory", in: *The Philosophical Forum* 34, No. 2, S. 153–188, online unter http://www.sfu.ca/cmns/sessional/ markwick_m/410/05-spring/documents/IdeologyRacism.pdf

Stöss, Richard: *Ideologie und Strategie des Rechtsextremismus*, online unter https://www. bayern-gegen-rechtsextremismus.de/wissen/ideologie-und-strategien/ideologie-und-strategie-des-rechtsextremismus

Tepe, Peter (1999): „Fundamentalismus als Denkform", in: *Mythos-Magazin*, online unter http://www.mythos-magazin.de/ideologieforschung/pt_fundamentalismus.htm

Tepe, Peter (2012): „Ergänzungen zum Buch *Ideologie* 1", in: *Mythos-Magazin*, online unter http://www.mythos-magazin.de/ideologieforschung/pt_ergaenzungen-ideologie1.htm (erscheint Ende 2012)

van Dijk, Teun A. (1995): „Ideological Discourse Analysis", in: *The New Courant* 4 (Department of English, University of Helsinki), S. 135–161, online unter http://www.discourses.org/ OldArticles/Ideological%20discourse%20analysis.pdf

Wahrig, Bettina (2010): „Eine Frage der Politik: Wissenschaft und Ideologie im 21. Jahrhundert", in: *Berichte zur Wissenschaftsgeschichte* Vol. 33, No. 2, S. 193–210, online unter http:// onlinelibrary.wiley.com/doi/10.1002/bewi.201001468/abstract

Wolff, Janet (1975): „Hermeneutics and the Critique of Ideology", in: *The Sociological Review* Vol. 23, No. 4, S. 811–828, online unter http://onlinelibrary.wiley.com/doi/10.1111/j.1467-954X.1975.tb00541.x/full

Namensregister

Sachregister

Absolute, das 185f.
Absolutheitsanspruch 8, 19, 23, 52–56, 60f., 132, 156, 172, 207f.
Akzeptanzanalyse 16, 28
Alltagssprache 13, 32, 83, 181f.
Anthropologie 2, 4, 6, 10, 58, 61, 69, 71–74, 124
– anthropologische These 37, 81, 126
Anthropomorphisierungstendenz 85
Arbeitsfeld 1f., 7, 14–20, 24f., 27, 91f., 110, 132f., 211
Arbeitsfelddifferenzierung 1f., 4, 17, 20, 142, 211
Aufklärung 5f., 11, 32, 54, 60, 63, 106, 119, 149, 157, 163, 193–198, 201, 204f., 207f.
Aufklärungsphilosophie 5, 44, 54, 60, 69, 91, 124
Autorintentionalismus 39

Basis-Analyse 39, 108
Basis-Interpretation 37–42, 44, 50, 108
Bedürfniskonformität 89, 117, 128
Begriffsbildung, empirische 101
Bemächtigungsinteresse 98–101
Bewusstsein, falsches 22–24, 28, 33, 35, 43, 52f., 65, 67f., 132, 136, 144–146, 148, 150, 193

condition humaine 2–4, 7, 10, 37, 44, 48, 58, 60–62, 64, 68, 76, 78, 90f., 105, 131, 142, 166f., 177, 180, 200, 208f.

Dämonisierung 86, 161f., 171–173, 176, 193
Daseinskampf 74f., 95f.
Dekonstruktion 8
Denken, bedürfniskonformes 3–8, 12, 21, 25, 43f., 53, 88, 90–98, 100, 107, 111f., 118, 126, 128, 130–134, 136, 138, 142f., 152, 159, 165–167, 169, 171, 173, 182, 184, 186, 189, 192, 194–196, 201–205, 209
– empirisch-rationales 48, 57, 83, 87, 116, 128f., 136, 138f., 160, 193
– erfahrungswissenschaftliches 81, 86

– historisch-materialistisches 10, 72, 196, 202f.
– ideologisches 14
– illusionäres siehe verzerrtes Denken
– in Alternativen 57, 116
– lebenspraktisches 181
– marxistisches 8, 150, 193, 202f.
– metaphysisch-theologisches 173, 190
– mythisches 174, 198
– totalitäres 154, 159, 161, 177
– utopisches 205
– verzerrtes 10, 14–17, 20f., 25f., 53, 82, 89, 112, 115, 118, 137f.
Denkfehler 1, 87f., 90, 92, 118, 166, 168
Determination 68–72, 74, 76, 150
Determinismus, ökonomischer 72–74
Deutung siehe Interpretation
Dienertheorie 133f., 136–142, 150f.
Diktatur, totalitäre siehe Gesellschaft, totalitäre
Dimension, übernatürliche 45f., 79, 122, 157f., 179f., 182, 186, 190f., 198
Diskurs 21–23, 35, 52, 66, 90, 109f., 112, 115, 143, 160, 164, 208
Diskursanalyse 8
Diskursbewusstsein 20, 109
Dogmatisierung 90, 129, 131f., 135, 140, 159, 168, 174, 184, 188
Dogmatismus 55f., 132, 177
Dogmatismuskritik 6f., 132, 190

Emanzipation 6, 28, 75, 128, 145, 156f., 201f.
Empirismus 67
Ende der großen Erzählungen 54f.
– der Ideologie 26f., 48, 127
– der Utopie 48
Entfremdung 147f., 150, 174, 196
Entideologisierung 26f.
Erfahrungserkenntnis, vorwissenschaftliche 9, 48, 51f., 75f., 81, 85, 91, 93, 96, 104, 116, 118, 130, 191, 209
Erfahrungswissen 3, 9, 48–51, 58, 60f., 63,